太后與我

Sir Edmund Trelawny Backhouse

埃蒙德・巴恪思 爵士

王笑歌 譯

Décadene Mandchoue

The China Memoirs of Sir Edmund Trelawny Backhouse

四十幾歲的埃蒙德・特拉內・巴恪思男爵 Sir Edmund Trelawny Backhouse（1873-1944）

1940年代初的「北京隱士」巴恪思爵士

巴格思爵士寫作此書時期已近生命晚年。（Vargasoff 攝於1943年3月）
在我生命之盡頭，念及浮華歲月、虛幻權勢、墮落帝王、過往王國，佛祖之說令人心折：「無欲無求，方得至樂。」（第四章）

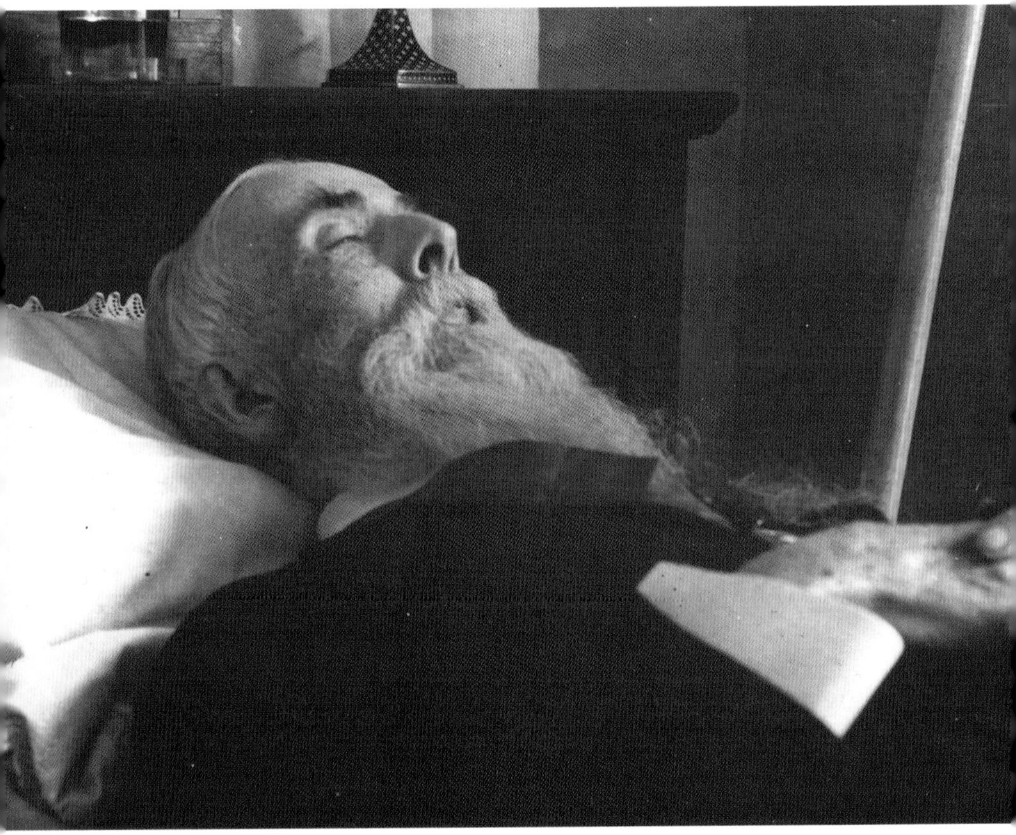

上：巴恪思爵士臨終之前臥於病榻。
英雄末路，千古同歎。致敬，並永別。（第十九章）

左：宮廷畫師筆下的「老佛爺」。
老佛爺也愛扮成觀音菩薩，聆聽衆生祈願。（第十九章）

大清國慈禧皇太后

上：1903年的慈禧太后（中），左一為光緒帝的瑾妃，右一為隆裕皇后。

右：美國女畫家凱瑟琳・卡爾（Katharine Carl）於清光緒30年（1904）所繪慈禧像，慈禧時年七十歲。

慈禧太后

老佛爺給人的第一印象是位親切溫和的老夫人，嚮往年輕，對小錯並不計較，喜歡饒舌，或許有點太急於獲得他人好評，可能易於煩躁。（第二章）

慈禧太后，攝於1903年。

自我們第一次相見，我看出太后對我很著迷，我們稱之為魔力，其實太后她自己具有最巨大的魔力。（第十九章）

上：凱瑟琳・卡爾繪頤和園昆明湖太后遊船圖。
老佛爺在船首的漆椅上坐定，其他人的軟墊也已備好，年輕的皇后坐在婆婆膝邊，我們三個在太后左右。湖上之旅令人愉快。（第四章）

左：凱瑟琳・卡爾入宮為慈禧太后畫像，親見太后用「魔幻般的磁力」招呼鳥雀飛落其手，而衆隨從「習以為常，並不為怪」。

生育同治皇帝前後數年，慈禧曾住儲秀宮，圖為儲秀宮西裡間。

同治皇帝死後，慈禧曾住過一段時間的翊坤宮。

清末頤和園玉瀾堂光緒皇帝幽禁處，以磚砌牆堵住門。

頤和園

上：李蓮英（右列最前者，1848-1911）深得慈禧太后器重，封正二品「總管太監」。

（李蓮英）言談機智新奇，妙語連珠，細細體味，頗具幽默詼諧。他對主子忠心不二，那麼多年的風雲變幻始終陪侍左右，實在可欽可敬。（第十九章）

左：宮廷畫師筆下的慈禧下棋像。

夕陽西下，我們結束了愉悅的閒談。太后去享受她的鴉片，需要與一名頗有才氣的太監下一局棋。（第十三章）

上、右：慈禧皇太后下葬隊伍。
1909年11月某個寒冷之日，這個可憐的人（李蓮英）拖著疲憊的步子護送老佛爺的石棺，三年前道士便在寺廟以神祕的水晶球向太后預示了「長長的行進隊伍」，逶迤走向東陵。（第十九章）

上：挖掘出來的慈禧太后軀體。

22年之後，她（太后）那安放在靈柩之中的聖體，被剝掉壽衣，完全赤裸，黑斑雜陳，頭髮蓬亂，雖細微處亦清晰可辨，暴露於陵前，任由「庸眾」圍觀。（第二章）

左：距北京125公里的定東陵，此處埋藏咸豐皇帝的孝貞（慈安）和孝欽（慈禧）兩皇后。

上：榮祿

榮祿嘴唇很薄，大半藏於長鬚之後，即使粗略觀之，也能感到他的下巴所顯示的堅毅和決斷，鼻子直，顴骨高，眉毛濃重，額頭飽滿。他雙目明亮，飽含深意，為我平生所見之最。（第三章）

右：袁世凱

1911年袁世凱再回到朝中，他提出每年付我3500英鎊直到我死，祇要我能修訂《太后統治下的中國》，為他歌功頌德。（第十七章）

上：左四（正臉朝前的年輕男子）為光緒皇帝。
李蓮英：「如今她（老佛爺）天庇神佑，執掌實權，光緒形同虛設，不過是個五穀不分的呆子而已。」（第二章）

左：末代皇帝溥儀
末代皇帝舉行婚禮大典，我有幸受邀。宣統皇帝溥儀坐在寶座上感謝我們光臨。（第八章）

正大光明

目次

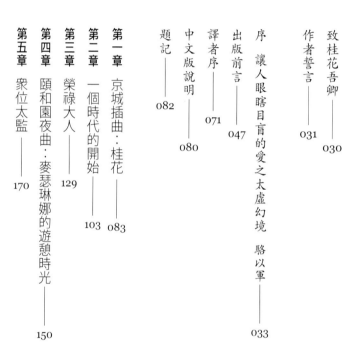

CONTENTS

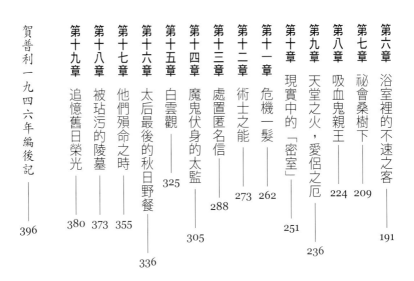

致桂花吾卿

鐫卿芳名，於茲耑緒，欣然命筆，字字句句。
靈感泉湧，載馳載軀，自始至終，相思所聚。
往事難追，逝者如斯！魂牽夢縈，暮想朝思。
夜色襲人，雨歇雲臨，心意難平，思君憶君。
其深其切，四十三年，縺綣之情，無日或遷。
垂垂老去，盛年難再，迴光寫影，餘暉猶在。
我軀彌留，卿顏如昔，天佑此情，綿綿無絕。[1]

一九四三年六月三十日

1 編者註：此處按照英文譯意，非中文原文。

作者誓言

本人埃蒙德‧特拉內‧巴恪思爵士，大英帝國從男爵，謹以本人榮譽及世代家族聲譽證明：本人為賀普利醫生著述之文稿，皆為事實，且為事實之全部，絕對之事實。細節並無砌詞修飾，但由於資料遺失，各事件之具體日期未必完全正確，而關於清朝殞命之年月，官方有記錄可考。我與慈禧之交往，始於一九〇二年，至她過世方止。我詳細記下了與太后及他人之私交，並保留她寫給我的便條信箚，無奈造化弄人，所有相關的手稿文書盡皆遺失，多是拜膽小的家奴及背信棄義的朋友所賜；我珍藏的眾多書籍和文件全部丟失；祇留下幾本詞典和語言手冊，但其中並未夾帶任何與我所記述之（私密，毋庸說多情）事件有任何關係的信件。

自然，因本書所涉及特殊話題，我作為編者，其姓名於本人有生之年不欲與外人道。我謹以忠誠「向該城及全世界」[1] 莊嚴發誓，並無任何保留或遮掩。正如夏洛克（Shylock）[2] 所言：「難道我要向我的靈魂作偽證嗎？不，為了威尼斯也不行。」我之敘述也許有疏漏，祇因有時難免遺忘；倘若我並不確定，我便留下空白；但我可以向所有人保證，本書中絕無任何臆想或粉飾，正如某位偉大聖人所說，「述而不作」而已。即使我欲創作也不可得。同樣，關於「景善日記」也是如此。我曾有幸作為譯者，拿到原稿之後，並無添加任何一個無謂的字。在此贅述一句：誹謗及訛傳對我並無傷害，而作為一個自持學者身份之人（其實不過是個學生），此等臆造事實之行為，我也視為卑劣可恥，將令我在上流社會名譽掃地！

巴恪思

一九四三年三月七日

1 這是教皇文書中常用的話，指不僅向羅馬城，更是面向整個天主教世界。

2 編者註：莎士比亞劇《威尼斯商人》中的一個角色。

序

讓人眼瞎目盲的愛之太虛幻境

駱以軍

今年四月上旬，客寓香港，某日應《亞洲周刊》江迅大哥之約，搭地鐵至荃灣一敘。假日下午人潮洶湧，與香港大多數地鐵站周邊印象無異，主要是我抽菸，這在香港要找到一處可悠閒坐著抽菸聊兩句之處，則難矣。而江迅大哥電話中笑說他知道一處好地方，可謂吸菸者的天堂。碰面時發現另有一位先生，個頭極高（江也是個高個子，我身高一米七七，在平常與人聚會中算高大的，然我們三人一起過馬路時，我發現我是其中最矮小者），江迅替我們互相介紹，乃知此人是曾經出版轟動一時之《趙紫陽回憶錄》的鮑樸先生。

鮑先生寡言，江迅大哥素來話不多，我們仨走進一靜巷裡茶餐廳旁的桌位（這就是他所謂的「吸菸者的天堂」？）頂上一棵老榕濃蔭覆蔽，確實無比幽靜，江說他平日得空便是在此看書寫稿。我們各自掏菸出來愜意地抽著。這時鮑先生從他的背包裡拿出兩本用膠膜封住的新書，一本給江，一本給我，說是他最近出的一本回憶錄：《太后與我》。作者是埃蒙德．特拉內．巴恪思爵士，他祖上是英國顯赫的奎克家族。這個人是個怪人，他是個同性戀，也是個語言天才，會法語、拉丁語、俄語、希臘語、日語，他一八九八年來到北京，不到一年便熟練北京的中文。這個人曾和另一位《泰晤士報》的記者布蘭德，合作寫了一本《太后統治下的中國》，此書在當時非常轟動，據說他在義和團暴動的混亂中，發現了一份「景善日記」。之後，他們又合著了《北京宮廷回憶錄》，很長一段時間西方學術界欲研究、理解晚清太后統治的歷史現場還原，幾乎是必要引用的資料。但是在一九七六年，有個叫特雷弗羅珀的傢伙，出了一本《北京隱士》，整個把已過世幾十年的巴恪思的人格、著作、他所有作品的真實性，全打入地獄。包括那本神祕的「景善日記」，也是偽造的。而特雷弗羅珀在書中，更提到巴恪思在臨終前一年完成的自傳體著作《往日已逝》與《太后與我》（就是我們手中那剛出爐的中譯本），簡直是傷風敗俗之淫書，作為一個歐洲男同性戀，整本書鉅細靡遺寫他到了中國，在北京男妓館和諸多中國男妓淫蕩性愛的故事。更驚人的是，這本《太后與我》揭祕了巴恪思在三十多歲時，被祕宣進宮，成為慈禧太后的性寵物的往事，大量栩栩如生的細節。特雷弗羅珀以他在史學界的權威，將巴恪思和他的作品定調：「這轟動一時的自傳，不過是一部色情小說而已。……無論文筆如何有才情，也無法掩蓋這種病態的淫蕩，它們不過是一個自閉的同性戀的淫穢想像，是他壓抑扭曲的性欲的最後發洩……」

在四月香港黃梅天卻不降雨的濕悶空氣裡，在那樹影翻飛的茶餐廳外座，我們聽著鮑樸先生剴切激憤地說著，《北京隱士》這本書及巴恪思對中國學術所有的貢獻，全被打成了瘋子、同性戀、偽造的騙子，說實話當時我深感鮑樸先生以一種超過了出版者，而是著迷於歷史研究或考據癡的激情，在向我們描述一個（像深海打撈的一艘封印了太多謎團之沉船）極複雜、裹脅了史料學術界的暗黑走廊、性別或政治正確主義、自傳內容揭開一個太過巨大卻鮮少同等級視鏡證據以檢驗對照的幽祕世界（太后的性！）一個歐洲同性戀貴族對十九世紀末滿州人同性戀文明的自由之傾慕和考察；書中許多內容，如果為真，等於是清末幾個重大懸案的翻案（包括光緒之死、慈禧之死）……這種複雜的「描述、重新定位這本書」之激情，對我這樣的門外漢來說，就像看著渾天星斗聽天文學學家講解各星團之生成、形態、結構、與我們之距離；或聽高段棋士講解一盤奇之又奇的棋局形勢……我的解析程度只見一團紊亂。

我相信這是一本奇書。這些搞歷史考據者的夢幻逸品。後來鮑樸先生起身向我們道歉，說另外和朋友有約，得先告辭，也許那邊結束了，再過來和我們一起用餐。

接下來那兩、三小時吧，剩下我和江迅大哥，坐在那靜巷茶餐廳旁，各自翻看手上那本中文版《太后與我》。怎麼說呢？我想我已有好多年不曾有類似經驗：讀了某一篇文章，進入那像藏密壇城一圈一圈幻夢中築棧道將你渡引至另一個物理學、另一個時空重力、另一個繁花簇放完全不同瞳距或邏輯的奇異宇宙。等你的意識從書中拉回你置身的真實世界，你覺得「世界的光調被調暗了」，你腦核中的什麼被這本書轟炸過了，類似某些吸毒者描述那難以言喻的，「像宇宙生成、演化論般的快轉影片」，那種至福，目睹過天國景象，靈魂被灼傷的眼睛。幾個小時後，鮑樸先生又回來和我們會面。我記得我（以一個初識者而言顯得冒昧）眼神發直喉嚨乾澀地對他說：

「我沒有資格和能力胡說此書是真是偽。但如果以波赫士的維度，我覺得這本書是真的。對我而言，它作為史料的辯誣與可信度並不那麼重要了。這是一本偉大的小說。如果全書是他瞎掰的，那這是一個偉大的小說家。」

＊

巴恪思的文體，常有一種和我們想像中的清廷、慈禧、王公貴冑、群宦、戲子……這些金碧輝煌、東方主義，權威神祕卻又淫穢的「全景幻燈」不一樣的置入感：首先是他那像夏多布里昂《墓畔回憶錄》般的浪漫主義回憶錄風格，極度重視光和影對各篇故事的魔術效果。譬如有一章寫他與太后遊湖後正進行性愛祕會時，另一對侍女與戲子在交歡中活活被雷電劈死，其風雲變色、球形閃電的空闊與恐怖；或是太后諸人在宮中聽術士以水晶球預卜未來的事件——就像迪倫（Dürer）樂於描繪的畫面：昏暗而神祕的燈光映出太后的輪廓。或如太后親手鎮壓了一次宮廷內的流產政變……

你很難不被他強大的氣氛烘染力、戲劇性的掌握，近乎電影的流暢、強烈風格運鏡給顛倒迷惑。而他又不時加入一種離題的引語（吊書袋）或典故。然大部分是安提諾烏斯（Antinous）這樣的羅馬皇帝的漂亮情人、希臘神話、尼采、西塞羅、大仲馬、莎士比亞……諸多歐洲經典之名句或人物名。那形成一種被視畫面與回憶凝視者旁白的奇幻離異。他追憶的那些光怪陸離的幻燈畫片，於是既宛如現場，卻又有一種「想像性限制的漂離」。這時我們總被他的碎念嘮叨提醒：這是一個七十多歲將死老人，不，孤獨匿跡在大清覆滅後又過了三十年的北京城的，當年得太后臨幸的「洋侯（猴）」，一個同性戀面對時光的唏噓自語，甚至他在像昆蟲學者般鉅細靡遺精密記錄那些十九世紀末北京的公侯貝子們和男妓們之間的各式「感官世界」、「索多瑪一百二十天」

之餘，突然冒出一段感傷、典雅、充滿哲思的詩句或摘句，會突然讓讀者覺得滑稽。

在這書中的慈禧就是稱讚這「洋猴」、「機驚巧辯」，擅於阿諛、華麗詞藻、幽默風趣……。那也同時形成這回憶錄懺情體揉合的耽溺回望過去，但常又露出在華麗高蹈話語下的嘲謔鬼臉。

這種奇異的、形成一種閱讀的貌似裝腔作勢，一本正經；卻一轉瞬變成嬉弄涎臉，「文學的打嗝」，一種西方愛吊書袋的「洋鬼子」同時是同性戀，卻混進了習以為常，滿州貴族將蓄孌童、狎男娼僅為一種特殊階層層瓣複雜的昂貴娛樂，像耽於票戲、玩古董、養鳥養金魚牡丹……這些極精緻知識、品器，系統化了的遊樂場域。

那種薩德侯爵、波特萊爾式的「惡之華」，意識自己正瀆神的激求與極限之瘋魔追求，常常不見了。變成一種有奴僕，有同好哥們，有實境空間擺設和魔術契約的遊樂場（只要付錢，每一種色情都切割成可議價的定例消費），追求的極限光爆不見了，變成一種〈海上花〉式的嫖客（通常是王公貴族）間的社交；嫖客與男娼在床笫間聽他們傳遞的皇親八卦，主僕之間、僕傭之間的關係暗影，奉承、輕蔑、所屬階級的套式應酬語言，不會有逾矩或「超出的情感」。那形成一「命運交織的城堡」——某一時代小說語言的語境搓牌洗牌與牌陣：只是它的場景是晚清北京的男妓館、夜宴圖、狂野之夜，成了無限交織的話語網絡：西方式視覺的性、中國春宮畫的陰暗狎暱、嫖客間的權力交涉與人際攀揉、傳統豔詞或戲曲愛情傳承的陳腔濫調。譬如在〈榮祿大人〉這章，他一路從榮府大門往內走，像電影運鏡穿過迷宮般的庭院，擺著嘴臉收「門賞」掂來客「知禮否」的門房僕役，穿廊入園，「微物之神」般的攝像之眼：

> 榮祿的書房裡掛著太后手書的卷軸：「國朝護衛」和皇上的「國家干城」。稍後他慶祝六十七歲生日之時，老佛爺賞賜了金盤玉笏。房中還有一座玉製「須彌山」，兩個華麗的黃色雍正碗，一個郎窯瓶，許多商代青銅器。藏書主要是史部書籍，一套精美的明版《左傳》上留有榮祿的評注……傢俱與房內裝飾相諧，多為明紫檀；西牆是乾隆年間的掛毯「帝王狩獵圖」，係由耶穌會士指導下織造的仿哥白林樣式。……我很喜歡另外一件出自皇室的禮物，按下一個按鈕，鐘內會出現一個穿凡爾賽宮廷服裝戴假髮的玩偶，手持毛筆，在紙板上寫出字形優美筆劃準確的「頌文華殿大學士壽若不老松」。……我還注意到一件精緻的喀什地毯。京師的伊斯蘭教團體將其送給榮祿，以感謝他在拳民暴動中提供保護。……侍者告訴我，那個刻工精湛的黑檀木架全身衣鏡也是老佛爺賞賜，是一七九三年馬戛爾尼爵士帶到京師的「貢品」之一。此鏡並未出現在喬治三世送給中國皇帝的官方禮品清單之上，我猜想，它是馬戛爾尼爵士或其同行者喬治·斯當東爵士在廣州所得……

我大膽地說，如果是一位對清代宮廷或王府建築擺設講究；或這些傢俱器皿背後的清代貴族審美趣味、藏在物件後的宇宙觀、華洋夾混的誇耀「世界」之交接證物，著迷、研究、收藏者，讀到這類段落，會像用鼻子品鑑葡萄酒真偽年份的專家，略去那些重大懸案之版本爭議，僅從這些班雅明式的「物」的，層次翻湧的描述「靈光一現」，會嘆氣道：「他寫的是真的。」

會面之後，榮祿對北京拳亂時期，清廷中樞的模糊兩手策略，對洋人的既憤又怯辱（後來又歡慶洋人承認慈禧在中國境內不可替代的統治力），對太后的難以言喻之幾十年前舊情悵惘，與對當今太后內化之忠貞不二的信臣之觀看角度（包括他數度提到李蓮英，都是將之暗中插刀，似乎拳亂之形成，毓賢在山西誅殺洋人，都與李有關）；他似乎在對巴恪思（這個想像中會回去向他的同胞宣傳的英國貴族）進行一場非正式的外交演說，交待之前噩夢般的反文明、或成為國際蠢笑話的太后形象細微修正。但又是中國人所謂的權力密室層層心機、權力交涉的「交朋友」！如果只是一本情色追憶錄的小說，其實過場無需進入這複雜的迴路。這種能將回憶畫面全景流動的光、晨曦、空氣、草木翻湧的能力；能將夜闇鸞殿內的古董擺設，各有來歷的字畫、屏風、瓷花瓶、如意、燈盞全立體參差顯影的復現視覺；男妓院間那些眼花撩亂的索多瑪淫交的亂針刺繡的美麗少年；滿清親王貴族之間的同性戀性交，宮廷淑女和寵物狐狸之人獸戀……如傅柯所說「以不同角度與更澄明光線瞥見所曾做之事」——譬如傅柯引十七世紀委拉斯蓋茲（Diego Velazquez）的油畫《宮娥圖》那藉由光線、視覺從不可能中的交錯建立，那總讓人迷惑的光源或觀看的發動點——巴恪思在這本《太后與我》（無論當它是回憶錄或是一本不可能的「小說」），展示了一種觀看方式的無限豐饒，像夏多布里昂那樣自然光照穿過了一個奇淫異想的褶曲時空黑洞——譬如李亦園曾提出所謂「文化中國」在日常生活上的「小宇宙」：一、某種程度的中國飲食習慣，二、中國式家庭倫理以及其延伸的人際行為準則，三、以命相與風水為主體的宇宙觀——巴恪思展覽的不僅是一個我們奇淫異想最極致的春宮鏡箱：「一個洋男同性戀者肏了老太后」，整幅視覺劇場我們意識到那正是整個大清朝（或傳統中國封閉的文明秩序），正受到西方文化衝擊摧毀，崩塌前最後的跳閃殘餘光焰。他和這個戲箱裡的人偶們說著那些駢麗合宜、陽奉陰違、鞠躬作揖的世故話語。後台時或傳來宮廷喋血（譬如最後的殺光緒）、革命黨或拳掌餘眾借虎神或蛇精要殺太后；或是道士神乩預卜著惘惘的威脅。隱喻中有隱喻，歡笑淫猥後面有哀愁的預感，或是依傍的這談笑風生的孤寂女獨裁著背後「一長串的死者名單」——那是一套何其繁複而高難度的觀看方式。

這令我想起卡爾維諾在《如果在冬夜，一個旅人》中〈月光映照的銀杏葉地毯〉，借著對如細雨紛飛的銀杏葉片，一片、兩片、三片、四片……「迴旋的樹葉隨著數目的增加，與各片葉子呼應的感覺匯聚起來，產生一種類似一陣寧靜雨一般的整體感覺。」這樣的專注於捕捉葉子輪廓最細微的感覺，不與其他葉子的意象混淆的「將感覺孤立起來的能力」，在這篇小說中用來訓練觀察男主角和一對母女不同的性的遭遇，性的「極限激爽」背後牽涉的遺憾、嫉妒、鬥爭，以及一重重圈擴出去的人際陰謀和關係張力。但似乎在觀看的特寫上，我們跟隨著小說家專注於「女兒頸子上的軟毛」，「母親那圈明顯的乳暈，濃稠或細微顆粒，分布在中心向四周延展」，一種川端康成式的，新感覺派小說那近乎神經質的感性纖維和官能經驗的顯微放大。

小說的最後，卡爾維諾這樣寫道：

> 漫天紛飛的銀杏葉的特徵在於：事實上，在每一刻，每一片正在飄落的葉子，出現在與其他葉子不同的高度，因此，視覺感官所坐落的空洞而沒有感覺的空間可以區分為一系列連續的

平面，在每一平面，我們發現一小片葉子在旋轉，而且只有單獨一片。

事實是，我們在近一百年後翻讀巴恪思筆下那個滅亡在即的紫禁城內，那個除了嗜權如命、殘忍機警、變臉讓大臣魂飛魄散的老太后慈禧，她的「另一個面相」——徵逐聲色、性欲高漲，在和這位小她三十多歲洋侯爵的性遊戲中，展現了讓現代的我們猶瞠目結舌、自慚無知的在性這個幽祕領域之豐饒、冒險和自由。我們無需重引薩德侯爵或普希金日記，來為「敗德」或藉色情逼視那「極限的光焰」重啟一次無聊辯論。而是即使經過了整個二十世紀多少第一流小說家筆下的性（包括莫拉維亞的《色情故事》），如今重看巴恪思筆下那個如林木翻湧、如漫天紛飛銀杏葉的性的奇觀佈置和層層剝開的陌生經驗，我覺得即使如特雷弗羅珀所言，這本《太后與我》中的色情回憶，僅是「一個瘋子的淫思妄想」，但那就如同安伯托・艾可在《波多里諾》中，藉一個偉大的騙子創造了一個「不存在的東方賢士」：「存在於塵世的物質和物質之間，或者超越我們所見的宇宙，被封閉在天體的巨大領域裡，在這個真空當中可能還存在著其他的世界。」他創造了一個光華萬丈、性感、粗鄙卻又易感，天火雷電擊下卻面不改色的活生生的立體的慈禧。

她在他第一次以「性玩物」身份祕宣進宮，從原本的太后威儀與外國非正式使臣的對話，換檔成（即使李蓮英讓他服了媚藥，並且繁複工序讓他沐浴、擦香膏，但他還是忐忑畏懼）情侶裸裎的尷尬時刻，太后說的第一句話，竟是：「霜重衾冷，盼一解寂寞。」她在〈頤和園夜曲：麥瑟琳娜的遊憩時光〉這章，當著隨侍的皇后和太監宮女，像私下比較的婦人探詢巴恪思，維多利亞女王的私密戀史或和親王的宮廷張力（如同她與光緒），在聽了英女王虐待「現在的王后」之八卦時，轉頭對身旁光緒的皇后說：

「你聽到了嗎？皇后（有趣的是，老佛爺以皇后的頭銜而非其名稱呼她的兒媳婦）。我是否虐待過你？」

「從來沒有，老佛爺，你對我比我親娘還好。」

她對她未知的世界其實充滿童稚的好奇，有一次，太后竟認真問巴恪思：「請告訴我，如果火星人的飛船進攻中國，國際公法將如何應對？」

在〈處置匿名信〉這一章（我必須說，如果這是虛構，這簡直是一篇讓人折服的頂級短篇小說），巴恪思描述了一場流產宮廷政變的整個過程：之前山雨欲來、偵騎四出，以岑春烜為首的叛變集團（當然規模遠無法和戊戌康梁政變相比）謀畫將「毫無體統的太后與一名歐洲人私通，厚顏無恥地召上鳳床，兩人最曖昧之時當場捉拿」，順勢扶植光緒重掌政權。叛黨方面有三十名刺客、有內線太監、有皇上已預備發佈將太后賜帛自盡的檄文。而太后在這樣的宮廷內部風暴中，展現的形貌是這樣：她先下懿旨召這位洋情郎是夜入宮（按對手預謀的劇本走），遣詞用句與從前不同：「欽奉懿旨，著忠毅侯巴恪思立時入謁，有所垂問，並著攜帶關於憲政書籍數種。欽此。」於是這個夜晚成了太后（呈現了一種要誅殺對手前的亢奮和冷靜）和這嚇壞了而心神不寧的侯爵裝模作樣的憲法課。（這個夜晚的氣氛光影、慌亂漫漶心緒，巴恪思真是寫得太精采了，此處無法摘引）。等那一刻來臨，刺客們摸黑衝入鑾殿（「拿那兩個色鬼；殺這個淫亂太后，揪走這個強姦的鬼子；大概他正在肏她！」）卻中伏受逮，太后像舞台中央輝煌發光對著無數觀眾唸出那她等了一晚的台詞：

「我從不接見烏合之眾，但是（此時所有燈大亮，衛兵衝了進來），我現命你們速速就捕，判你們在這皇宮院內，立斃杖下。」

此刻，當判黨首謀岑春烜猶不知敗事而興奮衝進來時，巴恪思這樣描寫慈禧：

我依禮下跪。太后望著他，面部神情我非常陌生，對於她精緻的面容，我十分熟悉其變化，喜怒雜揉，恰似約書亞・雷諾茲爵士所畫的大衛・加里克，描繪了這位偉大演員對矛盾衝突的展現。但我見過與此一模一樣的表情……我去了內米湖，一名潛水者從其中一艘船上撈上來一尊小雕像，大概來自塔倫圖姆或者南部義大利「偉大的希臘」時期的錫巴里斯（Sybaris），刻著「美杜莎」。我看見一名農婦虔誠地在這異教的石像前劃著十字，『聖美杜莎』她說道，將她歸於天主教派！此刻老佛爺便是這樣的形象，一向靈動熱切的目光，此時變得冷漠嚴酷，執掌生殺予奪。

在這個絕對的男同性戀眼中，太后的身體在此處，不再是一七十多歲老太太的身體，而是滿室熠熠生輝，摺藏了整個頹廢卻又文明帝國之濃縮隱喻，權力中樞的「極限的光」。那何其顛倒錯亂，卻又扯碎我們慣習的對於「性」的簡單維度薄殼。

「年輕的洋人同性戀與老佛爺」，這原該是最變態三級片的梗，但在我們眼前展開的，卻是一幅絕美、感官爆炸、所有物件皆漂浮鬆脫的詩意盎然的愛之太虛幻境。而這似乎是納博可夫《羅麗泰》，或徐四金的《香水》，或波赫士的《阿萊夫》，以讓人眼瞎目盲的爆炸感官達到的——它們早已遠遠超過「精神病學的案例」、「藝術作品中贖罪的觀點」，或「感官與美感之間的精確畫分」，如「地下室的某處燃亮……在可企及遠處的熾熱，安靜引爆」（納博可夫）——這個不可思議的慈禧，到了書的最末章〈被玷污的陵墓〉，竟讓我們驚駭震撼地以這樣的一段文字，同感於作者恐怖、哀慟，時光將一切吞噬的空無，但那後面又像烈焰中的金閣矗立無比輝煌的，他曾目睹經歷的，如夢幻泡影，瞬間爆漲瞬即塌縮的宇宙，所有亭台樓閣、湖山畫舫、女王的眷愛與威嚴……成為他自己一個人的，不為人知的祕密。

我們匆忙向前，不敢相信自己的眼睛。躺在我們眼前的，是統治中國近五十年的偉大的女君主，我的高雅的女主人。……她烏黑閃亮的頭髮駭人地散亂著，面孔扭曲慘白，但是仍可辨認出熟悉的特徵，和我二十年之前最後一次見到她一樣，當時她穿著壽袍；她的嘴大張著，形成恐怖的笑容；眼睛半睜，蒙著淺黃的翳；胸口是無數可怕的黑點；身體扭曲；皮膚成了皮革或羊皮紙的顏色……她曾經美麗的私處如此神聖，此刻卻蒙受大不敬，完全赤裸地暴露在我們面前。

在〈魔鬼伏身的太監〉這章前頭，巴恪思放了一段「引子」，起首便引福樓拜的話：

「當我寫小說時，我想要描繪一種色彩，一種筆調。比如，在我的迦太基小說《薩朗波》中，我想寫成紫色。在《包法利夫人》中，我唯一的念頭就是情調，是一種像潮蟲一樣的陳舊色彩。歷史，還有情節，我不在乎。」

他夫子自道，簡直就像這整本《太后與我》的鑰匙與密碼：「我之所著並非韻文，亦非小說……但在接下來的章節（如同本書的所有章節），我始終想描述一種陳舊的筆調，潮蟲在其間繁衍生殖。」

他引龔固爾兄弟之言（「沒有比自然天性更缺乏詩意的。正是人類將這所有的悲慘、功利和憤世嫉俗，披上一層面紗，使之顯得崇高。」）他引波特萊爾轉而研究現實以外的反差；引福樓拜之言：「似乎我們生前身後所遭的腐朽潰爛根本不夠。生命本身就是腐朽，不停被侵蝕、次第交替……還有胼胝、自然界難聞的氣息，各種分泌物各種滋味，都令人類呈現出如此興奮的模樣。但是，我們承認我們熱愛這一切！我們熱愛自己！」他引伏爾泰的「憨第德」，那荷馬式的戲謔，但卻給自己這書下一註腳：「本書深受福樓拜而非伏爾泰之影響，儘是關於墮落人性，於常人難容，但絕非杜撰，皆為事實。」

這樣看似前後顛倒，在一番「潮蟲一樣的陳舊色彩」的「藝術家寫作的目的就是為了讓後人質疑自己的存在」（近乎曹雪芹的「滿紙荒唐言」的虛虛實實映照佈置），但層層玻璃盞複葉之下，巴恪思仍像他在和太后對話時，看似平庸堆砌之華麗高蹈虛詞後面，常是最世故狡黠的浮浪子的謔笑與膽小。一種煙薰燈罩後面的搖晃燭光，那個燭光，巴恪思顛三倒四在前言、文中、結尾不斷信誓旦旦堅持，「所寫全是真實」（使之成為懺情錄而非「小說」），那個「照見潮蟲陳舊色彩」的光，柯慈在《屈辱》中，有一段寫華滋華斯的「感官的有限」：「當感官達到其能力的極限，光就開始熄滅。但在熄滅的那一剎那，又像燭光一樣，發出最後的閃亮，讓我們瞥見那不可見的事物……能夠激醒或活化深埋在記憶之土中的意念的，不是那隱藏在雲中的純粹意念，也不是咄咄逼人而後令人失望的、如實陳裸的視覺意象，而是那儘量任其流變的感官意象。」

這或即是本書中譯本所言「黍離之悲」。悲在哪？一如讀《紅樓夢》或《海上花》終卷而難有不悲不能抑者，非為那燭光的黯滅，而是黯滅前那「潮蟲般」，歷歷如繪、歡笑宴語、繁華美景，或淫蕩妖冶的一幕幕疊影剎那重現。

出版前言

Derek Sandhaus

一九三九年。被日本人佔領的北京。

有一位神祕的老人住進使館區。他身著及踝長袍，花白長髯，頭戴一頂無沿圓帽，其上鑲嵌著一塊碩大的紅寶石，一副中國老派紳士的打扮。他操一口漂亮的北方方言，熟稔地招呼著僕役，讓使館區那些第一次見到他的外國人吃驚不小。

但此人卻並非中國人，而是英國子民，曾經是整個中國最赫赫有名的外國人之一。此前多年，他一直隱居於京城西郊，閉門讀書。現在日軍侵華，他不得不離開寓所，丟棄財物，另覓庇護所。正如一九〇〇年義和團及清軍圍攻使館區，殘暴剿殺洋人時，他也同樣被迫回到同胞處尋求蔭庇。

不久太平洋戰爭爆發。幾年後的某日，使館區有位叫做雷哈德・賀普利（Reinhard Hoeppli）

的瑞士籍醫生，坐著他的人力車經過這老人身邊。那滿族車夫一看到這老人，就急忙告訴賀普利他們可見到大人物了。這車夫說，他們剛剛經過的這人，據說是大清帝國最後一位統治者——慈禧太后的情人！這位老人，就是埃蒙德．巴恪思。

埃蒙德．特拉內．巴恪思爵士[1]，英國從男爵，祖上是曾顯赫的奎克家族（Quaker）。一八七三年出生於約克郡的列治文市（Richmond），分別就讀於埃斯科（Ascot）的聖喬治中學，溫徹斯特學院，之後在牛津大學。他沒有讀完大學課程，但他學習欲望強烈，對語言有一種罕見的天賦。一八九八年他來到北京時，已經能夠熟練地掌握法語、拉丁語、俄語、希臘語和日語。不到一年，他便成為《泰晤士報》以及英國外交部的翻譯，並為其提供線索。《泰晤士報》的莫里森博士（Dr. G. E. Morrison）曾寫到過他：「在北京城，沒有人能像他一樣翻譯中文如此得心應手。」一九〇三年，中國政府擢升他為京師大學堂（後來成為北京大學）法律和文學教授。一年後，他成為英國外務處專員，能講流利的蒙古語和滿語。

巴恪思職業生涯中的輝煌時期是在一九一〇年，他與另一位《泰晤士報》的記者布蘭德（J. O. P. Bland）合作，出版了《太后統治下的中國》（*China under the Empress Dowager*）一書。該書首次以全面的視野向讀者展示了中國帝制上最後一位偉大統治者的形象——她與一個搖搖欲墜的清朝。此書文筆平易淺近，引人入勝，披露了一些鮮為人知的內幕。書中大部分資料來自「景善日記」，據說是一九〇〇年義和團運動爆發之後，巴恪思在混亂中發現的。此書風靡世界，一時被傳為曠世之作，一年之後清朝滅亡，這本書以及巴恪思本人，聲名更是如日中天。

這衹是故事的開始。埃蒙德爵士與布蘭德另外合著了《北京宮廷回憶錄》（*Annals & Memoirs of the Court of Peking*），在學術界同樣深得稱頌。一九一三至一九二一年之間，他把大量珍貴的中文印刷書以及部分卷軸和手稿，都捐獻給牛津大學博多萊安（Bodleian）圖書館。一九一八年，他與悉尼・巴頓爵士（**Sir Sydney Barton**）合作，完成了《漢英口語辭典》的修訂工作，該辭典由著名外交家、漢學家沃爾特・希勒爵士（**Sir Walter Hillier,** 禧在明）編纂。由於希勒爵士的個人推薦，巴恪思被聘為倫敦國王學院中文系教授，但出於健康原因他未能赴職。

巴恪思同時代的人形容他：性格古怪，言語輕柔，彬彬有禮，態度謙恭。他風度迷人，十分健談，但同時又是個隱士。他在北京寓居四十五年有餘，遠離使館區的保護。他摒棄了早年衣冠楚楚的做派，服飾及生活習慣都完全中式。他我行我素，儘量避免與西方人接觸，到訪某地之前總遣僕人先行，確保並無外國人在。甚至於坐人力車時倘若從外國人身邊經過，他竟然會掩起面孔。但除了這些怪異行為，幾乎所有見過他的人都認為他好客又風趣。

巴恪思於一九四四年一月辭世[2]。他本該帶著人們的尊敬歸於沉寂。沒想到英國歷史學家休・特雷弗羅珀又舊事重提。

一九七六年，特雷弗羅珀出版了《隱藏的一生：埃蒙德・巴恪思爵士之謎》（*A Hidden Life - The Enigma of Sir Edmund Backhouse*），之後再版，改為更廣為人知的名字《北京隱士》（*Hermit of Peking*）[3]，描述了一個完全不同、可以說相當陰暗的巴恪思形象。該書指責埃蒙德爵士有計畫、有步驟地偽造證據，欺世盜名。巴恪思生前，即有人質疑過《太后統治下的中國》中提到的

「景善日記」是否確切[4]，但從沒有人懷疑過是他一手偽造的。特雷弗羅珀不僅指責巴恪思有意參與杜撰日記，而且在其他方面也隱瞞證據，犯下一系列欺騙行為。他列舉說，巴恪思多次以生意買賣為藉口行騙，諸如售賣根本不存在的宮廷珠寶，還有用子虛烏有的船，運載假想的武器進行軍火交易。按照特雷弗羅珀的說法，總是有人上他的當，因為西方社會對中國缺乏瞭解，很容易就認為是不道德的東方人在整個交易中騙了他們。

特雷弗羅珀在書中最聳人聽聞的部分，是揭露巴恪思在臨終前一年所完成的自傳體著作——《往日已逝》（*The Dead Past*）及《太后與我》（*Décadence Mandchoue*），根本是傷風敗俗的淫穢之作。在這兩本書中，巴恪思以回憶錄的形式按時間順序記錄了他在英國和歐洲的年輕時代（《往日已逝》），以及晚清末年寓居中國的生活（《太后與我》）。他稱自己不但見過許多赫赫有名的文學和政治人物，而且曾與他們同床共枕。埃蒙德爵士記述了他與不少名人的性交往，其描寫可說細緻入微，包括奧斯卡・王爾德（Oscar Wilde），奧布里・比亞茲萊（Aubrey Beardsley），保羅・魏崙（Paul Verlaine）以及索爾茲伯里（Salisbury）首相[5]。他所披露的曖昧關係幾乎都是同性戀，祇除了一人例外，此人竟是個石破天驚的大人物：中國一代專制統治者，一九〇八年駕崩的慈禧太后。

特雷弗羅珀在巴恪思的罪名之後還加了一條：叛國親敵。他說，巴恪思晚年對軸心國狂熱崇拜，看到他們每一次勝利都會喜形於色。他認為巴恪思這種法西斯情結並非緣於年老智昏。他的作品本身充滿了對歐洲專制時期的懷念，以及對拿破崙式鐵腕統治的衷心愛戴。在他祖國最黑暗的日子裡，巴恪思背叛了它。

特雷弗羅珀評價巴恪思「無論與人交往還是做學術，都相當勢利」，其實，他既非出身名門，又不善社交，雖聲稱結識權貴，卻不足以與人家相提並論。他的淺薄可以從一八九〇年左右的唯美主義找到根源，提倡「清高、叛逆」，這種思想影響其一生，到晚年發展成為法西斯迷戀。

特雷弗羅珀同樣指出，巴恪思的虛榮導致他盲目自大，滿腦子幻想，以至於自己都分不清是真是幻。他醉心於自己的編造，甚至能不假思索、栩栩如生地描述其中的細節。豐富的想像力和無可置疑的個性魅力使得他在行騙時得心應手，常常讓那些對他深信不疑的人最終吃盡苦頭。

特雷弗羅珀的結論是，巴恪思根本無力分別事實與杜撰，假如作者長久以來缺乏誠實的話，無論他的作品曾經多麼具有歷史價值，最終也不足取信。

特雷弗羅珀說，鑒於他的記錄疑點重重，我們有理由認為《太后統治下的中國》中提到的「景善日記」是巴恪思自己別有用心的編造，這轟動一時的自傳，不過是一部色情小說而已。

「無論文筆如何有才情，也無法掩蓋這種病態的淫蕩，」特雷弗羅珀說。它們不過是一個自閉的同性戀的淫穢想像，是他「壓抑扭曲的性欲的最後發洩」。

定論形成。隨著《北京隱士》的出版，埃蒙德・巴恪思以及他對中國學術所做的一切貢獻被扔進故紙堆。他成了歷史上一段野史豔聞，一段色情笑話。人們記起他時，也不過是個可憐的同性戀、幻想狂、大騙子。

但又怎麼解釋雷哈德・賀普利和他多嘴車夫的閒話呢？

雷哈德・賀普利醫生之前曾受聘於北平協和醫學院。日軍侵華期間，他是瑞士駐北京的榮譽領事，負責管理同盟國的事務。他為巴恪思治療，並成為好友，常常與巴恪思討論早年的生活。賀普利被他的故事所震撼，勸說埃蒙德爵士將他的生平寫下來，甚至為此付報酬給這個病困潦倒的老人。巴恪思寫出來的就是這兩部手稿：《往日已逝》和《太后與我》。賀普利做兩書的編輯並為之寫了後記。

賀普利不願把兩部手稿在他生前出版。他於一九七三年去世，六個月後，兩部手稿由他的朋友、從前的同事魯道夫・格里（Rudolf Geigy）博士在巴塞爾機場祕密轉交給休・特雷弗羅珀。最初特雷弗羅珀是準備將其付梓的，但後來發現巴恪思有這許多欺騙行為，決定改而寫一部他的傳記。出版商力勸他在《北京隱士》裡透露若干手稿的情節，但被他婉拒了。他認為這會讓他本人顯得低劣，或許會招來巴恪思家人的鄙視。於是他將手稿留給巴恪思鍾愛的牛津大學博多萊安圖書館。賀普利同樣也將手稿複印了幾份副本，轉給倫敦的英國博物院、巴黎國立圖書館、美國麻塞諸塞州劍橋城的哈佛學院圖書館。幾十年來它們鮮為人知。

有一位賀普利的朋友曾描述他是一個「尊貴、威嚴的人，禮數周到，一副老派作風，是一位沉穩的學者」[6]，但特雷弗羅珀的評價卻不甚中聽。他指責賀普利幼稚，完全相信巴恪思所寫的一切。但同時他把賀普利當成重要的資料來源，在《北京隱士》中他所描寫的巴恪思的晚年生活，大量借用了賀普利所著的後記。特雷弗羅珀甚至寫到了賀普利的滿族車夫認出巴恪思是已故慈禧太后的情人的細節。

這個細節對特雷弗羅珀來說並不有利。該車夫是《北京隱士》中唯一一個中國籍的評論者，這種不受任何人影響的評論支持了巴恪思令人震驚的說法。但特雷弗羅珀引用此事之後，再沒有重新提及，也沒有做出解釋。但筆者認為這一反方證據，給了我們充分理由，重新檢視巴恪思爵士的名譽之謎，重新審視特雷弗羅珀義正詞嚴的譴責和駁斥。

我從博多萊安圖書館拿到《太后與我》長達一千三百九十三頁的完整原稿，從此開始了研究。巴恪思的手跡很難辨認，第二章和第三章也缺失了。在三百二十八頁，我欣慰地發現了賀普利博士完整列印稿的第一頁。除了巴恪思的注釋，剩下的六百餘頁，以及賀普利的後記，都完全清晰可辨。第二部分書稿共有四百七十六頁，是已經編輯過的《太后與我》的「最終版」，預備在作者死後出版。

我首先讀的是賀普利的後記。許多內容在《北京隱士》中已經提及，但賀普利給我的印象，並不是特雷弗羅珀所指責的那樣，輕信、懵懂、是個不知情的同謀。

在一九九三年版的《北京隱士》的附錄中，特雷弗羅珀回應賀普利的維護者，他提醒他們說，賀普利「多次公開宣佈，巴恪思的『回憶錄』真實可信」。「如果賀普利確實覺得巴恪思在騙人，」特雷弗羅珀說，「為什麼他從來沒有把他的懷疑記錄下來？」

但其實他記錄了。在後記中，賀普利寫到，他相信巴恪思的回憶錄「並非純屬想像，而是基本上建立在事實基礎上。」但他補充說道，「這些事實在多大程度上因記憶混淆而歪曲，在多大程度上加入了想像成分，祇能留待以後判斷，在研究完所有的資料之後再作評論。」後面他還談到，當問到巴恪思關於《往日已逝》的片段，他「多多少少記起來，不可能見到過韓波（Rimbaud）」。賀普利不止一次提到巴恪思想像力驚人，在文中也寫到過作者似乎無法把頭腦中的空想與親身經歷區分開來。簡而言之，賀普利相信回憶錄是事實而非捏造，但他也提醒讀者不可全盤相信。

賀普利的後記是特雷弗羅珀的參考資料，在《北京隱士》中對巴恪思的多次揭露俱是以此為據。作為首位閱讀者，賀普利還提到《太后與我》和維克多・謝閣蘭（Victor Segalen）的小說《勒內・萊斯》（*René Leys*）之間有驚人的相似，後者出版於一九二二年，描寫的是太后的一位外國情人的故事。後記還寫到，一九一〇年左右有人試圖偷竊慈禧的珍珠馬甲，據說巴恪思也有份參與其中。至於「景善日記」，他確信係偽造，也認為人們「自然會懷疑埃蒙德爵士」，但他本人並不同意這一說法。

最引人注意的可能是賀普利對巴恪思性情和人格的描寫。他與特雷弗羅珀所持的觀點大相徑庭，如果原因僅僅是因為賀普利曾見到過巴恪思，那麼就值得深思了。他說巴恪思根本不是勢利小人；他對貴族階層相當「傲慢」，反而「和下層階級的人能夠迅速打成一片」。賀普利不否認巴恪思過分敏感，情緒無定，有他的缺點，但正是他內心的善良讓人們忘記他的缺點。埃蒙德爵士的「善良」，賀普利補充說，「正是他最大的魅力。」

在後記中，巴恪思也不像《北京隱士》中所描述的那樣是頑固不化的「精神法西斯」。賀普利說巴恪思是他見過的最反英的英國人[7]，但他同時也說，「他不願聽到別人詆毀英國人」。他認為，巴恪思讚美日本禮儀，稱頌「無敵的大德意志國」，這種親軸心國姿態，可能是源於害怕日本佔領軍的報復。就我們對巴恪思的瞭解，這個解釋很合理。當日本佔領北京、納粹肆虐歐洲時，巴恪思年事已高，身體病弱，作為敵國公民，本該被扣押，但日本人給了他特殊照顧，才得以倖免[8]。無論是照他自己還是別人的說法，巴恪思是個膽小之人。災難臨頭時，他多是臨陣逃脫或稱病躲避。

《太后與我》中有一段隱晦的話，似乎是巴恪思祈禱厄運降臨軸心集團：

> 或許，此語（幸運，不幸，幸運）指當前發生之事，否極泰來：塞翁失馬，安知非福，如諺語所說。

在另一處，作者譴責義大利法西斯摧毀了義大利的自然美，在這一點他提到義和團首領，將其比作納粹地方頭目（Gauleiter）。巴恪思顯然對癲狂的民族主義者義和團並無好感，對於一個用詞講究的語言學者來說，做這樣的類比應該不是無心。巴恪思的確曾隨口抨擊過猶太人，說英國國王的祖上有猶太裔，不過這事鮮為人知，他特別喜歡跟圓滾滾的猶太女人在一起。「可歎！」他感慨說，「政府就在這種人手裡！」這樣的批判雖然不遜，但在他那個世代卻不罕聞。無論如何，像巴恪思這樣後半生的四十五年遠離故鄉，和同胞完全隔離，他也很難對歐洲政治有多感興趣。

在此討論賀普利是否可信以及巴恪思的政治傾向，不過是為了說明，也許特雷弗羅珀忽略了或者輕視了某些對己不利的證據。但現在最重要的問題是，《太后與我》到底有多少價值？裡面的故事到底有多少真實成分？巴恪思會不會真的像他所說的那樣，是清朝宮廷的常客、慈禧太后的情人？

故事是從「淑春堂」開始的，名字聽起來有點嘲諷，這是北京中心區一個豪華的同性戀妓院。巴恪思在這裡遇到載瀾以及他最寵愛的男妓桂花。他目睹二人做了一系列性事，而後加入其中。第一章即充滿了細緻的性描寫，顯然可以看出巴恪思並不像特雷弗羅珀所說的那樣，是個「壓抑的」同性戀。他對妓院的這一套進進出出（不知如何更好形容）瞭若指掌，並且饒有興致地記錄下來。

不知道為什麼特雷弗羅珀竟然會認為巴恪思壓抑。他在牛津其間，盡日和一干毫不避諱的同性戀作家及詩人來往。但特雷弗羅珀說，埃蒙德爵士在《往日已逝》中所描述的他與這些人，包括奧布里・比亞茲萊以及奧斯卡・王爾德的關係，不可能是真的。但他承認，莫里森博士說過，聽聞巴恪思與王爾德醜聞有關。另外，特雷弗羅珀在他一九九三年版的編後記裡補充說，比亞茲萊所主辦的雜誌《黃皮書》（*The Yellow Book*）的文學主編，曾有一封信提到巴恪思。

特雷弗羅珀似乎無視這些證據，衹是為了讓我們相信，儘管巴恪思巧言令色，魅力無匹，到底不可能跟整個英國最出類拔萃的同性戀全都上過床。理由？就是「因為他們中沒有人公然譴責過他」。好像他們會這麼做似的。

更有可能的是，巴恪思就像他自己常說的那樣，是個性欲亢奮之人。我們有理由猜測，在「放縱的九十年代」，他從他的同儕、他的偶像——例如王爾德——身上看到一種嶄新的、以前從未想像過的、公然的同性戀生活。而一八九五年，王爾德因性變態罪入獄。巴恪思參與籌款為王爾德辯護——這一點特雷弗羅珀也提到——這可能就是他對英國人心生怨恨的原因之一。這次事件對他的影響有多大，我們祇能推測。但我們確鑿知道的是，三年後，他住在北京使館區之外的地方，餘生都儘量避免與西方人接觸。

按照《太后與我》的描述，如果是在二十世紀之交的北京，巴恪思就能找到一個對自己的審美趣味更寬容的地方。引用歷史學家吳存存在《晚清時期的同性戀意識》中的話：

> （乾隆）皇帝統治末年（一七三五—一七九六）（北京）有幾處地方十分出名，為男妓和優伶所居，其間的男子豔絕天下，在會館或妓院接客……晚清末年男色之好風靡，男伶妓館在京城大有蓋過青樓女子之勢……同性之戀存在於各個階層，上至皇親國戚，下至販夫走卒，尤其在文人中最為盛行。同性戀行為不但不受譴責，那些相貌姣好的男孩子更是被迷戀追捧。[9]

從一個西方人的角度來說，對於像中國這樣的傳統社會，對同性戀如此寬容，幾乎是不可思議的。更何況在此之前的幾百年間，同性戀一直受到社會輿論和法理的雙重迫害。在封建時期的中國，同性戀的發展幾乎和西方完全隔絕，但如果將其看做同一亞文化下的兩個分支，那就錯了。

同性戀，尤其是男同性戀，始終與中國經典文化緊密相連。對同性之愛的描寫要上溯到古代，在一些家喻戶曉的經典著作中都有突出描寫，例如《金瓶梅》，以及被認為是中國最有影響的小說《紅樓夢》。

同愛，尤其是男同愛之風之所以能在中國興盛，原因之一是不像西方一樣涉及宗教褻瀆。祇要個中描寫不超過孔孟之道所能承受的範圍，則不會犯眾怒。似乎社會標準也沒有嚴格地區分同性戀和異性戀，而那些同性戀者也並不將自己當成完全的同性戀。早期性學家、同性戀權利宣導者馬格斯・賀胥費（Magnus Hirschfeld）在二十世紀早期遊歷中國時就曾注意到這一點。他寫道：

> 同性戀男子幾乎都結婚。但他們從不納妾，他們娶妻多是父母之命，之後也經常分居。他們中很少有充當女性角色的，大多是祇具有很少的女性氣質，或根本完全是陽剛氣十足。[10]

確實，巴恪思的桂花也說到，他以後想成家，儘管對女子沒有「性」趣。《太后與我》後面也有一段寫太后亦認可同性戀關係，但提醒她的臣子「別忘了他們的妻室」。

偶爾也推出法令限制同性行樂，但這些規定大都是為了禁止同性強姦，或者限制皇親國戚們在聲色場上過分縱欲。這些法令幾乎從來沒有把同性戀定為道德敗壞，連有違常理也沒說過。清朝統治後期的幾百年前，頒佈了更多法律制裁狎男妓及優伶的官員，但這並不說明人們對同性戀更加厭惡，反而說明北京的夜生活中同性戀大有越演越烈之勢。無論如何，很少有懲罰同性戀行為的法令。

同性之戀、男色之好最鼎盛時期是明末清初，在北京城最為風行。其間的原因可以如此推斷：北京在帝王時代是由男人統治。那些考了科舉的書生從各地蜂擁到京城，盼望飛黃騰達，但常常舉薦無門。一旦得到朝廷的擢升，他們會把妻子也接到京城。但這就算能實現，往往也需要多年的籌謀。於是大批年輕有才華的男子聚集在北京，無所事事地等候，性生活不能得到滿足。就好像一九二一年一位傳教士寫到的：

> 北京人口有八十一萬一千五百六十六人。其中五十一萬五千五百三十五（六三．五％）為男性，二十九萬六千零二十一（三六．五％）為女性。在某些警區，百分之七十七都是男子。這個數字足以表明，北京有怎樣的社會問題，尤其是相當大一部分（六一．七％）男子不超過三十五歲。

就同性戀問題，文章補充說：

> 有專為荒淫的滿族貴人開設的男性妓院，但一九一一年辛亥革命之後即被取締了。[11]

不過，導致這種性蘇醒最重要的原因，還是文化上的。明朝末期，在新儒家思想家王陽明及其門生的影響下，文人對於性的態度變得更加解放。文學作品中嘗試描寫同性戀關係的內容在清朝開始流行。到了十七世紀七十年代，文人梅庚就公然歌詠當時著名的伶人紫雲，說他豔極無雙，雖女子不如。

與中國文學中同性戀作品增加相伴隨的，是另一種重要的藝術形式在北京興起：十八、十九世紀京劇的興盛。從梅庚的詩句可以看出，文人和優伶的性關係不算新鮮，但隨著京劇旦角的出現，這種描寫達到了巔峰。旦角是京劇中飾演女性的男子，一般不超過二十歲，是北京同性戀群體中的中心人物。他們在臺前引得萬千寵愛，在幕後常常為達官貴人提供專門的性服務。到十九世紀中期，男伶的受寵程度可以從作家黃均宰的描述中看出來：

> 京師宴集，非優伶不歡，而甚鄙女妓。士者出入妓館者，眾皆訕之。[12]

白天，達官顯貴到有名的劇院聽戲，晚上就去附近的飯店或妓院。當時的男妓館叫做「私寓」，或「相公下處」，最初是旦角的共同寓所，由梨園主人看管，到後來演化為高級男子妓院。根據當時一位無名氏的記載，這些所在：

> 優童之居，擬於豪門貴宅，其廳事陳設，光耀奪目，錦幕紗櫥，瓊筵玉幾，周彝漢鼎，衣鏡

壁鐘，半是豪貴所未有者。至寢室一區，結翠凝珠，如臨春閣，如結綺樓，神仙至此，當亦迷矣。[13]

無疑《太后與我》第一章裡描寫的淑春堂就是這樣的地方。巴恪思的描述中術語使用得非常地道，細節也都準確。入門必須有正式的引薦信，服務後才收費，這兩條是男妓院與女子妓院重要的不同之處。所在地石頭巷處在一個出名的煙花地的中心，距離全城最有名的劇院步行不到五分鐘。所列出的各項服務的花銷，與當時當紅男伶的預計收入也很相符。

這些都不能證明，一八九八年巴恪思的確在淑春堂與載瀾和桂花見面，甚至於不能證明淑春堂這個地方的確存在。他可以參考當時一本叫做《花譜》（「花」此處為妓女的諱稱）的書，寫當時的優伶以及他們所在的妓院，並按他們的才貌列出排名。書中避免提到巴恪思那樣露骨的性描寫，正如吳存存和馬克•史蒂文遜所指出的那樣，「（《花譜》）大多是私下印刷，祕密傳播，但類似的文學冊子在北京豐富的圖書市場上還是可以找得到。」[14]因此，如果巴恪思對行內一無所知，要想找到這些私下傳播的資料，也不太可能。

據我們對巴恪思在十九世紀九十年代的情況的瞭解，可以得到一個更簡單的解釋：他的確和北京的同性戀菁英有染。特雷弗羅珀的傳記中很少寫到巴恪思在牛津的日子（一八九五年底），但也提供了少量資訊。巴恪思在牛津和劍橋的同性戀圈子中，是個固定的性伴侶。他也迷戀戲劇，曾經包下劇院一整排的位置請他的朋友，給當紅的女演員如艾倫•泰瑞（Ellen Terry）大送特送禮物。在這方面他揮金如土，特雷弗羅珀在書中說到，他的債務累計高達二萬二千英鎊。

根據我們對巴恪思以及當時的北京的瞭解，斯人在斯地再合適不過。北京的同性戀文化與當時的倫敦有本質上的區別，但恰好符合了巴恪思的獨特口味。他孜孜以求的兩件事在這裡完美地結合：一邊與出色的同性戀文人相交，一邊聽戲。而且，在這裡人人都出手闊綽，正是巴恪思在英國喜歡做的。假設他為梨園的名優贈送重禮，從中也能猜到他自己在類似淑春堂的地方也能得到豐厚的賞賜。

在這樣的情況下，巴恪思就能與情人相會，像他所說那樣共度「愛之夜」（nuits d'amour）。可以假設，也正如巴恪思所說那樣，那些達官貴人有時會將各自的太監帶來，這些人理所當然地祇被作為性伴侶。同樣可能的是，宮中伺候太后的太監常常也會到那些所在去。精通中文、滿語和蒙語（官話）的巴恪思在這樣的地方必定大受歡迎，至少深受貴族階層的寵愛。他既然能以他的魅力談吐令西方上流人士傾倒，同樣也能得到中國官紳的愛慕。如果他真受寵了，也有機會，那麼休・特雷弗羅珀指責巴恪思既不瞭解形勢又無政治依靠的說法，就值得推敲了。

僅僅從這本書第一章的前兩頁，我們就能看出這麼多東西。那麼，這本被認為毫無價值的手稿，到底還有多少被我們忽略的內容呢？

《太后與我》第二章的開頭，寫的是一九〇〇年夏末，頤和園起初由俄國後來由義大利和英國軍隊保護。巴恪思稱自己在義和團運動期間從頤和園中搶救了大量文件，使之在八國聯軍入侵時倖免於損毀。是真是假？巴恪思說自己在幾個可靠的滿族人的幫助下，全力從宮中救出珍貴寶物。特雷弗羅珀指出，事實上此時巴恪思正因為從園中偷運珠寶被俄軍關押。不過這至少說明，他說自己在頤和園，這一節沒錯。

巴恪思還說，一回城他立刻就親自安排將珍寶送回紫禁城。特雷弗羅珀一九九三年版的編後記中說，有證據表明，將珍寶返送回宮的實際上是一個叫杜伯雷（Noel du Boulay）的英軍少校。寶物清單是按照朝代順序仔細登記的，按照杜伯雷的說法，是「在巴恪思先生的協助下」完成的。巴恪思把杜伯雷等人排除不計，將功勞完全歸於自己，這足以讓特雷弗羅珀將整樁事件忽略不計。但實際上這件事非同尋常，因為它意味著巴恪思在某種程度上為英國特遣軍隊工作，負責其與中國—滿族社會之間的聯絡，很有可能協助將這些文物運回紫禁城。

那麼他是否曾遇到太后並與她同床呢？這種說法大概更為牽強，但也是有可能的。義和團運動中，太后下令屠殺外國人。一九〇二年她回到北京後，還處在被制裁的高壓下，因此急於修好。她更加積極地參與外國事務，為大使夫人們安排社交聚會，請美國畫家為自己畫肖像。在聚會中，巴恪思擔任清政府和英國使團的翻譯，在此過程中有可能受到了慈禧的注意。也有可能她聽說了巴恪思與滿族貴族之間的種種交情，對這外族人很好奇，進而表達她想見見這個對清朝習俗如此熟悉、能講一口流利滿語的奇特的外國人。

但這個同性戀男子能與「老佛爺」保持四年之久的愛戀關係，卻不那麼可信。《太后與我》中對二人的行為描寫，相比他與男子在一起交歡的場景，顯得不那麼細緻入微，令人信服。在一處他提到「她」插進「他」的體內。儘管慈禧有可能像他說的那樣有一個巨大的陰蒂。[15] 另外，中國皇后縱情縱欲（就好像武則天）是非常可信的，老佛爺也完全有可能出於好奇嘗試一個西方男人。實際上，慈禧可能還有其他外國情人；巴恪思提到，曾有一名叫瓦倫的法國人，和一名叫蘭博的德國人，可能有幸上過鳳床。太后這樣的女子也許很難拒絕。人們都認為這是本書中最難以取信的地方，而巴恪思看似能夠自圓其說。他到底和太后有沒有發生過性關係，現在已經無法證明，祇能留待推斷。

有可能與慈禧情欲纏綿，這聽起來實在聳人聽聞。但卻是《太后與我》中的同性戀關係，讓我們將巴恪思看得更清楚。知道這些，就理解為什麼巴恪思對西方人懷著反感，住在遠離使館區之外的地方，明白他為什麼刻意過著表面上離群索居的生活，想方設法不被他的同胞看到。進而也能明白，為什麼他大半生都和男人一起，允諾無數人贈與他們珠寶，以及為什麼他與他的中國「僕人」保持這樣一種不合常規的親近關係。

同樣也理解，為什麼他想要製造出像「景善日記」這樣的消息來源。他的資訊都來自妓院浴室的太監或宦官，他無法準確記得到底是什麼人說的。但他聽來的這些消息，可能正如賀普利所說，「基本上建立在事實基礎上」，至少是十分可靠的傳言。他在向他的同時代人傳達這些資訊的時候，不得不用他們能夠接受的方式，同時也保護自己免於醜聞。在他生命的最後階段，他顯然確實想讓自己名譽清白。

這不是說《太后與我》中巴恪思所寫的一切都可以毫不猶豫地看做真相。他的生活和寫作中有許多不誠信的例子，我也不想為其辯護。按照當時的情況，他的某些所謂欺騙行為，無疑和行事張狂隨意的中國官員有關。北京在一九一〇到一九二〇年間，政治上風起雲湧。今天答應好的武器交易，明天鬥爭局勢變化了，主意也變了，總處在變化中。這大約能解釋他書中許多矛盾的地方，但不能解釋全部。

《太后與我》中有一些情節與官方報告有出入，例如慈禧和光緒的死因（第十七章）。二〇〇八年，光緒之死被認為是謀殺，但與《太后與我》中所說（儘管是轉述）的方式不符。還有，休・特雷弗羅珀說得很對，巴恪思說他私人會見榮祿（第三章），以及他與總管太監李蓮英最後一次談話中提到另一本日記（第十九章），這很難讓人相信，因為這些文稿到底放在什麼地方，他始終說法不定，自相矛盾。白雲觀的降神會（第十五章），且不說迷信的元素，有許多細節上的紕漏，即便不說全錯，也確實是很難解釋。但背後可能有其他我們不知道的原因，不能把他的話就像特雷弗羅珀在《北京隱士》中所說的那樣全盤否定。

也有理由指責休・特雷弗羅珀結論片面，學術態度馬虎。他自己作為歷史學家的聲譽到後來也因為「希特勒日記」的醜聞[16]而受到影響，因此他的判斷是否正確，也值得質疑。但他在《北京隱士》所做的研究總體上說還是可靠的。現在沒有人否認巴恪思的說法並不完全屬實，也不否認特雷弗羅珀是第一個真正挖掘他的隱祕生活的人。就這個問題要再有突破性發現已經不可能了。留給我們的，祇有大量基於事實的推斷，以及被唯一一個車夫證明的巴恪思的話。

特雷弗羅珀的研究中最主要的問題就是忽略事實；他沒有說到曾經跟任何一個認識巴恪思的

中國人或滿族人取證過。他寫《北京隱士》的時候正值文化大革命，要展開採訪可以說不可能，但他可以找到原來住在北京、一九四九年共產黨執政後離開中國的人來訪問。他們完全可以證實或者推翻巴恪思的說法，但現在機會已經喪失了。

特雷弗羅珀在《隱士》中寫到，起初他將《太后與我》拿給兩位學者，一位是英文教授，一位是歷史學教授。兩個人看過手稿之後都認為是一部價值很高，有轟動效應的作品。但後來特雷弗羅珀歸結為他們受了矇騙，因為他們不知道巴恪思實際上是個什麼樣的人。看似他後來也沒有再諮詢這些學者或者其他相關的歷史學家作為跟進。但從歷史價值來說，這本書至少值得再次探討。

巴恪思在幾種語言間引用典故時堪稱完美，沒有參閱任何資料，很顯然從這一點看他的記憶力堪比照相機。我們還可以確定的是，他對北京及當地人的瞭解比任何一個同時代的外國人都深，他對事件的描述也很符合當時的情況。

現在回過頭看，特雷弗羅珀對巴恪思的評價從很多方面來說都顯得刻薄狹隘。正如歷史學家羅伯特・奧德里奇（Robert Aldrich）所說，特雷弗羅珀「對於巴恪思那些情欲描寫顯然讀都不願意讀，這使得他的判斷值得推敲。[17]」看來特雷弗羅珀不能容忍巴恪思的性取向以及反英傾向，他的傳記其實就是對巴恪思一整套系統的譴責，不願意承認他有可能在任何一方面講的是實情。

然而巴恪思的性格遠遠複雜得多。我們不能完全相信他的話，但如果不做必要的歷史分析就把他全部否定，同樣也是愚蠢的。他的作品——尤其是《太后與我》——需要我們利用所有能找到的理據，將他的逐條說法仔細核證。

從他的回憶錄中我們可以瞭解很多資訊，即使其中有些細節是虛構的。巴恪思的歷史價值類似馬可波羅。他可能像馬可波羅一樣，過分渲染自己的重要性，或者在記載中國歷史時，即使自己不在現場，也要把自己加進去。但這樣一部編年史使我們彷彿身臨帝制末年的中國，讓我們走近像慈禧這樣謎一般的人物，是有一定價值的。無論從什麼角度說，《太后與我》都是一本不同尋常的作品。

巴恪思寫《太后與我》和《往日已逝》的目的，似乎並不是為了聳人聽聞或自誇自大，而是作為回憶，告訴讀者他一生中最得意的兩段時間，一在英國一在中國，他可以暫時無需顧忌和羞恥地愛男人，同時被他們愛。但他的作品的確聳人聽聞。他想挑戰讀者的接受力，尤其在性方面，不遺餘力的描寫讓人想到布洛斯（Burroughs）的《裸體午餐》（*Naked Lunch*），那本書是一九五九年、幾乎是二十年之後才出版。書裡很多地方，巴恪思看似對他所描寫的縱欲場景十分陶醉。例如第十章，他從一個旁觀者的角度描寫亞洲和歐洲人獸性交的相似之處，這簡直讓最有忍耐力的讀者都覺得不堪忍受。他的態度自始至終都很堅決：這是他想講的故事，要講就講個痛快。

但這又不是純粹的情色書，除了其中的轟動效應之外，它還有文學方面的意義。他這本最後的著作，是對清朝的頌歌：寫給一個逝去時代的性愛情書。我本人並不認為此書在編造事實，即使是，也是一個淵博的語言天才花了無數心血寫出的一部令人驚歎的歷史小說。正如義大利外交家丹尼爾·瓦雷（Daniele Vare）曾經說過的：「埃蒙德·巴恪思爵士足以和翻譯奧西恩（Ossian）詩歌的文學家相比。[18]」他從一種語言轉換到另一種語言，顯得如此優雅。

僅僅從西方人的角度來看待他的文學價值，就好像片面看待他其他方面一樣，都祇考慮了一半。寫這樣一部顯示他中文修養的作品，他自然會有意識地同時模仿英文和中文的文字風格。巴恪思作品同期流傳在北京同性戀文人中的《花譜》，就是這種敘述文風的一個例子。這些文章多和《太后與我》一樣，是作者以自己曾「獵獲」的對象為線索，結構鬆散。在評述心愛的戲子伶人時，刻意表現自己的獨特眼光以及高貴的社會身份。巴恪思居住在北京期間，這種文風十分盛行，巴恪思在寫這部頗有自戀意味的北京自傳時採用這種寫作方法，也不奇怪。

在中文版《太后與我》的序言中，小說家、譯者王笑歌也談到了巴恪思在中國文學傳統的位置。她認為在本書情色衝擊的表面下，隱藏著中國式的「黍離之悲」。從這個意義上，它和情色經典作品《金瓶梅》頗有相似之處：

> 比如《金瓶梅》雖以情色著稱，但是識者如袁宏道、魯迅見其「描摹世態，見其炎涼」，「雖間雜猥詞，而其他佳處自在」，故將之歸為「世情書」。這就是透過情色文學之幕，洞悉黍離之悲。
>
> 以譯者之見，此種黍離之悲，正是本書與《金瓶梅》神似之處，亦是本書的精華所在。雖然情色滿眼、真假莫辨會影響世人對於此書的接受，但是有此深邃之悲情，《太后與我》就具備了長久的價值……本書作者能以西文表述此中堂奧，殊可讚賞。

我們非常欣喜能將這部傳記最終付梓，巴恪思生前十分希望能夠出版它。我的目的是盡最大可能還他以公平，這是休・特雷弗羅珀從未做到的；同時證明，從同樣一系列事實上我們可以得出完全不同的結論。就本書的意義，巴恪思用無法模仿、理據充沛的語言為自己的作品做了最好的辯護：

> 如果沒有想像，記憶全無用處。想像是不可知論者對於永恆的真實頌歌，它用青春的晚霞照亮逝去的時光。這些關於過去的美好幻景，即使不能讓人生活得更美好，至少可以助人面對生活的煎熬。「活過，愛過」：我復何言？

Derek Sandhaus 為本書英文版主編

1 埃蒙德爵士稱謂自己是「Bacchus」，中文「巴恪思」，但他宗戚的後人告訴我們，應該是「Backhouse」。

2 巴恪思死亡的官方診斷是「大腦軟化」，但在這之前，他的健康已是每況愈下。據他的醫生說，他「患有高血壓，頭暈，前列腺增生以及泌尿系統疾病」。去世前不久他突然昏倒，據醫生描述，面部歪斜，說話困難，應該是死於中風併發症。

3 Trevor-Roper, Hugh. *Hermit of Peking*. London: Eland, 1993.

4 最早認為該日記不屬實的人是巴恪思的同事莫里森博士（一九一一年三月二十一日，他在日記中寫道：「我晚上去拜訪巴恪思……當他談到景善日記的時候面紅耳赤。」）之後是在上海工作的記者威廉・路易松（William Lewisohn）。第一個以翔實證據駁斥它的人是杜文達科（J. J. L. Duyvendak），他在早期做過鑒證（參見《景善日記之謎》（*Ching-shan's Diary a Mystification*），《通報》，一九三七【2nd Ser., Vol. 33, Livr. 3/4】，pp. 268-294）。近年，該日記再次被質疑：羅海民發表《景善日記：偽造之線索》一文（參見《遠東歷史》，一九九一年六月（第一期），pp. 98-124），列舉了景善實際生活與該日記所描寫的情況之間的重大差異，極具說服力。儘管大量證據表明該日記係偽造，但畢竟它確實提供了不少資訊，依然常被無數東西方學者多次引用。

5 巴恪思在《往日已逝》中寫到：「如果一個青年有幸與首相發生性關係，其過程中所有要求必定是後者提出的。」

6 參見莫里森・阿拉斯德爾（Morrison Alastair）：《為賀普利博士辯護》（*Defending Dr. Hoeppli*），《紐約書評》一九七七年九月十四日（Vol. 24, No. 14）。

7 漢語學家司禮義神父（Paul Serruys）在致何大偉（David Helliwell）的信中（一九八六年十二月一日），談到巴恪思在姊妹會天主醫院（Catholic Hospital of the Sisters）時，「不斷抨擊英國政府」，以邱吉爾為代表，他曾與其同窗。他們曾打過一架，邱吉爾把他擊倒在地說道：「有一天我會成為首相！」司禮義認為，這聽來「似乎祇是一個老人的絮語」。

8 官方的說法是，他因老邁多病得到豁免，但據賀普利說，巴恪思稱自己一九二〇年之後被迫做日軍的翻譯。真相究竟如何不得而知。

9 Wu Cuncun. *Homoerotic Sensibilities in Late Imperial China*. London: RoutledgeCurzon, 2004.

10 Hirschfeld, Magnus.《遠東的奇異性風俗》（*Curious Sex Customs in the Far East*）也有版本書名為《男人和女人》。New York: Grosset & Dunlap, 1935.

11 Gamble, Sidney and Burgess, John Steward.《北京社會調查》（*Peking: A Social Survey*）。New York: George H. Doran Co., 1921.

12 黃均宰（吳存存譯），《金壺遯墨》，《筆記小說大觀》（Vol. 13）。揚州：江蘇廣陵古籍刻印社，一九九五。

13 無名氏（吳存存譯），《燕京雜記》，《北京歷史風土叢書》。臺北：廣業書社編國立北平研究院編，一九六九。

14 吳存存，馬克・史蒂文遜（Wu Cuncun and Stevenson, Mark）。《談花：十九世紀北京關於戲劇、公共藝術和同性戀的作品》（Speaking of Flowers: Theatre, Public Culture, and Homoerotic Writing in Nineteenth-Century Beijing），*Asian Theatre Journal*, 2010春（Vol. 27, No. 1），pp. 100-129。

15 醫學術語中叫做「陰蒂肥大」（Clitoromegaly）。

16 一九八三年，特雷弗羅珀獨立證明了「被發現」的阿道夫・希特勒的日記確有其事，但不久之後就被證實是偽造的。

17 Aldrich, Robert.《殖民主義和同性戀》（*Colonialism and Homosexuality*）。London: Routledge, 2004.

18 瓦雷的評論（《皇后的最後日子》（*The Last of the Empresses*）. London: John Murray, 1936. 指的是詹姆斯・麥克弗森（James Macpherson, 1736-96），因為成功將蓋爾語詩人奧西恩的詩歌翻譯成英語而出名。奧西恩的著作在十八世紀很流行，長時間裡都有人質疑是否可信。現在的共識是，這些作品很有可能是基於許多真實材料上，但為了統一成一種敘述方式，麥克弗森改了名字，通過自己的潤色大大改編了原著。

譯者序

王笑歌

相信本書的讀者會和譯者一樣，經歷下面的閱讀之旅，初則為其深度、廣度驚人的情色訊息衝擊，感覺天翻地覆，心腦茫然；大浪湧過之後，留於心底的，卻是中國式的黍離之悲，它純粹而靈性，超越了沉重的肉身。

由此，冒著過譽的危險，譯者願意把《太后與我》稱為當代的《金瓶梅》。

下面分四個部分，講述譯者的所見所感。

一、名人之性愛

男男、男女性事，受虐、虐待，口部、肛部行事，人獸行事，形式豐富多彩，描寫明確直白，譯者估計，全本的《金瓶梅》也不過如此。乍見之下，實在震撼。

更加讓人驚歎的是，這些性事愛事的主角常常是中國歷史、外國歷史上的名人。

作者著墨最多的乃是慈禧太后。這位統治中國近五十年的人物，乃是此書的女主角。書中情色內容的大半，即是對於慈禧性生活的描寫。慈禧的搭檔，是林林總總的男性。與之相偕出鏡次數最多的，正是本書作者。此人係英國爵士、學者，一生中的大半時間工作生活於京師（後改名為北平），一九四四年七十一歲時在此離世。作者曾為《泰晤士報》、北京大學、英國領事館工作，出版過學術和通俗著作，因此亦非無名之輩——雖然在此前，譯者並未聽說過此位人物。與作者「同情」諸人之中，最著名者，當是清廷重臣榮祿。雖然書中並無正面描寫，但是二人的精神、肉體之愛亦反覆被提及。

清室的幾位皇帝也各有特點。嘉慶喜好同性，橫死之時，正與男寵行事；同治出入風月場所，染上梅毒，不治身亡；光緒亦有同性之好。

因為本書作者的同性取向，男同的事例遂令人目不暇接。嘉慶、光緒故事尚屬耳聞，作者親歷的喜好同性或雙性的皇親國戚足有幾十位。宮中眾位太監，如李蓮英這樣的名噪一時的人物，幾乎都樂於此道。作者並提及其他古代、當代的名人同好，如王爾德、米開朗基羅、蘇格拉底、凱撒、黎塞留主教、張勳等等的此類軼事，不一而足。

相形之下，除了作者與慈禧，男女之事反倒少見。不過英國的維多利亞女王（與其僕從約翰·布朗之戀）、法國總統福爾（與妓女行事時中風死去）、英國人赫德（曾長期擔任清朝的海關總稅務司）等等，也都是重量級人物。

與男女之事同樣地數量不多，卻奇異得很多很多的，乃是人獸行事。樂於此道者，包括李蓮英等太監、某些與宣統皇帝同輩的貴族。人雖名氣不大，有此與常人迥異之能，連本書作者都感覺不適，譯者更是瞠目難言了。

如此種種，可以概括為名人的「月之暗面」。自然，這些人並非清心寡欲之善男信女，但是，人們此前對於他們的認知，總是局限於比如說慈禧的政治舉措、蘇格拉底的言辭思想。其中某些人、事，比如同治的非正常死亡、王爾德的同性之好，在坊間多有流傳，但祇是涓涓細流，今日忽而成為汪洋大海，難免令人恍惚。讀者看慣了雖有圓缺、卻總歸是正面的月色，忽然被暗面籠罩，會有不知今夕何夕之感。

本書與《金瓶梅》情調有種種相似，這是最奪人耳目的一種。如所周知，《金瓶梅》作為情色作品的名氣實在太大，掩蓋了其傑出小說之名。讀者看到《太后與我》，第一印象恐怕也祇會是上文所述名人之性愛。

不過，再震撼的景致供應過量之後，也難免令人疲勞。所幸，本書的性愛作為前景固然出色，背景所展現的時代一樣頗有可觀之處。

二、清末人物、國政與風俗

清代末季既是多欲之秋，亦是多事之秋。本書敘及，慈禧一身所繫，從義和團之亂、八國聯軍入京、珍妃之死、西行逃難，到宮廷起居、光緒的幽禁生活、光緒與慈禧之死、東陵被盜掘，無一事不引人注目，幾乎在在關涉重大——不僅是當事者的存歿悲喜，更是中國億萬小民命運改變的源頭。作者以接近政治最高層之利，在本書中或直接白描、或通過相關人物口述，為諸事提供了真切的細節、獨特的視角。

以光緒皇帝為例。此人一生，乃是慈禧威壓之下的傀儡，但畢竟是一國之君，行止值得關注。本書作者敘及兩次與他相見，時間不長，卻亦展現出其人性格。從光緒之言語、神態判斷，其確知本書作者與慈禧的曖昧關係，但是交談之間，光緒衹是以「私下」、「祕密」等詞暗示，並不明言——應該是無此膽量——對於慈禧的命令，其唯唯諾諾之態難以掩飾，所以譯者有此推測。不用說，慈禧及其手下對於光緒非常輕蔑，李蓮英即曾在背後直呼「載湉」，本書作者也以「鄉下人」蔑稱之，他的同性取向，甚至是否有性能力，也是人們議論的焦點。在慈禧眼中，光緒更是無知兒童一般，不妨當面斥責、呼來喝去。矛盾的是，慈禧諸人完全認同皇權。他們心目之中，「當今皇上」無用，「皇上」之地位卻是至高無上。所以，慈禧對於光緒總是稱呼「皇上」，僅有一次，惱怒之下，「賤骨頭載湉」脫口而出。反觀光緒，其可憐自不必言，但其個性中的懦弱在本書作者筆下躍然紙上：在慈禧背後、面前，他一樣全無血性。慈禧手下的太監將其殺害，完全沒有心理負擔，也根本沒有遭遇抵抗。這個人物在本書中著墨不多，但是作者提供的細節符合人們對於其性格、命運的瞭解，又有新的內容，因而相當有價值。一斑想見全豹，可見本書作者除了有能力提供豐富的性訊息，對於人情事態的描摹一樣細緻。

與政治高層同樣難為人知、卻又引人入勝的，是關乎天意、鬼魂的神祕事件。本書中有不小篇幅敘及水晶球占卜、扶乩、通靈、魔鬼附身等等，今人觀之，或許難以盡信，但是一百餘年之前，統治中國人的思想世界的，正是這些怪力亂神。

其他方面的人情風俗。比如打賞僕傭的例錢，比如市風開放因而少年時的榮祿與慈禧可以相偕趕集，等等，也為本書提供了背景的寬闊和縱深。

三、事實還是想像？

其實，在本文一開始，這個問題就應該提出。或許，讀者也會早早地懷有大大的問號：這些，是否真實？

作為私人寫作的歷史，本書中頗多記載與官方歷史所記錄者大相逕庭，讀者生疑，非常自然。以譯者所見，重大的不同有三：京師的同性戀盛況、慈禧的性生活、慈禧與光緒的死因。

本書之中，京師的同性戀愛及其交易蔚為大觀，涉及人物主要是梨園優伶、皇親國戚和宮中太監；慈禧性欲極其旺盛，因而男寵眾多，常常通宵雲雨。這兩方面，對於譯者——虛度三十餘歲，閱讀量在同齡人之中不算太小——而言，卻基本是聞所未聞。

為什麼會這樣？先說對於慈禧的認知。人們所知的慈禧，究竟是什麼樣子？看看下面的文字即可。

慈禧太后（一八三五—一九〇八）又稱「西太后」、「那拉太后」。清咸豐帝妃。滿族。葉赫

> 那拉氏。一八六一年（咸豐十一年）咸豐帝死，子載淳六歲即位（年號同治），被尊為太后，徽號「慈禧」。殺輔政大臣垂簾聽政，鎮壓民眾起義，立光緒，採用洋務派政策，對外簽訂喪權辱國的條約，破壞維新變法，利用義和團、對外宣戰，簽訂《辛丑條約》，「預備立憲」抵制資產階級革命。後病死。

這是權威的辭典《辭海》之一九九九年版對於斯人的描述。為節省篇幅，「殺輔政大臣」至「資產階級革命」部分係引者的概括。

這就是現代標準的宣傳、教育文字：描述、評價人物，著眼於「群體的人」，即其在政治、經濟、社會、文化、科技等等方面的外在的行為、特徵，而對於「個體的人」，即人物之性情、心態、情愛等等全不措意。不可否認，辭典的形式限制了這些文字。然而，更大的限制顯然是當前歷史敘事的兩極分化：一極是學術化的嚴肅文字，另一極是娛樂化的荒誕遊戲。兼得兩極之利的作品並非沒有，卻如鳳毛麟角。像「慈禧及滿族貴族之性生活」這樣的題目，不適宜以學術文字講述，遂衹能墮落為獵奇故事，完全喪失歷史價值。在兩種路線之外平實地討論歷史人物的性生活，反而成了不正常，這實在令人悲哀。同性戀話題雖然日見開禁，畢竟還未完全進入大眾認同的敘事，更是難得見到平實可靠的文字。本書所描寫者，在程度上給人過度之感，但是譯者缺乏可靠訊息與之比照，因而無從確定其真偽，衹好存疑。

慈禧與光緒的死因萬眾矚目，本書的說法明顯衹是孤證。通常認為，二人均係病亡，慈禧之死因從未見到異議。近來的研究表明，光緒乃是死於急性砒霜中毒，但砒霜的來源並無定論。以此論之，本書祇是一家之言。作者已逝，我們無法請其提供證明。有興趣的讀者，不妨自行考證。譯者認為，無論是否事實，作者的描寫細節豐富，且保持了足夠的自省，已然具備了獨立的價值。

四、黍離之悲

黍離，字面意思是植物茂盛之狀。《詩經》某篇以此為名，據說是周人行經故國，見昔日之堂皇宮室已盡成廢墟，生滿黍稷，遂有人情世事無常之傷痛。

中國朝代興亡倏忽，轉眼物是人非、滄海桑田，如《三國演義》開篇詞所言：是非成敗轉頭空，青山依舊在，幾度夕陽紅。中國人卻正是於此種無常之中，體味到深切的存在之感：以人之渺小，參天地之悠悠，會心在遠，才能超脫物我。

比如《金瓶梅》雖以情色著稱，但是識者如袁宏道、魯迅見其「描摹世態，見其炎涼」，「雖間雜猥詞，而其他佳處自在」，故將之歸為「世情書」。這就是透過情色文學之幕，洞悉黍離之悲。以譯者之見，此種黍離之悲，正是本書與《金瓶梅》神似之處，亦是本書的精華所在。雖然情色滿眼、真假莫辨會影響世人對於此書的接受，但是有此深邃之悲情，《太后與我》就具備了長久的價值。

比如第二章，慈禧將要出場，讀者正在企盼、想像，作者卻盪開一筆，寫道：「彼時她剛從東陵返回；二十二年之後，她那安放在靈柩之中的聖體被扯出壽衣，完全赤裸，覆以可怕的黑斑，頭髮蓬亂，雖細微處亦清晰可辨，暴露於陵前，任由『庸眾』圍觀。」這幾句所描述的慘狀，在第十八章「被玷污的陵墓」之中通篇皆是。但是此處的幾十個字，比起那一章所有的文字更加黑暗。繁華逝去、尊榮不再，突然之間，讀者會感到，整個世界都失去了光明。

本章還有如此文字：「那日，她身穿一件火紅的無襯裡袍子，繡著代表皇后的鳳凰和象徵長壽的仙鶴圖案；外罩同色的羅紗罩裙，印著一束蘭花。外穿一件繡著『壽』字的古銅色馬甲，配了一條色澤華貴的珍珠項鏈。她手上戴了許多戒指，其中一隻翡翠紅寶石戒指尤其可愛，我猜是來自寧境街的式樣。」

明快燦爛的描寫之後，作者卻筆鋒一轉：「我怎能想到有一天會看到她乾癟的屍體裸露在七月毒辣的陽光下。即便是不朽的漢尼拔或凱撒，最終也是塵歸塵，土歸土。」

此處的悲涼更加濃重。生死本是人之常情，而在與慈禧相關的大量的性事細節展開之前，作者即以黍離之悲籠罩全局，令所有的享樂、高潮都存在於「色即是空」的陰影之下。如此筆調，使作者自己從第一人稱敘事的強烈的「在場感」之中抽離出來，既得近距離描摹之細緻，亦使其間炎涼無處可遁。

本書中更有一些文字滄桑沉痛，即使完全沒有語境，仍屬傑出。

> 斯人去矣，如雪化無痕，而我總是希望，他仍在世間，不再拘於促狹之生、男妓之身與嫖客之癖，自由自在。或許，他會偶爾想起，曾有一個異國青年，與他繾綣如許。「虛空的虛

空」，或者如荷馬筆下的海倫所言：「並非儘是夢幻！」當靈魂化做肉體，與無可言喻的、無盡的、靈肉合一的狂喜融化在一起；如是種種，可能莫非蜃景與幻覺：靈魂受難、心願成空，然而，畢竟也為浮生所繫，縱是身化塵土，追思仍為之燦爛：「直至破曉，暗影飄逝」。（第一章）

如果沒有想像，記憶全無用處。想像是不可知論者對於永恆的真實頌歌，它用青春的晚霞照亮逝去的時光。這些關於過去的美好幻景，即使不能讓人生活得更美好，至少可以助人面對生活的煎熬。「活過，愛過」：我復何言？（第九章）

這些思緒、這些文字，出自母語是英語的西人之手，令人驚歎。由於語言、文化的隔膜，西人理解此中曲折，已屬不易。本書作者能以西文表述此中堂奧，殊可讚賞。

這恰好也是一個極妙的隱喻。孔子早就說過，禮失而求諸野。在學術化文字的嚴肅難近和娛樂化文字的荒誕無稽之間，有《太后與我》這樣的作品出現，譯者幸甚，讀者幸甚。

本書譯者為小說家、翻譯，上海外國語大學英語語言文學碩士

中文版說明

作者在寫作本書時，旁徵博引，廣泛使用了拉丁文、法文、義大利文乃至日本文等多種語言，其中也經常使用中文。在此我們感謝英文出版社匯集統一了各種西文的翻譯。

原文使用中文大致有三類情況：第一類，為了準確地記錄姓氏、年號、地點、器物；第二類，為了在歐洲人和中國人的習俗之間進行比附；第三類，為了覆述某些關鍵的或生動的對話。除了信手拈來（有時全憑記憶，不太準確）引證古雅（包括某些相當冷僻）的典故以外，作者連篇累牘地使用了俚俗的京腔習語，從而為保存十九至二十世紀之交盛行於宮廷或市井的北京話提供了一批活化石。

有鑑於此，對原文中固有的中文詞句，本版全部保存，照錄原文，用**黑體字**標出。

正文中巴恪思本人所加原註解均用「作者註」標出；由中文版編輯所加註解均標明「編者註」；其他註解為英文本註解的中文譯文。

本書中文版成稿過程中得到了毛珍妮（Jeanne Moore）女士許多不可或缺的幫助，中文翻譯得到了陳陣先生的大力協助，在此一併致謝。

題記

苦海無邊，但大慈大悲觀世音菩薩會救苦救難，普渡眾生。

——佛經

愛情能原宥所有的罪，除了對愛犯的罪；愛情能諒解所有的人，除了沒有愛的人。

——奧斯卡・王爾德

第一章

京城插曲：桂花

細讀本書的人定會認為作者即便有可能是天才，必定也是靡亂之徒。事實卻很簡單：本人在下文所記，絕非出於淫狎，也非貪戀香豔，不過是出於本能的好奇，秉莎翁十四行詩的精神，想探其究竟而已。我所識男子中也有所謂靡亂者，如：王爾德，羅比羅斯，于斯曼，魏崙。但從道德而論，這不過是他們的信仰；信仰是由情感引發，不受心智所控。平庸之士往往發乎情而止乎禮；佼佼者則出人意表，招致非議。人必先自省而後誹人。前人早有記述：

情愛乃深藏之密。
你們中間誰是沒罪的，誰就可以先拿石頭扔她。

地獄而非天堂　我們可感知
莠草而非禾稼　我們可辨識
您的歡愉何其多　我們的痛苦女士。（此處「女士」改為男性更適宜。）

一八九九年四月午後，我帶著慶親王的薦書（慶親王本人也是同性戀者），搭乘驢車（當此快活時光，尚無人力車問世），行至石頭胡同淑春堂。石頭胡同乃青樓密集地，有私方或像姑[1]下處（男妓館）若干所。當時，此類場所當局已默許，然而對其徵收重稅。步兵統領、北衙門（榮祿曾任最高統帥甚久）、都察院以及直屬部門「廳兒」，都是隨意斂稅。該館經理為一滿人，風致嫣然，名喚載穆，受賜黃帶，實為皇族，是光緒帝遠親，也是有背景之人。他告訴我：每月花費近千兩白銀，打點禮品，應對敲削，及各種「合理」稅項。載穆年約三十五，面容姣好，我懷疑他當年也是男妓，而且必定曾豔極一時。載穆道：「誠如恭親王所言，男色之歡，妙則妙矣，用費太過。」（我憶起李鴻章長子李經述，父親卒後未經年，即夭亡。有記述稱，經述臨終前曾道，「予生平至樂，乃與男子交好。」一九二一年，於倫敦皮卡迪里廣場男廁內牆，見一塗鴉，筆致斯文，寫道：「可曾試過與男子歡愛？做吧！美不勝言。」）

載穆言道：「您是鬼子，此處人必覺新鮮，且您年輕俊美。我會讓您看個仔細。據說你們外國人甚淫，實際上，我們國人傳言異國男人兼有兩種性徵；但在這裡，您必然也會大開眼界，這裡行事都是真真切切。載灃爵爺約了今晚要來，我會稟告他您是慶親王薦來的。他是我親戚，性子和順，您可定定心心，從頭至尾看他做。我祇收您五十兩銀子，今晚您便在此留宿，與您相中的『**龍陽君**』徹夜盡歡。您祇消額外打賞二十兩給您最中意的相公以及小廝。這裡統共十四人供您挑選；桂花今晚專門伺候載瀾爵爺；桂花聰明大方，一定最合您心；每次瀾公爺寵幸之後，他都要用鮮花沐浴。」

那載穆接著向我解釋了價目：與男娼單次性交要三十兩銀子，二人各行事一次四十五兩；「**品簫**」（簫者，男性生殖器也）多付十兩；由男娼行口交為十五兩，嫖客舔男妓的肛、陰部及會陰，這叫「玫瑰葉」（此處稱「**桂葉**」），為三十兩；若客人要求男娼舐其陽具及肛部，則需付四十五兩。客人如若性欲萎靡，需外物刺激，可「棒笞」[2]。由男妓行笞，資費視棒笞的輕重而定。載穆頗有深意地笑道，通常打十二下客人即叫停，需付至少十二兩銀子，但如果棍棒斷折，則每斷一根需賠付一兩白銀。如果棒打十二下仍不饜足，則每多笞一次支付一兩。設若嫖客意欲棒擊男娼，必須多付四十五兩，作為對其皮開肉綻的安撫。同樣，每斷折一根棍棒也要賠償，不過是每支五、六兩銀子。男妓的巧子（陰莖）、**蛋子**（睾丸）、肛門、會陰，皆細細塗了香料，不消說，更是收拾得異常清潔，陰毛、肛毛都剃個乾淨，光潔如面。自然，嫖客若想男妓行使口交，也必會清洗其私密處。可花五兩銀子，買一瓶從爪哇（婆羅洲）購進的精油；那話兒本來粗糙鄙陋，如此這般，行事既方便，又兼賞心悅目。上述諸項一併享用，統共花五十兩銀子。您最可心的人兒，可以給他打個賞錢。我希望您下次再來光顧，不過下回，祇能給您按瀾公爺的價目收費了。他所付資金至少是常人兩倍，行賞更是慷慨，因他是「麟爪」（皇室宗親）。男妓都是受過調教的，不會勃起，更禁矢氣，除非客人要求他們從後面行事。如果他們口交時射了精，客人通常會給些賞錢以示對這陽剛之氣的鼓勵。他們的肛門極富彈性（常以大小不等的物事撐張），客人陽具再大，也能長驅直入，更增快意。受過嚴格訓練的男娼對任何不適都隱忍不言，任由「一根肌巴往裡戳」（引自《紅樓夢》）。「您大約聽過，」載穆道，「形容男子性交，我們俗話說『貼燒餅』」。（《紅樓夢》裡有一著名章節描述主人公寶玉與同窗秦鐘在行事時被另一學生撞到，向其他男學生叫說：「貼的好燒餅！」）

我們坐在一間陳設清雅的室內，懸著幾副對聯，幾幅暗含春意的圖畫。其中一副對聯為已故恭親王[3]（一八三三—一八九八）手書：「鳥在空，魚在水，各享所天；男得愛，女得歡，孰失其性？[4]」桌上攤著春宮圖；其中一幅是三名男子，姿勢猥褻，當中一人幹事，其他兩孌童皆歡暢之極；另一幅畫是一名面容姣好的男子，剛行完事，正用餐帕擦拭陽具，另有一男子倦怠地斜倚在一張小毯上，毯上繡著一條盤龍。另一副對聯上書：「春情應伴花和酒，夜色不需月與燈。」又有一副寫道：「門外漢安知此樂，此中人曲盡其奧。[5]」

接著載穆喚來兩名男妓，都是十八九歲的俊美男子，一曰牡丹，一曰菊花。他們平生未曾見過歐洲人，大為罕異。其實當時我身穿中國服飾，倘若載穆沒有介紹說我是洋鬼子的話，我看上去並不顯眼。（在當時，「鬼子」一詞是泛指，並無辱蔑，反而有恭維之意，現今亦如此。）兩個人自然都不羞怯，以挑逗的姿勢走近前來，大有含情脈脈之態。載穆發了一聲令，兩人開始前前後後展示他們的身體，讓我撫玩他們的陽物和肛部。兩個青年衣著華麗，服飾整潔，吐氣如蘭。

我不得不坦率承認——雖然這並不是一件值得自豪的事——這樣的異國風韻很讓我癡迷，我的性欲被挑動。魏崙或王爾德當此之時，又會如何？我想像奧斯卡・王爾德說：「英俊的男子：我們天生一對，你是我的瓊脂佳釀」；或者魏崙念著他的台詞：「迷戀你被我吻慰的下體」。祇是不湊巧，又進來幾名男子，塗脂抹粉，但仍辨得出秀美，脂粉反而成了蛇足。其中有一名男子，據載穆說載瀾愛極其姿容，清秀的臉上恰恰不施粉黛；美目顧盼生輝，笑容純真，彷彿牟利羅（Murillo）筆下的天使，手指纖長，身材清瘦勻稱，嘴唇不啻於聖西門爵士（Saint Simon）所讚的勃根地公爵（Duc de Bourgogne）——「世上最美雙唇」，牙齒潔白勝象牙，雙眉朗朗，鼻樑英挺，人中不長，下巴輪廓精緻。這就是桂花！一看到他，我眼中再也容不下其他男子。我們立刻成了好友，他說：「今晚被瀾公爺占了，真讓人著惱。你我如此投緣，你又比他年輕許多。我們兩個在一起，可不要有趣得多。」

「不要緊，」載穆插口道，「待到爵爺離開，這位爺整夜都能陪你了。」

「夜短夢長。」（英文有詩道「趁玫瑰正嫩，直需多攀折」[6]。）

「哦，這可太好了，」桂花道，「我要留足精神，好好和你『歡聚』。」

正在這時，傳載瀾到了。他外表看上去是一位典型的愛新覺羅[7]，額頭高聳，顴骨突出。當時我還不知道他以後發生的醜聞。

滿洲皇室以禮儀著稱，載瀾（尤其是知道我是恭親王朋友之後）禮貌地向我鞠躬，載穆引薦之後，懇請他准許我在旁觀看整番「雲雨」過程。「您老也看見，他是鬼子，因此想瞻仰一番。」

載灃如我們所料並未反對，就彷彿是妓女接客時室內鎖了一隻猴子一般。「這洋人也有同好？他是斷袖人（唐明皇[8]怕吵醒睡在他身邊的寵臣，割斷袖子，意指同性戀中陽者）還是龍陽君（同性戀中陰者）？」「如果他進了你們堂子，」（載灃乖巧地說道），「即是一隻洋『兔子』了！」（這在我聽來確是褒獎！）香茶奉上之後，載灃、桂花、下人和我（感到好奇亦好笑）進了桂花的「香閨」，房間很小，但陳設考究，擺放了許多他的愛慕者送來的禮物，玉飾、金錶、戒指、胸針、珠寶，凡此種種。載灃示意我隨便坐，又吩咐下人去拿「春藥」。當時中國人尚未聽說強壯劑（yohimbine）。兩人除去衣衫，除襪子以外一絲不掛，我注意到載灃雖略嫌矮胖，身材還算標緻。他顯然很興奮，開始撫弄桂花。桂花姿勢放浪，絲毫不遜載灃，祇是沒有勃起。下人取了藥回來，貪婪地盯著這對赤裸的人，不由令我憶起在那不勒斯波旁博物館密室見到的一幅圖畫：一婦女斜臥，與人交媾，僕役捧來春藥，色迷迷地回望其少主的滑稽姿態。

我目睹了載穆所言的「棒笞」，便在梳粧檯上抽打了幾下；桂花顯然深知這位客人的習性：他用的是一束樺木枝。那喚起了我難以名狀的痛苦回憶，我想到（在十幾歲的時候）當今英國首相與我常被虐待成性的施尼德•金納斯里博士（Dr. Sneyd-Kynnersley）體罰，他滿臉虯髯，毫無憐憫之心，折磨（用他沾著少年血跡的樺木棒）我們這些可憐的男孩，就好像賀瑞斯（Horace）的教師一樣，是「鞭打狂奧比留（Orbilius）」。我好奇地望著載灃如何進行下去：他蹲在地上，令桂花背對他。他嗅著後者臀部，將手指插進他肛門；他在那裡聞了很久，又將食指放入桂花所謂的他的「陰門」！桂花順從地面向他，灃將其陽物含在口中，吮了良久，桂並未射精，也無勃起。他興奮地親吻著桂的陰部，一次次擁抱他芬芳的身體。他的陽物並無蛻皮損傷之狀。接著他笨拙地跪在炕前，要桂花「棒笞」他的臀部。桂欣然遵命，似乎他所司並非女性之職，笞打了大概十五下（按價目應收費十五兩銀子），滲出少量血跡。瀾從第一下笞擊就開始呻吟，進而喊道：**「還得使勁，還得使勁！」**就像十六世紀法蘭西亨利三世統治時期的性虐待者，直到臀部綻裂。（正如智者所言：**「樂在其中」**，他形容的是其他事。索福克勒斯曾寫道：「世間百奇，最奇妙莫如人身。」）桂花頻頻回望我，這分心兩用讓他大感趣味。瀾的快感達至巔峰是在肛交時。在我看來是實足漫長（絕對超過十分鐘），瀾射了一大攤精，都射在桂花臀部，這才算一切結束。他從那技巧的（或稱高明的）姿勢中站起身來，口中連道：**「好累，不算不費事！」**他氣喘吁吁，我真擔心要當場心肌梗塞。

載瀾和桂花（穿戴齊整之後）喝了幾杯茶和酒，我也不辨是何物。瀾將桂花吻了許多次，又再親吻了他的臀部和陽具，遞給他一百五十兩銀子，遠遠超過本應支付的一百兩另加三十兩服務費。桂花向我鞠了一躬，行了個屈膝禮，我還了禮，他道：「望您看得有興致。」言畢進了會客室，和桂花聊敘起來。他們既是朋友又是親戚。桂花說，他要去洗滌乾淨，很快再來見我；於是我等在院中，與其他幾名男妓攀談。他們此刻沒有客人。（其中一名言道，他們肛門處每月或每兩月會排出黏液，那是他們的月經！經事期間，他們不接客人。此事我無法解釋。）不知那懷著怪僻詩情的亨利三世，在我此時的處境，會是何等歡愉。我好像是和舒伯格（Schomburg）、門基讓（Maugiron）和聖盧克（Saint Luc）一干寵臣在一起。歷史上，安波斯對寵臣狠辣無情，和安如公爵聯合謀反。

等了片刻，桂花進來了，芬芳宜人。他遞給我一瓶香油，一盒鎮痛香膏，要我塗抹在身上，讓我在他的更衣間裡洗濯乾淨。桂花應我的要求，從北京老字號惠豐堂叫了幾樣可口菜肴。我準備停當，兩人就在院落聊至晚餐時分。我問他，交歡時何處讓他最感快慰。「其一，」他答，「是『肛交』，今晚我就先這麼做；其二，是『桂葉』，我會長吻你的陽具及四周，如此可激發愛欲，直至二人都欲仙欲醉。這一層層的快樂上來，便如賞鑒一幅藝術品一般；唇吻讓我興奮，怎麼我的唇都不會厭。交歡時倘若我是被動，快感固然有，惜乎缺了美妙。甚是污濁！男子身上再好的部位，也是污濁的。今晚你務必壓抑陽剛之氣，盡展陰柔之態；如此我們的歡合才會圓滿。親吻也才會熱烈。」他又道：「我曉得你和我一樣，也是激情沸騰，但今晚你必須從頭到尾由著我。」我們愉快地進了餐，小酌一番。接著下人告退，桂花顯然愛欲蓬勃，言道：「咱們除去衣衫，盡情欣賞吧。」我們兩人幹事，始終由他主導；別人會以為我是孌童，他是亞歷山大•波吉亞教皇（Pope Alexander Borgia）所說的「夢淫妖」。這教皇每三個月便讓牧師和教眾行一次性事。我沒有反對，言聽計從，就同他的傀儡或機器人無異。

在我的性愛經歷中，也曾有過美好的回憶，也曾有過熾烈的激情，但到現在已經不留痕跡；全然無法和桂花烈焰般的情欲相比。他的陽莖美好誘人。按照通常量度，八英寸即可為尊，他的要更偉岸一些。我們彼此撫慰許久，親吻對方的私密處，直是心都酥軟了。接著，桂花建議，毋寧說命令，「你我品簫」（也稱「兩下同幹」）。這一來真是做得歡暢，但還不算到極致；桂花再將他的臀部呈給我，任我撫玩，我就像今日早先的載瀾一樣，吻遍各處，全失了儀態。我親著他的「桂葉」處，他美妙的肛門（他自稱是他的「陰戶」）芬芳如原野的雛菊，我不禁將舌插了進去！他又令我把食指伸進去輕搔，不消多時，那裡濕漉漉地流出液體來，白而黏滑，無色無味，我誤以為是前列腺液，桂花說那是「陰水」，讓他最感暢快，無以倫比。接著他也弄了我的肛處，也是慾之所至，縱情難禁；儘管這「玫瑰葉」的弄法，對於一個旅居巴黎和聖彼德堡的人來說算不得陌生，更不消說歐洲其他縱欲無度的城市。做完之後，桂花讓我伏在靠椅上，又拿出一束樺木枝來，在我屁股上狠狠抽打。來回約抽了十八、九下，十分痛楚，但我咬了牙不露出退縮之意，以取悅他，這虐刑會給他帶來病態的滿足。我的皮膚異常薄嫩，在這樣的鞭打下綻開來，鮮血直流，木刺也扎進肌膚裡。桂花體貼地剔除木刺，敷上藥膏；不過坦白說，在此後相當長的時間，我在坐下之前都要找幾個墊子平列擺放起來才行。此時，桂花的性欲越來越濃烈，赫爾墨斯（Hermes）和潘神一定樂於見到。我怕他會控制不住地射精，那就興致大減，但謝天謝地並沒有。繼而他又給我新指令，他姿態優雅地伏在沙發上，要我鞭打他。我當他的話是敕令，百依百順，用盡全力笞擊。打了十二下之後我想停手，他不許，又令打了六下，他十分硬朗，一聲不出，更無絲毫退怯。我的力氣想來不如他大，至少他的屁股不如我傷腫得厲害，他言道，明後天他都不見客，由他的替角牡丹去應付，「當然，除非是瀾公爺又再來，定要我伺候，不過不大可能。」

桂花的情欲遠遠超過我想像，他要我低頭伏在沙發上，輕柔地幾乎不花氣力地與我肛交。虧得他的藥膏，及時起了潤滑鎮痛之效，因此進得毫不費力，尤其是對他那巨大的物事而言（「象鼻」是貼切的形容），一鼓作氣直到直腸。除了快美，我再不覺得其他，他一疊聲興奮地喊道：「老天」，「樂死了」，「舒服」，「再美不過」之類的話。接下來又叫：「把巧子擱一擱，讓我的陽物且停一停。」他這番行樂，長得連阿拉伯人（據理查・伯頓博士所言，阿拉伯人性交極為漫長）都有所不及。他又再繼續幹起來，約莫過了一刻鐘的功夫，洶湧射了一大攤精，那情狀便似大水潭裡一條鮭魚。他心滿意足地歎著氣，躺在沙發上。「輪到你了，你也要給我幹一下兒。」他準備好等我開始。我猜我的動作相當笨拙，依他剛才的做法行起事來。他看上去相當欣喜，我也來了興致。桂花說，這是他第一次「主動」幹事，就像寶劍初試，這我也相信；迄今他「被動」行事大概有一百次左右。他主動之時，靈活嫻熟，機敏優雅，好像天生如此，並非如他所言。正如諺語說：「駕輕就熟」。在我而言，事實是，性交中被動比主動更引人入勝：桂花那驍勇的陽具插進來，並無粗硬刺痛之感，卻讓我飄飄欲仙，神魂顛倒，彷彿天堂一般。或許我就是粗人所說的「大眼兒」，或叫「大屁股」；這樣說更確切一點，雖然我也常被動，但從未覺得如此完美，在桂花蓬勃的慾念之下，妙到巔毫。

「有人生而為閹人；有人被迫成孿童。」我想我是有點女性氣質的（正如慈禧太后某次所言），我決不是二疑子，但陰柔多於陽剛。這一點正如聖保羅所說：「我處在第三天堂，無法分辨身內還是身外，衹有上帝知道。」

桂花的予取之念，信的是儒家一派，即「己所不欲，勿施於人」，又曰「恕」。正如我所言，每次做愛他總是先行事一番，心滿意足之後繼而邀請（或說命令）對方（當他遇到情投意合之人）也如法做一遍。依我前所述，他令我跪伏著接受嚴厲的鞭笞，之後，儘管我情非所願，還是堅持要我鞭打他可愛的臀部，義大利人愛稱為「蘋果」；他那地方確如赫斯珀洛斯（Hesperus）之女的花園中紅潤豐滿的果實一般，種植於宙斯紅沙之上的宮殿外。

作為男娼，他一向是「居人下風」，此刻和我一起，可以盡享嫖客之樂，暫別孌童之卑。我猜他的其他客人定不會答應他的要求，因覺太失身份。

然而，正如讚美詩所言，「所有美好都有終結，您的訓誡浩瀚無邊。」我實在不忍離開他。讓夜晚漫長無際吧，恰似亞雅倫谷的月亮為約書亞而止。[9]

我們像兩個坦蕩的人（問心無愧才能高枕無憂）一樣睡得很酣暢。就寢之前桂花和我在放了香料和藥物的水裡浸浴，洗去下體的污穢和異味，然後躺下休息。

儘管疲倦不堪，但我們年輕，「年輕人總能從性愛中迅速恢復」[10]。我們相擁而眠，度過了一個最銷魂的夜晚。

如荷馬所言，我們纏綿膩愛，但可歎良宵苦短。我們又再重覆了前晚的歡愉，祇是沒有再相互鞭笞，桂花道可延至以後方便之時再作笞擊，實則是我們兩人的臀部都青腫不堪，難當第二次的苦楚；這相互給予的快慰，這相互在肛門四周「玫瑰葉」處的愛撫……這行事之法……這無盡的難以言宣的快感，這兩人之間的口唇之交，無不是瘋狂的至樂。桂花不時讚歎我倆昨夜的徹夜之歡，他飽滿的熱情還未消退；他持續而濃郁的情欲，他對愛的誓言，就像古時的麥瑟琳娜

（Messalina）一樣難以饜足；而我（雖然稟賦略遜）也是放蕩不勝，儘管這狂熱常被（聖父）認為是無恥敗壞之罪，但我確實慾火難抑，衹想為所欲為。保羅在《羅馬書》中斥責這樣的罪：「男和男行可羞恥的事，就在自己身上受這妄為當得的報應。」

酷愛男性之美的米開朗基羅，曾為他深愛的「恩主」寫過百餘首十四行詩，提及人體之聖潔，曾言，臀部的曲線是身體中最魅惑之處。據柏拉圖所說，蘇格拉底有一次無意窺見查米德斯的私處（那雅典青年所著長袍不慎鬆開，露出內裡乾坤），幾乎因狂亂而昏倒。即便是最完美的希臘人，即便是大師米開朗基羅．波納羅蒂，即使他們置身於一個更為聖潔的世界（如柏拉圖所處的純淨世界），倘若看到桂花秀美迷人的身體，一定也會生出愛憐，沉默屏息，和我這樣的凡夫俗子無異。

我不知道我是否是巴黎同性戀團體所說的「嗜嗅者」，是「生而俱來，非後天營造」。但我必須坦言，當我聞著桂花的祕處，他的臀部和前身（尤其是前者），我感到純粹的愉悅。『確實，遺憾：雖言遺憾，確是實爾！』桂花的心思顯然與我相同，（我看得出）他瘋狂地愛上了我，對這一榮幸我很少置評；至少現在當我回憶起虛擲的青春，我不願評論，雖然我的個人魅力到今天也並未完全失去。

自然，我於付費之餘，亦饋贈桂花一份厚禮，他卻根本無意接受。

詩人有云：上天造人，「僅略遜於天使」。噫！若果如此，此語倒並未高看天使之品性。

褒我貶我，我與桂花的「纏綿」現已全部厚顏呈現於讀者。我樂於承認，自此之後，我常常流連「淑春堂」，有桂花的馨香相伴（那種芬芳，如春日的花蕾），人在至樂之中。當然，我的僕從認為我是頹廢放蕩之人，因為他們不但知道了我的流連之所，還竟然膽敢要求打賞！我知道，他們當我是「故態復萌」，如同「重犯舊惡的狗」。

令人得意的是，我明顯成了「淑春堂」的紅人。也許，這部分來源於我（如載穆所言）的「新鮮」，雖是外國鬼子，卻有中國人或滿族人的癖好——與賀瑞斯所謂的「希臘俘虜俘獲了她的凶狠的征服者，此後……（將其藝術傳入拉丁姆蠻族）」[11]意思有所不同，因為中國既未被歐洲「鬼子」吞併，亦非後者的征服者。但是，某種意義上，我是「比皇帝還忠誠的忠誠派」，或許至今仍是。我和所有這些可愛的男妓親如兄弟，卻保持著嚴格的柏拉圖意義上的關係（祇有桂花，我們的關係並非純粹的柏拉圖式）。他們眾口一詞告訴我：他們接受過特殊訓示，即使那話兒被客人引得「興起」，也要全力抑制，避免達到高潮。桂花一派天然地說（他的樣子，讓我想起**金聖歎**筆下著名的主人公，可愛的**寶玉**）[12]：「通常，此事相當困難，」他繼續說到，「若如你我般親密，更是難以抑制」。似乎此地的賓客都是達官貴人；毫無疑問，男妓們每月的收入也有幾千兩銀子；許多皇親國戚是此間常客。義和團的領導者端親王雖然態度粗野行事蠻橫，在這裡卻也很受歡迎，載瀾告訴我，他的兄長一向排外，我若在此間與他相遇，不必在意。明顯的事實是，關於與我的相遇（其境況不明），載瀾已經通報各位親戚。我擔心祖國的名譽（我自然是國中敗壞分子）大受傷害，**一落千丈**；「彼處之衰甚可觀！」然而，這些皇族之「衰」也不稍遜，故此，如王爾德所云，至於男風（恰如蘇埃托尼烏斯對加爾巴的評論），這是孟子所謂

「五十步笑百步」，（和勇敢的英國人一樣）大家「同等貨色」，「**老鴰落在豬身上**」，一樣黑。

桂花就像普拉克希特利斯（Praxiteles），像奧林匹亞的阿波羅一樣俊朗，像蘇格拉底眼中的查米德斯一樣完美。他正當二十歲，情欲勃發，剛猛如天空的閃電。他告訴我他欣賞載瀾的品性，但對他並無情愛。我知道載瀾對桂花如癲如狂，但如我所述，從未在我面前表現出「**吃醋**」。桂花偏好一些古怪把戲，在巴黎曾被稱為「英國惡習」（可能現在仍有此說法，除非已經不使用英語）。在我而言，被虐和虐待同樣誘人，「鞭笞」作為性愛的調劑，能引發無與倫比的熱情；怪就怪在，即使是不需要性欲刺激的人，也偏愛此道，即便已然到了**色欲亢進**之時，也會藉此促進激情，絕不會棄之不用（就好像我的爵位一樣，雖在手而罔視之）。

我們兩人的交往非常和諧（此處我似乎無權用「我們」這個代詞）。我想到我在溫徹斯特的學校生活，那裡的校風烏煙瘴氣，是索多瑪（Sodom）的勞特（Lot）以及喚他離開的仁慈天使都無法容忍的。我還知道，當紅的男妓和過氣的「**秋扇**」之間總是紛爭不斷，倒並沒有引起什麼血腥事件（偶有例外，英國統治階級向來不會好勇鬥狠，就好像沒落的滿洲貴族一樣），無非是口舌爭端，這一點倒真像英國人（善於在戰場上臨陣脫逃），強於雄辯滔滔（就好像孔子所說，駟不及舌），卻怯於長劍禦敵。

某一日，桂花略顯誇張地為我吟誦了**白居易**的愛情詩《**長恨歌**》，其中**唐明皇**向他的愛妾**楊貴妃**表白：「**天上願作比翼鳥，地上願作連理枝**。」我也樂於相信，他確然是在和一個視野眼界都在他之外的人交往（我無意暗示我有多麼出眾，不過是和他周圍的人不同罷了）。他告訴我一件關於太后的軼事，以我的判斷，定非虛構——不過與本節無關，留在別章細述。一八九八年戊戌變法時，旁人都以為慈禧必定國務纏身，無暇尋歡作樂。當時掌管頤和園的大太監和載穆相熟，曾將桂花召至老佛爺寓居的中海，想她大概也是從載瀾那裡聽到這少年的美名。桂花自然領懿旨覲見，頗為惶惶不安（日後我也知道，拜見太后的人，都是膽戰心驚）。太后賜他御釀佳餚。她也曾如此款待過陰劉。陰劉遭際不巧，自恃貌美，在太后面前示好，據說意圖親吻。但從此未能活著出宮。但無論怎樣（我猜應該是事實），桂花還是深得那好色的老婦人的歡心；大概上次是因慾火太盛反致失望，這次是情欲正濃無暇失望？我很好奇，不知榮祿當時在哪裡。

面見慈禧時，桂花本該盡情展示他絕無僅有的魅力，怎奈（他稱）在鳳威儼然之下，渴念全無，激情頓失，更無法激發他蓬勃的性欲，「強如鋼，硬勝鐵」（如王維詩所寫）。她命他脫了衣衫，撩弄她的鳳體。三年後，李蓮英告訴我，老佛爺那時歡暢無盡，衹可惜桂花當時懾於君主之威，不能將他的陽剛之氣發揮到極致，未能盡遂她老人家之願。李告訴我（桂花也如是說），她當時愉快地把弄著他長大圓碩的陽具和陰囊，恰似玩弄至希至貴的珍寶一般（我如實記述，對於之後我要挑戰的事實不予置評）。結束後，她命李蓮英（就站在不遠處）賜他以豐富的禮物（在我看來是傾囊以授）和一大筆錢財；桂花毫髮無傷地回來。「迄今，」他道，「她再未召見過我。她確是嫵媚高貴，但我到底駭得厲害。」後來我也親見過她正處在暴怒中的時候，威嚴之外兼有高貴動人，機智更勝男子，就好像莎士比亞描寫的埃及豔后克麗奧佩特拉（Cleopatra），「我生具對帝位的渴望」。

有些事對本書並無太大相關，宜以「滿清道德論」為題另作一篇文章。不過，同治皇帝的確常隱瞞身份，以野冶遊人的化名，出入於煙柳優伶之地，由此患上梅毒，一命嗚呼。慈禧（無意識地）以一八五〇年前的麥瑟琳娜女王為榜樣。尤維納利斯（Juvenal）在他的第四本諷刺小說中寫道，麥瑟琳娜戴了不同顏色的假髮，夜入蘇布拉（Suburra）紅燈區，接待了諸多嫖客，還是無法滿足性欲，「她情欲勃發，折回宮中，汗水淋漓地躺在克勞迪亞斯（Claudius）的寶座上」。我知道老佛爺也在宮外各處尋歡，儘管紫禁城或萬壽山隨處都是召見之所，就像她召見桂花時。女人的心總是如潮水般善變。

桂花告訴我，滿人大多是達官貴人，或是沒落貴族的子孫，他們並不反對和歐洲人往來，這不僅因為我性格溫順，是個謙謙君子（如果我可以這樣說），也因為滿人在這方面沒有種族歧視。（奇怪的是，淑春堂很少接待漢人）。如果妓院裡祇有漢人沒有滿人，他懷疑，像我這樣的歐洲人，無論是哪個名流引薦的，都不得踏入半步。漢人（他粗魯地稱其「蠻子」，當時都這麼叫）認為白人污穢濁臭，和他們性交之後，會玷污自己的同胞（一旦被他們知道）。日本人也有這樣的歧視，把我們看作「濁臭的歐洲人」；我曾聽過（實際上是看到一個日本醫師寫的文章），在日本人聚集的房間裡一旦進來了雅利安人，就會污染空氣，他一走，就需要打開窗戶，排出他們的異味。

一八九九年秋，我和載穆已經相交深厚，他行了我一個難得的人情，答應我可以帶桂花回家（出條子），祇要他第二天早晨回來，便讓他走動一下，換個環境也好。每個人看到他都被他吸引，他天生一張讓男人迷戀的臉。我的僕人很少見到男娼，稱他為活神。他實際是愛神，是丘比特，他像晨星或者哈德良（Hadrian）的希臘寵臣安提諾烏斯（Antinous）一樣俊美。自然，我要付給淑春堂議定的一百兩銀子，還要盡力確認載瀾晚上不會來找他；我可不希望為這「萬千寵愛在一身」的男子引發狂暴的嫉妒。不過，我卻在廳兒（警局）利用了載瀾的名頭，畢竟他是都察院三位最高統領之一；因為我發現一位當世名優出現在我的寓所，不啻於天使降臨索多瑪城。與桂花共度良宵之後（四十四年過去，為什麼提到他我就無法停筆？）我用我在北京的馬車，送他回到堂子。我坐在車轅前，他坐在車廂裡面把簾子放下，以避開好色的窺探或怨毒的怒視。前者是因為，桂花是日下正當紅的男妓，豔傾天下，必然招致撲火飛蛾；後者是為了避免有載穆的政敵攻擊馬車挾持人質，載穆如日中天，多遭怨妒，皇族內室經營名不正言不順的生意，本身就招腹誹，況有御史熱衷於彈劾高官，借機沽名釣譽。我們安全到達目的地，桂花這次出行相當愉快。「桃李不言，下自成蹊。」

之後我又見過幾次載瀾，倒是很坦然，並無異樣；載穆現在和我私交甚厚，我同時還是他相當慷慨的客人。桂花說堂子待他很好，允許他保留所有的私人打賞，他現在已經存了大約六千兩銀子，希望能在一兩年間成家立室。載穆是個詩人、文人，桂花顯然也飽讀詩書，實際上我見過的所有男妓都矯矯不群，不過是價值取向有異常人（有時也並無大異）。

桂花說，像他這樣多愁善感的性格，衹能討得男人歡喜，難令女子傾心。「無論怎樣，我還是希望娶妻生子，在我百年之後也有人拜祭；我與她行房事不會有任何快意，不過是傳宗接代，延續香火而已。」桂花最後言道。

我得知——我寧可相信是事實，因為那意味著桂花平安無恙——載穆與幾位義和團首領交往甚密（實際上，一九〇一年一月被砍頭的禮部尚書啟秀也是淑春堂的常客，溫文爾雅，當時慈禧是迫於八國聯軍的壓力賜他死罪，他個人不知是否反洋，但當時也衹是遵慈禧懿旨行事），如英年、莊親王（兩人都被迫自盡）。端親王和載瀾以及其他並不擔重要角色的「校爵兒」，在義和團最猖獗時（一九〇〇年六月到八月）自信可以保得周全。但北京失陷之後，他大概就與端親王和其他人遷至陝西「休養生息」，就像詹姆士二世（James II）被路易十四驅逐後在聖傑曼（St. Germain）的宮殿避難。桂花作為載穆「忠實的阿凱提斯」（Achates）和最寵愛的門徒，可能也陪著他的主人遷到那裡，最終是隨著載瀾被放逐到新疆（Turkestan）烏魯木齊（Uramtsi）。在那裡他定然衣食無缺。陪著載瀾流放的日子裡，他可能也不會像被奧古斯都驅逐到人跡罕至的黑海邊上的奧維德那樣鬱鬱寡歡聽天由命。我相信載瀾在那偏遠之地終老。當我看著他和親愛的小桂花淫亂時，我並沒有把他當成不知廉恥之人，本書的讀者可能會作如此想法；他並不是刻意猥褻，不過是為了賣個面子給他的親戚以及我的朋友老慶親王輔廷（他的謙稱），這才會容忍我在場。我懷疑我當時並沒有造成任何妨礙：我畢竟不像巴黎一些思想骯髒的嫖客，叫人做出齷齪場面來，以滿足其粗俗的窺淫癖。

我願意指出，言及性器官，我常用粗鄙土話。我並非不諳文雅優美的文辭，不過是引用載瀾爵爺果斷而家常的俗語。故而，希望中國學者莫要過於貶低我的道德或對於文雅的嚮往之心，尤其是有些非常下流的內容本是引自《**紅樓夢**》。以下用語為我所熟知，例如**陰莖**、**陰根**、**陽物**、**玉莖**、**玉根**、**玉絚**（玉繩），以及陽具的其他種種說法，尤其是**御梗**，此繩索係皇上專用，由太監和宮女操作天子的御「根」。

次年是**光緒**二十六年，庚子，義和團作亂，各國公使館被圍攻。一九〇〇年六月，拳民搶掠一個外國雜貨店之後縱火焚之，火勢蔓延，此同性歡場泰半被毀。載穆諸人不知所終。房產易手，變為娼館，我也再未得遇桂花；外國軍隊佔領期間，雖然聯軍對男妓需求甚大，卻並無諸人音訊。斯人去矣，如雪化無痕，而我總是希望，他仍在世間，不再拘於促狹之生，男妓之身與嫖客之癖，自由自在。或許，他會偶爾想起，曾有一個異國青年，與他繾綣如許。「虛空的虛空」；或者如荷馬筆下的海倫所言：「並非儘是夢幻！[13]」當靈魂化做肉體與無可言喻的、無盡的、靈肉合一的狂喜融化在一起；如是種種，可能莫非蜃景與幻覺。靈魂受難心願成空，然而畢竟也為浮生所羈，縱是身化塵土，追思仍為燦爛：「直至破曉，暗影飄逝」。

1 作者註：當時俚俗語中亦有「相公」一說，與「像姑」同。

2 作者註：此作法源自俄羅斯，在俄國與芬蘭，浴後，僕役以樹枝或棒重擊浴者下體直至出血。據說可刺激皮膚，但我猜測是一種性虐或催情方式。

3 恭親王愛新覺羅・奕訢（1833-1898），道光帝第六子，咸豐帝同父異母兄弟，洋務派首腦人物、總理衙門首領。

4 編者註：按照英文譯意，非中文原文。

5 編者註：兩副對聯均按照英文譯意，非中文原文。

6 作者註：見羅伯特・海利克（Robert Herrick, 1591-1674）。

7 作者註：愛新，蒙語裡「金子」的意思，覺羅，家族的姓氏。

8 編者註：「斷袖」本是西漢典故，作者誤記為唐明皇事。

9 參見約書亞一〇・一二-一三，「請停止吧，月亮，止於亞雅倫谷。」

10 作者註：引自鄧南遮（Gabriele D'Annunzio）《死亡的勝利》。

11 作者註：引自《詩的藝術》（實際是出自《使徒書二・一》）。

12 編者註：作者此處似有誤。金聖歎（1608-1661）是明末學者，他和其他許多人一樣拒絕仕清。此人自負、古怪而博學，品評中國典籍，多有所作，於順治朝被處決。賈寶玉是《紅樓夢》中的人物，此書之成，遠在金死後。

13《伊里亞德》三・一八〇。

第二章

一個時代的開始

清政府於一九〇〇年八月十五日離開京師。其後若干時日，頤和園由俄國軍隊控制。俄國人迅即退出京師。此種示好之舉令太后非常滿意，俄國人從中也有獲益。頤和園隨後為英、義軍隊所據。劫掠依然時有發生，如此醜行，正是白種人所謂文明的恥辱[1]。得可靠的滿人之助，我幫忙把（大約總計六百件的）銅器、玉器、瓷器、象牙製品、繪畫、書法作品、景泰藍、漆器、織錦和地毯，還有二萬五千卷古籍轉移到安全所在。該處並非我的住所，因為我太瞭解我那些假作殷勤的偽善同胞，他們多疑成性，慣於譭謗，我不想留下我的名字，徒遭非議。這些文物轉移出頤和園之前，由古玩專家做了評估，作價五十萬兩白銀；而這衹是暫定之價。其中有一巨型玉器，刻工完美，可追溯至一四二〇年，為太后「掌上明珠」。我略盡微薄之力，使此器失而復得，太后真可謂喜從天降。

朝廷於一九〇二年正月初返京。是時，我與總管太監聯絡，欲親自將太后的財物完璧歸趙。此太監即手握大權的**李蓮英**。在紫禁城**寧壽宮**門前，我正要把所有財物呈上，太后通過李蓮英傳話，恩准我改日覲見。**乾隆**一七九六年退位之後即居於寧壽宮，直至三年之後駕崩。時至今日，舊朝已去，故地已是新天，任何人都可以進入昔日之禁地；而在彼時，若非太后接見外交官夫人，以博得她們的好感（她長於此道），或皇室女眷、太監、**榮祿**等寵臣，極少滿人或漢人有幸入內。

太后安排我於五月的一個清晨覲見，彼時她剛從東陵返回；二十二年之後，她那安放在靈柩之中的聖體，被剝掉壽衣，完全赤裸，黑斑雜陳，頭髮蓬亂，雖細微處亦清晰可辨，暴露於陵前，任由「庸眾」[2]圍觀。

大學士榮祿親向八旗軍傳令（彼時，內勤軍還未成形，力量不足），特許我們的搬運長隊入宮。隊伍蜿蜒進入紫禁城東門，李蓮英在此等候，為每一個包裹作上標記。我已呈上一份大略的「物品詳單」；（除了太后自己之外）李蓮英是最清楚這些財物明細的。不幸的是，個別（不算太多）物件已為俄國人或他的中國翻譯所竊。如此少見的運送隊伍，自然招引路人注目；不過官方禁止媒體報導，祇有日本人控制的《**順天時報**》次日刊發「簡訊」，錯誤地報導說，這些財物係朝廷下令，從熱河行宮運來。天佑太后，所擇之日正值外國諸人舉行春季賽跑；而且，據我所知，即使是倫敦《泰晤士報》那個好管閒事又背信棄義的記者[3]也未嗅到此事，亦未瞭解我——他心目中的敵人，在此事中的作用幾何。

我跟在隊伍最後，準備了正陽門（前門）外一家錢莊的五百兩銀票（大約八十英鎊）打點總管太監。他非常客氣地在東門迎候。彼處一片混亂，場面極大，大約二百個搬運工擠擠挨挨，眾多宮廷侍衛維持秩序，其長官負責交接。一名包工頭以二百兩銀子雇傭了這些苦力，費用由太后慷慨解囊，業已支付給我，太后亦對眾苦力多有賞賜。李蓮英與我先行，進入大門，前行約三百碼，到了太后禁宮之外。總管太監准我把馬車停在紫禁城大門之內。意外的是，出宮之前，太后賜我尚書職銜，一品頂戴（頂珠係寶石，而非珊瑚），世襲二等爵，令人豔羨的兩眼花翎，一套春秋朝服（明顯尺寸偏小），一件貂皮袍配黃馬褂，特許朝中騎馬（我卻從未享用這一特權），三英寸長二英寸寬的特製金牌，上書「皇太后特恩」，藉此，祇要太后的鑾駕在，我隨時可以進宮（紫禁城和頤和園），另有一件二十八盎司的金如意，精選的若干書籍（現在存於歐洲的一個博物館[4]），太后手繪的一幅畫，葉赫那拉氏歷史的手稿；最後，太后還賜予我的後人五品官銜，這也令人垂涎，它與五品頂戴殊為不同，後者無甚特權。

總管太監的手下忙碌著打開各個箱子。稟告太后之前，李蓮英先行將我引入其個人住處。身為太后面前紅人，卻可能是國中最為人痛恨者，李蓮英給我的印象尚佳。他的外貌決不算是英俊，而是像其他太監一樣肌肉鬆弛滿是皺紋。對我而言，這張臉相當不錯，也許與他的名聲並不相符。他說話是閹伶般的假音，言談間略帶口音，並非純正的京腔。我詢問年齡，他說是五十三。他非常簡單地穿著無襯裡的春袍摹本，黑緞子，非常深的紫色輕便馬褂。他並無官階，與明朝及其他前朝不同，本朝太監向無官職。

論及拳民，他坦承相信他們的神功，他認為，義和團之敗，全在其「神聖」（！）的使命（大概即指殘殺外國魔鬼）為骯髒的物欲取代。此次運動以及令太后與他本人顛沛不堪的陝西逃亡，還算有些好處。化外「蠻夷」之國至少承認了太后的攝政統治，並表現了應有的尊重。「她非常期盼收到你歸還的失物，」他說：「我可以向你保證，太后寬宏雅量，知恩圖謝。歐美儘是燒殺搶掠之徒，而你是良善之士，如同泥中蓮，又如破曉晨星般稀少。另外，你等官員禮儀拘謹，實屬少見。你定然難以置信，外國使團被接見之時，公使們（除了日本和俄國公使）竟然無人向宮廷諸人給付例錢。他們如此失禮，或可以官方接見為由開脫；然而，外國使團的女眷被邀至此赴『午宴』，亦無人付例錢，這又該如何解釋？十個國家受邀，我至少應從每個國家得到一千兩銀子。無人付出一毫『花紅』（還是除了日俄），卻有一兩個女眷，厚顏帶走了許多陶器！我詰問其中一人，她竊走的花瓶，我是否應該再送一件，到她的公使館！孟子曰：『鳥獸不可以同群』，如此不堪之行為，真是無辭以置之。大郡主（特別加封即將繼承爵位的公主，恭親王之女）訪問公使館之時，賞給所有中國僕從共五千兩銀子，以羞辱你們那些粗魯無禮的女人。」

李告訴我，太后最為感興趣的，是維多利亞女王新近的僕從約翰・布朗（John Brown）。他問我，約翰是否和他一樣係「淨身入宮」。我告訴他，我完全確信約翰乃正常男人。總管太監震驚，不知何故議會竟不管不問，不保護皇家血統。想起女王在愛丁堡街頭被誤為約翰・布朗的夫人，為人斥責，如此軼事，我可不會告訴他。我們生活的世界，真是充斥著流言蜚語。京師朝廷上下熟知愛德華七世的私情公事，駐華外交圈中亦盛傳關於葉赫那拉氏的流言，雖然內容多屬無稽。李一邊享受大煙，一邊請我品嘗香茗。關於此次圍攻使館，關於歐美使團的惡行，他有無數的問題。

彼時，多數箱子已然開啟，其內財物昭然可見。李見狀言道，可以稟告太后，恭候大駕了。他攜帶一對玉碗入內，請太后親見失而復得之物，旋即歡笑而出：「老佛爺聞說此事，備感歡欣，命即時召見。你不必擔心，跟我來便是。太后乃是仁愛之身，慈悲之真神，她重臨俗世卻和光同塵。你自會感覺到。」

乾隆退位後，曾在**皇極殿**接見大臣。此刻，我們行過此處，進入內宮，來到**養性殿**[5]之前。（此後第六年，太后厝靈於此，直至一年之後方行下葬。）李急行向前，跪於老佛爺面前，稟告說「**外臣**」在宮外候旨晉見。我聽到一個假嗓子的聲音說：「即刻宣他晉見」，即被帶到太后面前。我屈單膝跪下，正要按禮儀叩首三次，太后出言阻止：「起來吧。近前來，我要謝謝你的忠誠。」

「**遠臣**但效犬馬之勞，謝太后天恩。**公道為上策**，例行公事卻令人煩惱。」

我的這個相當陳舊的諧語令太后及其隨從非常愉快；她大笑道：「美德本身即是回報，不過錢物還是要賞的。」李和我同時說：「**老佛爺的恩**。」

太后身邊一位美人正為她添茶點煙，此刻隨口說到：「怎麼，前日在戰神關帝廟燒香之後和太后講話的，不就是這個年輕『鬼子』嗎？您記得嗎，我當時就站在廟裡天井中？」

老佛爺說：「當然記得，我見過你。當時我向西班牙公使夫人問候她的女兒，夫人與你相鄰，站在廟外牆頭，你回答我說：託太后之福，她一切安好。我戴著觀劇鏡，起立向你們眾人揮動手絹。榮祿說：向關帝[6]獻祭是重要的宗教儀式，此後站立許久，有失我的身份。你跟我說說，你的維多利亞女王在我的處境之下，會如何行事？」

「她或會對使節及其家人以禮相待，但斷不會如太后陛下這樣寬厚為懷平等相待。因此對我們而言，您就更顯尊貴。屬國芸芸，您竟能認得任何一位使節，臣實感榮幸，叩服威儀。」言道此間，三隻京巴狗大聲吠叫起來，她訓斥牠們，情狀相當有趣。如何描述太后呢？關於她的容貌，有許多比我精彩得多的描寫（從女性角度），對於她的個性卻往往呈現得並不確切；她的肖像在坊間比比皆是，人們對她的五官相貌相當熟悉。那日，她身穿一件火紅的無襯裡袍子，繡著代表皇后的鳳凰和象徵長壽的仙鶴圖案；外罩同色的羅紗罩裙，印著一束蘭花。外穿一件繡著「壽」字的古銅色馬褂，配了一條色澤華貴的珍珠項鏈。她手上戴了許多戒指，其中一隻翡翠紅寶石戒指尤其可愛，我猜是來自寧境街（Rue de la Paix）[7]的式樣。我怎能想到有一天會看到她乾癟的屍體裸露在七月毒辣的陽光下。即便是不朽的漢尼拔或凱撒，最終也是塵歸塵，土歸土。還有一顆碩大的黑珍珠，嵌在鋁框中，和她中指上戴的一枚罕見的粉紅鑽石相映生輝。應著當時的風尚，她蓄了指甲，其中兩隻戴了金的護套，長三寸有餘。她腕上有數個玉鐲，每一只都精美稀有。她大方地贈我兩只，說是「送你妻子的薄禮。」我解釋說我尚未婚配，她（如我所料）詢問原由。

「回陛下，我也希望成家，但愛人與我分離了。」

「世間也不單祇你一人如此，」太后沉思著說，「造化弄人，絕不令我們盡歡，即便為王為帝，也祇能聽命於天於神。」（她是否想到了她和榮祿的婚約？）「你年紀尚輕，終會婚配，屆時可將這手鐲轉交夫人，告訴夫人這是太后所賜，她喜歡你，因你與她見過的其他洋人都不同。」

「太后恩典，**奉賞自天感愧無地**。」

老佛爺笑道：「這陳腔濫調的諛辭，你倒是記得清楚。不過我猜你國語言，也有如此講法吧。」

我想到官文中說：「衷心為閣下效勞，不勝榮幸之至」，還有其他華而不實的客套之言，我回答道：「我們英語和其他歐洲語言中都有這樣的虛言客套，陛下，但微臣的感激之情，確是高山仰止，發乎真心。」

太后的臉上敷了厚厚的粉，但沒有搽胭脂，因為作為亡君之妻，是不宜施朱的。她坐在一張紅漆矮凳上，她告訴我她和她深為欽佩的維多利亞女王身高相同（大約四英尺十一寸）。她顯得比實際身高高得多，因為她的秀髮盤成當時滿族流行的式樣，用厚紙撐起框架，上面覆蓋了綢緞，基座是皮製的，高達數寸。腳下穿著所謂的「花盆底鞋」，有個木製的細跟，大約四寸高。因為她很少走路，所以可能也不像看上去那樣不適。

老佛爺給人的第一印象是位親切溫和的老夫人，嚮往年輕，對小錯並不計較，喜歡饒舌，或許有點太急於獲得他人好評，可能易於煩躁。然而，她講話之時若敘及厭煩的人或事，眼中表情有時會徹底改變，令人迷惑恐懼。當年董福祥[8]貿然闖入我現在所處的宮中，要求以叛國重罪處死榮祿；又如，某個七月之晨，太后正因竹生出靈感，在絲綢上繪花，拳民闖入滋擾，他們面對的，都是如此駭人的女妖似的眼神。當此蛇蠍目光，中國最強大的人也會恐懼，她最親近的人榮祿也不例外。接見外國使節夫人之時，她批評其粗魯愚蠢，此時即展現出她的複雜性情。她說，其中一個奧地利人告訴我，那夫人戴著一枚獎章，是弗朗茲·約瑟夫（Franz Josef）所贈，以紀念她親歷使館保衛戰，與「太后軍隊」對抗。另外一個美國人想要太后使用的一個碗以為紀念，太后恩准，以皇室專有之杏黃絲綢包裹，此人竟然說：「此碗若不成對，豈不奇怪？」太后批評道：「你所需者，莫非全套？」如此譏評顯然頗有效力，總管太監大快。

提起送給那些外國孩童的禮物，她怒氣更大。除了送與日本和德國孩子的之外，她贈的金盧布、二十馬克和若干卡洛斯五元銀圓，次日都由使館退了回來。各使節以為，收太后之禮「有失身份」。她言下大有「立斬效尤」之意：「他們怎敢如此辱我，拒我之禮？他們可敢如此對待沙皇或維多利亞女王？」

我盡力找理由安慰，例如，使節們不願孩子無功受祿，以免寵溺，但我可以看出太后對這件小事耿耿於懷，最終導致義和團起事那年她態度的轉變。

接著太后問我，西方人對她有何評價。「我知道，他們傳我生於廣東賤隸人家，實際是廣東人！」她怒極反笑，把旁邊的太監嚇得不輕，他深知主子喜怒無常的脾氣。

我回答：「歐洲列國都當太后您是千古一人、女中之堯舜，用我們的話說，是女子中的奧古斯都（Augustus）或查理曼大帝（Charles the Great），皇后坤范，母儀天下，是王中的奇女子，女子中之帝王。」

老佛爺看上去很滿意：「衹怕是過譽了？」

「不是的，陛下，他們確實對您的堅韌果決十分敬仰。除了孔聖人和李鴻章，也衹有陛下您才有資格和他們同桌共議。」

「這我明白，」太后說，「但義和團一舉，他們怎麼評判我？」

這問題確實尷尬，我一時難以找到一個得體又真實的回答。正當我躊躇時，她說：「我知道，是我不對，**賴我，我的罪**。不過你們洋人逼我退位，也是咎由自取。現在你也看到了，我國斷不可少我，我沒有聽命於他們，證明是對的。」

「使館被圍之時，我派人送了西瓜、冰品和糕點過去。那些洋人怎麼說？」

「一些人，我本人在內，非常感激您的好意；但不少人覺得居心叵測，不敢取用。」

「猜疑太盛！」太后說，「西方對我朝向來如此。他們總是以自己為標準，評判我國人，尤其是我。」

「我想，」我冒昧進言，「西方人墨守成見，難以變通，一旦他們形成看法，再難根除。人們都當你匡扶義和團，不知你其實衹是一片仁善之心，並非出於政治謀劃。」

「他們告訴我，」老佛爺繼續說道，「使館圍困期間有一名鬼子瘋了，在街上滿口囈語，懇求饒恕。」

「是的，陛下，那是一名挪威傳教士，精神失常，您派榮祿將他安全送回，人人感激。」

「真如噩夢一般，」太后說，「我那兩月的經歷，如井底之蛙一樣困在紫禁城，每日聽取各種奏聞。你們洋人的火槍震耳欲聾，令我常不能寐。」

「那祇是做做樣子，陛下，一旦打仗，全無用處。」

「告訴我洋人攻佔頤和園的情形。我聽說有一義大利軍官睡在我的床上，有人還為此在牆上寫了幾句不堪之語。寫了什麼？」

我猶豫片刻回答：「呈太后尊前，請恕我占了您的鳳床。祇可惜不能與您共寢。」

老佛爺看上去並無不悅。「嗯，」她評論道，「孩子總是孩子。我猜他此刻業已在家，與他的妻子或情人甜蜜共度。他萬萬不敢在他自己女王的床頭刻下如此字句。不過，這次洋人軍隊還不算太過無禮，那日他們焚毀圓明園，才真是胡作非為，真教皇上傷心。范國良告訴我你們英國人是罪首，這舉動完全與法國總司令的意旨相悖。」

「我這裡有封來自沙皇的信，我叫李蓮英拿來。請幫我譯出來；我不信慶親王譯的那一篇。另外，你認識他嗎？」

「是的陛下，親王閣下待我甚厚。」

「你有否聽他對任何事件給出明確意見？我認識他四十餘年，從未聽過。他鼠頭兩端。」

「英詩有云，」我回答道，「讓『我不敢』代替『我想要』，正如諺語中那隻可憐的貓[9]。」

「是的，」太后說，「世人想法皆類似，無論疆界。」

李蓮英此時拿了信來。信上說：

沙皇村，一九〇二年三月。

摯愛的尊貴的姑母，得知您已經返回京城，很是欣慰。您離開北京的日子，我深表同情。如您所知，我始終是您的朋友，正是由於我的堅持，歐洲各國才一致承認了您作為攝政王的事實。我們兩國毗鄰，我相信我們目前的友好關係會長久持續。我已命我的部隊即日撤出滿洲里，衹留部分兵力鎮守鐵路，不致被當地暴民所毀。

攜您的侄女、亞歷山卓•費奧多羅芙娜皇后（Alexandra Feodorovna）致敬。願上天保佑您威儀永在，喜樂無極！

您的朋友、忠誠的子侄　尼古拉斯

「你見過沙皇嗎？」

「是的，陛下，六年前他接見過我，正在他加冕之後。他風度迷人，但我要說，他非常懼內。他不喜我的同胞，稱之為猶太人，大概因為這個民族在英國頗為龐大。」

「李鴻章告訴我，皇后很美。你知道，我們派他去莫斯科參加加冕禮。」

「是的，陛下，像太陽神一樣傲慢，我們說，像女神路西弗（Lucifer）。她篤信占卜和預測。」

「好吧，」太后說，「到了我中飯和午睡的時辰。李蓮英會招待你午膳，希望你好胃口。切勿拘禮。」

她離開了，我等待李的時候，發現老佛爺的會客廳更像博物館而不似閨房。陳列著許多設置在不同時間的鐘錶、各色玉石雕成的「萬壽山」、無數鏡子、明朝的櫥櫃、大小形狀不等的佛像、景泰藍的神龕、漆面的桌子、玉墜、綢墊、五花八門的瓷器、金盤、舊錢幣、象牙、黑檀木傢俱，塞得滿滿，在此間行走必須小心謹慎，以防碰撞。夜晚（當時宮中未接電路）在其中匆匆行走，必定險象環生。日本的審美觀容不得屋子中擺放過多的陳設。我記得一九二一年日本現在的國王（當時的太子）拜訪亞瑟爾（Atholl）公爵（巴迪克 Bardic）的時候，後者告訴我，王子的管家查看了公爵的寓所，要求將十分之九的傢俱都抬出去，才能讓太子居住！

老佛爺吩咐了李蓮英一些話，他過來將我帶到側廳；那裡有張長長的餐枱，擺放著俄羅斯風格的小菜，酒，飲料和成瓶的那讓（Narzan，意為「高加索山的水」）。酒大多產自克里米亞，有大瓶的汽泡白酒，有勃根地紅葡萄酒，更有開胃酒，上乘的香檳，威士忌等等，應有盡有。另有十幾種小點心。李蓮英告訴我，是一名俄國御廚的手藝。整個氣氛讓我想到據說是全世界最考究的匹茲堡宴會。對於衹有兩個人的餐食，是過於鋪張了，但我非常感激太后的盛情。

以狄更斯的天賦，必定能細膩入微地描寫滿桌盛宴；卻不是我的拙筆所能盡述。我曾在俄羅斯逗留有日，對俄國菜肴相當熟悉。但對於中國烹飪，除了常聽說的燕菜、魚翅、烤鴨諸如此類之外，有幾道御宴珍奇（李蓮英如實告訴了我中文名目）我是衹聞其名，從未親見。他私下告訴我有幾樣是老祖宗偏愛的，還說她食量甚小，夜間又常感飢餓，所以半夜往往要備些小點。她睡眠很差，晚上一定要貼身女婢侍寢，等她抽完一袋鴉片，真正安睡之後方可離開。李又說，老佛爺要他照顧我萬不可「挨餓」——實際上備的食物足夠一打人享用——聽了我的回答她很欣然。

她當時說：「犒賞他白銀五千兩，謝他保全了我的珍品，別讓他為我傾囊。」

李蓮英給了我一張五千兩的銀票，是他爐房開具，另有一千兩給我的僕人，兩名陪我入宮的隨從也賞了二百兩之多。「太后午休之後，對你另有褒獎，她老人家說，功懋懋賞；她要我現在賜你這道金牌（我提到的那塊），憑此你可隨時進出宮中，無人敢攔。」

「很快我們將啟程去中海，如果你想在紫禁城逛逛，等朝中文武離開之後你便可隨意。」

我對李說，我很欣賞太后的大方。

他道：「是的，她為人慷慨，但最不能容忍小人利用她的豪爽，暗地裡揩油水。她深知每一樣貨品的價格，絕不容許賣家漫天要價。比如，若哪個她寵愛的太監（就像你剛才看到的小崔子〔不要與崔德隆混淆〕，在她出巡時效力身側的）對她說：『老祖宗，這些雞蛋共用了您六兩銀子』，她會欣然接受這價格，儘管是高了二十倍有餘；但他若告訴她市價是二十文錢一隻（實際上人人都知道，祇要一文錢一隻），她必然會雷霆大怒。我淨身三十五年有餘，比我的前任安德海更瞭解太后難以捉摸的脾氣。他下場甚慘，死在東太后和恭親王手裡。」（註：對此節有興趣的讀者可參見《太后統治下的中國》一書，如彌爾頓 Milton 所言，此書充滿皇室仇恨，勾心鬥角，我本人並不推薦，因合著者為我所不齒[10]。）「伺候太后，一定要謹記，她首先是女子，和其他婦人一樣喜怒無常。」（我想到迪斯雷利 Disraeli 描寫維多利亞女王的妙句：「她首先是女人，其次是女王；所以，要總是讚美逢迎。」）

我問及義和團。李道：「竊以為，拳民神術確能保其刀槍不入，可惜一番義舉最後蛻變為血腥暴亂。這在前朝歷史中也屢見不鮮；以赤膽忠貞之心，摧枯拉朽之勢，到頭來慘遭剿滅，虎頭蛇尾。然而，庚子之亂（一九〇〇）無疑在世人面前鞏固了太后的地位，現在洋人都當她是中國最聖明的統治者。也算是否極泰來。」

我說：「您可曾聽聞英國人休博特·詹姆斯（Huberty James）在使館被圍時遇害之事？」（一九〇〇年六月二十二日）「確有所聞：我目睹他在皇城東門外處決。榮祿意圖相救，但老祖宗聽說他任教於京師大學堂，那是她所憤恨的，因為翁同龢與維新黨相交過密；因此她下令將蕭（詹姆斯）當場斬首。聽他求救，實在是讓人心碎。」

「自始至終除了榮祿，我猜還有皇上（這時他語氣明顯帶了輕蔑），堅決反對之外，我們皆信任義和團，連慶親王在內，儘管他從未明言。因此我們在你們洋人眼裡，都是罪可及誅的，我也是死罪難逃！我猜可能是我的俄國朋友從中斡旋，我才倖免株連。」

繼而他坦陳他與俄國公使交往密切，俄公館當時是各國領館中最具勢力的。他與俄羅斯亞洲銀行經理，後來成為駐華公使的波科蒂洛夫（Pokotiloff）私交也厚。很多人都知道，總管太監李蓮英每年從關東半島總督、海軍上將阿雷克塞耶夫（Alexeieff）之處領取五萬盧布津貼，另外還有數筆鉅款嘉獎他辦事得力，例如簽訂《喀西尼公約》（Cassini Convention）及其他慷慨條約時他表現不凡，最終是將滿洲里拱手送給俄國。如果不是後來日俄戰爭改寫了局勢，清政府幾乎失了東三省，他和李鴻章同樣難逃其咎，不過他處在幕後而已。

李告訴我，幾乎每禮拜日他都應白雲道觀高主持之邀造訪，其實此事我早已知道，他實際是會見雷薩爾和波科蒂洛夫，商談「互惠之事」。提及許多歐洲使節的無禮——這顯然一直是他心頭之痛，我猜有些大使並不承認他位高權重，因此有意怠慢，儘管祇是背地裡——他問我，歐洲是否有為立志作大使者專門設置的培訓學院。「若無，」他道，「至少應有學校教授禮儀舉止，他們往往出言不遜，行為失禮。」（我猜俄國人是例外！）他續道，自入宮以來他堅持記日記，錄下了他所注意到的老佛爺生活中的每樁事件，他很樂意借與我看。（有必要提到，一九一一年李蓮英過世之後，這本日記即為我所保管，是一部極為有趣的人物記實。「瞭解一切，就會原諒一切」。李對老佛爺忠心耿耿，有時顯得誇張，對她惟命是從，從日記中所述事實聽來這傳聞甚可靠。那日記很值得翻譯，但在當時，隻字不漏的佩皮斯（Pepys）[11]作品是無人問津的。我粗略估計，如果翻譯成某種歐洲語言可以達到洋洋十五卷，比真正的愛圖瓦爾（L'Estoile）[12]作品還長一倍。清朝正如尼尼微（Nineveh）和推羅（Tyre）一樣氣數已盡。也許某日，筆者會擇其要言付梓，除非我一命歸西；這日記比景善之作更深入內裡，景善不過是道聽塗說，李蓮英所著卻是身臨其中的事實。

我道：「另，閣下可認識景善，前內務副大臣，卻並未位列上三旗的？」

「或我多言，我與他相熟。他言語乏味，常至我處喋喋不休。實難忍受，我便木然相對。他酷愛詳述家務煩惱，絮絮不止。其實，他下場甚慘；城陷當日被長子推入井中。」

「他果然聾了嗎？」我問。「否；但凡問至尷尬處，他便佯裝耳聾，他嘗言，失聰是福。」（拿破崙說過：裝聾作啞，殊不能成事！）「忘了告訴您，」李接著說，「我的兄弟託我代為問候您。他說當日他被一名英軍鞭打，逼迫交代所謂的珍寶下落，幸蒙您從中調解。」

「是的，閣下，這也實非我願。我當時奉英軍總司令之名作通譯，他實際是迫切想知道您是否在北京，以此為由，登堂入室搜查。那指揮官名叫伯格，為人傲慢，目空一切，是英國軍人的典型，像阿喀琉斯[13]一樣，一遇打仗便健步如飛，正如這場戰爭中（一九四〇—一九四三）他們在心存仰慕的世人面前所表現的那樣，總是事後智勇。跟他理論還不如同一頭豺狼爭辯，他簡直毫無憐憫之心。我記得可憐的李先生挨了十五記**九尾鞭**，羞痛交加，險些斃命。不過，我挽救了他的財寶。您的弟媳將我拉至一邊，告訴我銀兩藏在一堆薪柴下面。我引開那軍官的注意，他毫無斬獲，衹好悻悻離開。最後我抬出你的威名嚇退了他。他膽小卑鄙，是個戴單眼鏡的白癡，英國政府的典型產品，絕不合格的軍人。」

談到俄國人的慷慨，我給他講了個關於尼古拉斯二世的趣事。一八九一年他訪問東方之時，他的長子到訪廣東，朝廷授意總督出面設盛宴款待；一個相當於大總管的人告訴我，那次令他對羅曼諾夫王朝頗為不屑，因為太子殿下居然對如此隆重的宴席沒有任何嘉許之意。但許久之後他才知道，原來當日太子留下了高達二千五百盧布的豐厚小費交與通譯，令他轉贈，但這筆賞金太過誘人，貪婪的通譯一文不落地私吞了。尼古拉斯向來知道中國人禮尚往來，他可能還相當疑惑，為什麼大總管沒有提及他的重賞，也許他也是憤然離去，以為東方人不識抬舉，怨懟之心，絲毫不遜大總管認為他吝嗇的鄙薄之意。我記得列夫・托爾斯泰曾要我帶一封介紹信給沙皇，告誡我一定要謹慎在意，切記給那引客的埃塞俄比亞惡棍一張一百盧布的例錢，這是最少的數目了；我猜俄國貴族會送得更多。

談到小費，李說，他適才進宮時對我說俄國使節給他的小費不如人意，這話作不得數。似乎——我也能想到——他們每次來都會送他一千兩謝禮。我猜這區區小數目在李蓮英龐大的收入賬目上幾乎可以忽略不計。偶爾我也會猜想，以後每次來他是不是也希望我帶五百兩謝金給他？如果是這樣的話，我的財力是絕對不足以應付的。平心而論，大太監對我相當寬厚，以後他再沒有收過我的謝禮，不過在之後若干年中，每逢新年以及端午、中秋兩大重要節慶，我們都會互贈厚禮。他無論何時造訪我——相當頻繁——毫無例外總要賞我的僕人五十兩銀子，因此他是個相當受歡迎的客人。我不認為他是壞人。他對太后的確忠心耿耿，他並不吝嗇，祇不過是不苟言笑。他彬彬有禮，但我的拙筆在此書中未能盡現。在我看來，他對老佛爺的影響力，在榮祿死後無人取代，牢不可摧，但相比拉斯普丁（Rasputin）之於皇后，或者義大利占星家[14]之於梅第希（Médicis）王朝的凱薩琳，絕沒有那樣危險。他痛恨所有洋人，我卻是例外，對我可算寬厚了，還有法國人范國良（Mgr. Favier），出色的音樂家和漢學家，也是他的好朋友。從我所提及的日記中可以看出，他甚至可以說是一個相當天真的人。例如，他言道：「無人可謂我濫用職權！我絕不像**秦始皇**及秦二世座下的太監那樣，**指鹿為馬**，以此格殺違逆者。」（日語中的

「Baka」，源自中文的「馬鹿」，意指「傻瓜」，就是出自該典故。）

「閣下對榮祿有何個人評價？」

「他是我的朋友，儘管我們常常（現在還是）意見相左。義和團起事期間，你也知道，我們勢同水火。我深知普天臣庶，斷不會以親洋為念（請見諒），他厭憎洋人（現在更如此），但對老佛爺一片忠心，在保障其安全同時，希望固其位而揚其威。我們兩人皆一心向主，殊途同歸。爾等夷狄（他言及至此，笑了）眼下仍在我朝土地之上（對你本人，我很高興如此）。義和拳有一處是成功的，即讓西方列強無論情願與否，祇能承認老佛爺地位無可取代，而載湉（他放肆地直呼光緒本名，即便太后本人，我也衹一次聽過她如此稱呼）全無用處，如今她天庇神佑，執掌實權，光緒形同虛設，不過是個五穀不分的呆子而已。」

李胃口奇好，吃完之後再飲了一杯酒，這漫長的宴請終於結束了。

李雙手顫抖，看得出煙癮極大。「你也看得出我有這嗜好，請恕我不能繼續作陪，或者，你也一同來，抽上一筒？」

「哦，閣下，我沒那麼大福氣。您無需為我費心。我能與您這位赫赫有名的人會面，聽您一番高談，榮幸之至。」

李離開之前又說，老佛爺午睡醒來會傳召我。「你就在這裡抽菸飲茶，不必拘禮。」

我一邊坐等聖召，一邊抽著口感極好的俄羅斯雪茄，一邊思考著慈禧令我想到哪一人。最後終於想起是伯德特•庫茨男爵夫人（Burdett-Coutts），十九世紀中後期的慈善家，以慷慨著稱的名門淑媛，相貌平凡。儘管一國太后與男爵夫人相差迥異，但她們的話音和舉止十分相像。小時候我經常被邀參加她在皮卡迪利附近的寓所舉辦的青年人聖誕派對。我清楚地記得她略帶假音的講話，還有半是專橫、半是嫵媚的態度，是個典型的維多利亞時期的婦人。另外蘇珊•唐利夫人，駐華代理大使的妻子，其夫後來做了荷蘭海牙的大臣，也曾與太后有數面之交，她也覺得兩人甚為相像，對太后本人也評價頗高。

我坐在那裡，恍如夢中一樣，正當這時，年輕俊美的小崔子進來召我；他服飾豔俗如女子，但不以為恥，反而神態傲慢，就像亨利三世朝中的愛寵，或者佩特羅尼烏斯（Petronius）偉大作品《羅馬衰亡》中的一個角色。他對我很恭敬，甚至有點諂媚，令我想起「聖壇的老鼠」，還有一句名言：「唯女子與小人難養也。」奉太后命害死皇帝的**崔德隆**是他的叔叔；小崔子現在應該尚在人間，我相信他叔叔也還活著。

行至太后尊前，我叩謝她的厚賞。

「總管太監言道，那頓簡餐還合你心意。我猜你不吃煙的？你這個年紀，是不宜碰的。像我這樣的老人，淺嘗輒止，無傷大雅。我的兄弟桂公爺就太過沉溺了。上海的鴉片船就是你們珠寶商的，你說你們可曾有愧嗎？」

「陛下，那確是有礙觀瞻，辱我國名。」

接著太后又慷慨地為我封賞。「陛下，我已經無言表達我的感謝。即便再生百次，生生效忠於您，也不能回報您浩蕩天恩於萬一。」

「下次再傳召你，你就可以乘高抬大轎，身著官袍，頭戴紅珠覲見；你要多用些家臣，才當得起新晉的身份。告訴我，你一定是孑然一身，尚無女眷吧。有否想過情愛之事？不過也無妨，正如佛家所言，一切有為法，如夢幻泡影，如露亦如電，當作如是觀。」

儘管太后衹是出於好奇，才有此一問，但我還是想到了凱薩琳・梅第希（Catherine de Médicis）某次曾以同樣的問題，問年輕的蒙哥馬利伯爵（Montgoméry），他在後來的一次比武中（可能是意外）導致了亨利二世的死亡。蒙哥馬利把這當作年輕皇后的示愛。皇后因國王另結新歡戴安娜・普瓦捷（Diane de Poitiers）而失寵。自然，我當時無此臆想。不過那時太后的確令我想到羅浮宮陳列的一幅凱薩琳晚年的畫像。太后寬厚地賜座，繼續問我：「與我講講維多利亞女王之事。她是和她的猶太總理大臣（迪斯雷利）相愛嗎？」

「不，陛下，據她丈夫所言，她十分忠貞。」（我不知道是否失言。）

「然則，她為何不退位，安度天年？」

「權力無邊，不甘引退，陛下。另外，她也不信任她荒淫的長子。」——「便如同治帝那般」——慈禧脫口而出——「可歎，此子也相當不孝。」——「便如光緒帝，」她插口道。「那麼，」她問，「總理大臣愛她嗎？」

「在他的回憶錄中，是用了暗含愛慕的語言，但此人向來誇張肆意。他稱她為天后仙人，但他酷愛逢迎，正如其他臣民對女王陛下一樣。」

「皇帝既不孝，為什麼女王不廢黜他？」

「陛下，法律未賦她此權。要剝奪他的王位繼承權，必須由社會三個階層的代表，通過一項廢除法案才能執行，即便他被廢，根據長子繼承權，王位也會被傳給他的長子或長孫。」

「這權力果真大，」太后說，「也果真小。你的家族中有人做過總理嗎？」

「父輩中沒有，但母輩中有一位，在拿破崙時代（嘉慶年間），另有一位在您攝政初期。」[15]

「英國還會發生政變嗎？」

「回陛下，不會了，除非水往高處流，日懸中天而不落。有人企圖發動過一次，確切說是兩次，但都以失敗告終。」

「我們說，除非黃河水變清，」老佛爺道，「不過你們朝代也是外族所建，然否？」

「是，陛下，直至今日，德語仍是宮廷語言。」

「我朝亦如此；滿語曾是宮廷語言，我們的風俗與蠻子（對漢人的蔑稱）大為不同。俗語說，旁觀者清。你認為我朝會發生政變嗎？」

「陛下厚德治國，絕不會有。」

「北方臣民愛戴我，但南人對我既怕且恨。我不會活到千秋萬歲。我有生之年，這所有榮華富貴，難道最後衹是曇花一現，南柯一夢？」（我想到「被喜愛者」[16]的話：「我在世一日，便延續一日……我的繼任也必須善待。」）

正在這時，太監端來三碗剁碎的肝臟餵京巴犬。其中兩隻打將起來，太后敏捷地分開了牠們。接著她迅捷如電地立刻轉入另一個話題，她立在當地，言語激烈：「我猜你也聽聞珍妃的事了？」

「是的陛下，她對您不忠，您……」

「賜她一死，」老佛爺說，「不錯，但你未聞其詳。我可以告訴你。」她的表情完全變了，倒似更美了。怒火壓抑，威儀更現；她看上去好像復仇女神，像是把憤怒直指特洛伊人的赫拉，「天人一怒，焰焰何如？」[17] 當日她得知東宮太后戕害了她心愛之人，必是這樣的神情；當日她怒斥端親王狼子野心，不愧他的狗名（他的第一個名字「載漪」中，有一個「犬」旁。）必定也是這種神態。我每每想到那時，都覺得心驚膽戰。四十年過去了，這一幕依然深深烙在我記憶深處，就像硫酸在我的脈搏裡灼燒。即使是貝恩哈特（Bermhardt）夫人扮演的克麗奧佩特拉（Cleopatra）和狄奧朵拉（Theodora），或者西登斯夫人（Siddons）夫人扮演的馬克白（Macbeth）夫人，都無法超越。她哀傷而優雅，態度激烈，雙手纖纖可愛，嗓音即使在極端激動之下依然悠揚動聽。那個不恭順的妃子給她的嘲弄和屈辱此刻仍歷歷在目，那樣的痛苦實在無法忍受，她才會大失常態。如果這是表演，全世界都找不到一個如此才華橫溢的女演員。然而，這顯然不是專門為我呈演的戲劇，不是為了宣傳渲染而刻意編排出來，以喚得全世界來同情一個橫遭誹謗的婦人。她這一揚聲發怒，又有幾個太監（已有兩個在旁侍候）進了會客廳：他們早已聽說此事，嚇得如同釘在地上一般。

李蓮英走近前來，但卻不敢出聲，四肢發抖，吶吶不言，臉色發青：「老佛爺，別再為過去的事煩惱。」

太后對他的勸告置若罔聞，似乎又回到了那個悲慘的時刻，她看上去沒有任何歉悔，反倒像沒有報復痛快，祇恨不能再殺那妃子一次。

即便如此，我還是想到優雅的莎拉（Sarah）在《費朵拉》（*Fédora*）中的台詞：「殺了他，殺了他，殺了這個不忠的愛人」，還有在《托斯卡》（*La Tosca*）中說的：「為什麼我不能再殺他一次（她的愛人背棄了誓言）？」

亞里斯多德說悲劇能將激情淨化為憐憫和恐懼。當時我並無激情可淨化，祇剩了充沛的憐憫和恐懼。我知道太后陛下的脾氣，猜測不知她盛怒之下，會不會忘記我是貴客，突然再次排外攘夷起來，那我就萬劫不復了。這想法可能荒謬，但當時我猜太后正是歇斯底里，神智失常。今天回想起來我為自己的怯懦頗感羞慚，不過那時我真的希望地上能裂開一條縫讓我藏進去。我就好像一隻被眼鏡蛇嚇到的兔子。

太后言道：「七月二十、二十一日，你們洋人轟炸京城，宮廷四周彈片紛飛，我和幾名大臣連同太監急於離開北京。榮祿當時不在，若他和我一起，或許……」太后沒有講完。（可能她的意思是倘若榮祿大學士在，一定會勸說她饒了珍妃的性命）。「天正破曉，我們備了四輛大車出行，扮成農夫形狀，等在通向神武門的路上。我派人叫了皇帝和皇后來，我根本無意帶珍妃同行，甚至不願見到她，我知道她對皇帝的影響，她飛揚跋扈，對我相當不敬。不料，她與皇帝同至：我們等在後門，那裡有口深井。你既得了我的諭旨可以隨意出入紫禁城，下次你再來可去親見。

「我問那膽大包天的女子：『無我的旨意，你前來幹什麼？』

「她答得相當無禮：『因為皇帝不能離開北京，你愛逃你盡可逃。皇帝可以與洋人談判，他們信他而不信你。』

「『大膽賤婢，你知道你在和太后講話嗎？』

「『你，你不是太后，你對咸豐帝不忠，現在死罪難逃；你是榮祿的情婦！』

「我聽到此處，便命小李子和另一太監架她起來，投入了井中，這等忘恩負義之輩，決不可姑息。我在車中等著，直到她的呼聲止歇，下人壓了塊巨石在井口，方自離開。」

接著，她沉默片刻。「你是外人。你說我是對是錯？宮裡的規矩，有妃子犯上不敬，罪及至誅。」

「她是自尋死路。」我道，「太后也是別無選擇。」我還能說什麼？識時務者為俊傑。服侍的太監聽了我的回答都大為寬慰：李蓮英後來告訴我，他當時駭得半死，祇怕我言辭稍有不慎，必遭大禍，他更將大難臨頭！

令我安心的是，老佛爺漸漸恢復鎮定；仁和慈善，令我再次聯想起我方才提到的維多利亞時期的女伯爵。她說：「現你已知真相，倘外間再有訛傳，汙我殘忍好殺，你可為我澄清。今日就到此處，但我會再召見你，不在此間，就在頤和園或萬壽山。你小心保重。孔子有言：『時不我待。』你這就跪安吧。」接著她優雅地揮手示意我退下，我再拜了一次。

李蓮英禮貌地送我穿過皇極殿。六年之後的十一月，我身穿喪服，外披羊皮背心，頭戴既無頂珠也無紅纓的官帽，腳穿白鞋，頭髮蓬亂——國葬中規定如此——在巨大的靈車前致禮，裡廂安放著太后的聖體。喇嘛們唱著同一調子的輓歌，祈禱她安息。我和李一同走到門外，他引我看九龍壁，那是乾隆期間建造，代表迷信的威嚴。我的馬車候在當地，鳳諭欽點我享有特權可停馬車在宮門。

「我會再傳你的，」李道，「下次再覲見時，勿忘乘轎來。」（李蓮英果然信守其言，以後幾年中，我們常常見面。）

「無需再送，請留步。」

「遵命。」返程中，我健談的僕人一路道賀。剛才他不僅被待以上賓之禮，還受了一筆厚賞。

1 巴恪思的憤慨略嫌造作虛偽，因為一九〇三年一月，在寫給莫里森的信中他聲稱：「多麼希望能再有一次機會可以大肆獲取皮草，就好像上次使館被圍之後一樣！」

2 賀瑞斯，《頌詩》三・一。

3 在本書寫作期間，巴恪思是著名的澳洲旅行家、作者、記者莫里森的免費譯者和資訊提供者。後來，前者開始與莫里森在《泰晤士報》的對手布蘭德共同寫作，莫里森與其鬧翻。隨後，巴恪思被指為騙子，此人為首先發難者之一。

4 英國牛津大學博多萊安圖書館。作者在此多有捐贈。

5 光緒皇帝接見臣民之所。

6 戰神。

7 Rue de la Paix：巴黎最時尚的街道，世界頂尖珠寶品牌的集中地，比如卡迪亞（Cartier）。

8 拳民興起之時，董是甘肅拳民的穆斯林首領。他的故事可以參見布蘭德和巴恪思的《太后統治下的中國》之中臭名昭著的景善日記。

9 「諺語中可憐的貓」（莎士比亞：《馬克白一・七》）。諺語指的是：「貓愛吃魚，卻不願弄濕爪。」

10 他指的是合著者布蘭德。

11 佩皮斯（1633-1703），英國著名日記作者。

12 皮埃爾・愛圖瓦爾：亨利三世統治時期的編年史家。

13 荷馬，《伊里亞德》一三・四八二。

14 Cossimo Ruggieri，與諾查丹馬斯同時代的占星家，但不如其出名。

15 作者常將許多政治人物冒認為親戚，此處顯然又是將和他毫無關係的政客查理斯・詹姆斯・福克斯（Charles James Fox）說成他的先祖：奎克王朝的商人查理斯・福克斯（Charles Fox）。

16 被喜愛者指路易十四。

17 維吉爾：《埃涅伊德》一・一一。

第三章
榮祿大人

愛德華七世突發闌尾炎導致加冕禮夭折之日，幾乎是我四十五年居京生活最炎熱之時。該日，我驚喜地收到榮祿的名片（其字體平實細小，令我想到英國公使，此人名片上，名字的三個字母大如小號茶杯）。門人還報，一位滿族官員希望見我，為大學士傳話。大學士榮祿是帝國最重要之人物，老佛爺的堅定擁護者，未來攝政王之岳父和今日「滿洲國」皇帝之外祖父。

一位高大英俊的滿族官員被請至我面前。此人是明顯的鷹鉤鼻，面色清新健康，三品頂戴。我們互致傳統的屈膝禮。他說：「大學士剛剛晉見歸來，想邀您即刻到他府邸，參加一個重要會議。您能否前來？他將傳令門房，您能直入他的書房。」當然！我是否願意訪問已被逐出教會的奧壇教區（Autun）主教，與之討論霧月十八日政變或者與查理斯·詹姆斯·福克斯（Charles

James Fox）一起討論第一執政官[1]？我為之大喜，但是，因為對此榮譽幾乎毫無準備，我也明顯地不知所措。我說：「敬請向大人轉達鄙人的景仰之情，有幸凝望泰山北斗，聆聽他的言談，看犛牛尾拂[2]指點迷津，導人平靜，是無比的榮耀。」

榮祿的代表，五官俊美，名叫**耆善**，告辭回報去了。我知道中國人講的「入國問禁，入鄉隨俗」，因此感覺，此時最重要的，乃是諮詢一位權威之士，以確定打賞門房需要幾何。因而我急忙找到一位朋友。他曾是**湖南人瞿鴻璣**（外務部尚書，後升任大學士、軍機大臣，一九〇七年因「交通報館」事件而去職）的祕書，又是滿族人，對此重要關節多有瞭解，能夠知道在此情境下，合適的數目是多少。他告訴我，每月榮祿的門房從訪客、求職者那裡至少收到二千五百兩銀子，約合四百英鎊（我想，實際數目可能大得多）。通常，總督或巡撫需付五百兩，次級官僚遞減。根據我的情況，因屬特別召見，一百兩即可。於是我備足銀兩，細加包裹，小字署名，由**戈什護**（滿語，意為騎馬侍衛）攜帶，一同前往**東廠胡同**。此地在京城東部，與皇宮方向相反，離我住處並不太遠。胡同之名來自明朝的一個重要機構，它由宦官掌管，是類似於「星法院」的祕密法庭，以拷打和非法處死政治犯聞名。**魏忠賢**是十六世紀三十年代的總管太監，被尊為「九千歲」，東廠在其治下惡名更著。我的目的地即是魏的私宅。那時，嚴格意義上的「朝廷」位於皇城之中的宮廷區。

一到榮府大門，我就想起人說，「大學士榮府繁華如市」。狹窄的巷子裡擠滿騾車（那時少有人力車，也不會聚集應召），官員的扈從及其馬匹，藍白頂戴希望得見的官員，在門內便利地方的兩頂轎子，更不用說到處是賣食物和清涼夏飲的小販、乞丐、衣衫襤褸的旗兵。榮祿的一隊親兵全副武裝，一臉凶相和警惕，守著大門。

戈什護呈上我的名片，以及最重要的「門賞」。一位面色肅然留鬍鬚的門人出來迎候，他著官服、裝飾性的藍色頂珠，吩咐親兵：「大學士正在靜候此人。」

後者問道：「紅人兒，賞多大臉！」

門房答道：「他知禮。大學士在此接待的所有外國訪客之中，祇有兩人付了賞錢，日、俄使節。大人回訪外國公使館時，賞下二千兩銀子，分給中國僕役。公使之行為對他無異於羞辱，法國代表稱他為拳民頭子，祇有日本人和俄國人感謝他拯救了公使館。」他轉身向我：「大人在等您。但是大學士王文韶剛才來訪，留下午餐，故而，還勞您在內書房稍候。」

他帶我穿過迷宮般的庭院，告訴我有三十餘個訪客在不同的地方候見，有的清晨已至，祇為與榮祿有片言隻語的交談。我們最後來到宅子後部一個別致小院，有一個月亮門和兩株高大的刺槐。牆上的繪畫乃小說《財富夢》（《紅樓夢》的誤譯）的場景；院子一角是鳥舍，八哥與鸚鵡交談正歡；亦有一池，滿是金魚與含苞的荷花，旁邊有一巨大藤樹，或許是手眼通天的太監魏忠賢所植。門人帶我進入書房。此房朝南。儘管彼時京師並無電扇一物，房中卻有長條冰塊置於兩個琺瑯冰匣中，還有一個由人操縱的老式風扇[3]，因而涼爽宜人。

門人離開之前說：「請在此等候，午餐稍後送上。您是幸運之人，因為大人很少在此見客，祇有其高婿醇親王和總管太監李蓮英。」

無需太多想像，就可描繪「內室之祕」——語出《頌詩》。這位權傾一時的太監統治帝國達六年之久，並且說服其天啟皇帝為其建立聖祠，皇帝正是在這裡頻繁地祕密會見他最心愛之人。若有勇夫，指責「無恥的雞姦者」篡居高位，他們必殺之而後快。在此之餘，他們盡享同性愛之「歡娛」。恩主逝後，繼位者是天啟的兄弟、正直的崇禎，宣告了他的失寵。他當時也必藏身於此。自裁使他逃過了迫在眉睫的死刑。他的派系也遭無情鎮壓。一九〇〇年變亂之時，此宅係懷塔布財產。此人是慈禧族人，同情拳民。他是榮祿之友，因而後者在帽兒胡同的府邸被燒之後，客居懷塔布府上。朝廷出逃後，懷塔布自殺，榮祿買下這片產業。祇有東北的一個角落歸於其兄佛四，他開了一個飯店，名為「餘園」。

榮祿的書房裡掛著太后手書的卷軸：「國朝護衛」和皇上的「國家干城」。稍後他慶祝六十七歲生日之時，老佛爺賞賜了金盤玉笏。房中還有一座玉製「須彌山」[4]，兩個華麗的黃色雍正碗，一個郎窰瓶，許多商代青銅器。藏書主要是史部書籍，一套精美的明版《左傳》上留有榮祿的評注。彼時我並未想到，此書在他死後會由我買下，現存於牛津圖書館。榮祿並非傑出學者，但書法非常漂亮。傢俱與房內裝飾相諧，多為明紫檀；西牆是乾隆年間的掛毯「帝王狩獵圖」，係由耶穌會士指導下織造的仿哥白林樣式。

屋內侍者面容秀麗，顯然榮祿對其非常喜愛。訪客們為其人格魅力而來，卻很容易被他們奪去了注意力。我很喜歡另外一件出自皇室的禮物，按下一個按鈕，鐘內會出現一個穿凡爾賽宮廷服裝戴假髮的玩偶，手持毛筆，在紙板上寫出字形優美筆劃準確的「頌文華殿大學士壽若不老松」。

我還注意到一件精緻的喀什地毯。京師的伊斯蘭教團體將其送給榮祿，以感謝他在拳民暴動中提供保護。雖然在拳民的頭目之中，進攻使館區的凶狠頭目董福祥是彰義門內清真寺的虔誠教徒，但是，如所周知，在這些狂徒眼中，穆斯林和基督徒同樣是惡魔。侍者告訴我，那個刻工精湛的黑檀木架全身衣鏡也是老佛爺賞賜，是一七九三年馬戛爾尼爵士帶到京師的「貢品」之一。此鏡並未出現在喬治三世送給中國皇帝的官方禮品清單之上，我猜想，它是馬戛爾尼爵士或其同行者喬治・斯當東爵士在廣州所得，把風流的威爾斯王子（後來的喬治四世）的一幅畫作替換下來。他們從加爾各答起程之後，此畫丟失（大多數人會說，這個損失不算太大）。

一頓奢華的午宴已經準備停當。燕窩湯、魚翅炒蛋、絕妙的風味薑汁燉鱈魚、扒爛[5]鴨、筍尖、招人喜歡的水果沙拉，酩悅香檳冰涼宜人，來自高加索的茴香利口酒，名字我已經忘記（或許是Anisovka）。據侍者說，俄國公使雷薩爾（Lessar）剛送了一箱這種酒給大學士。事後得知，彼時溫度在陰涼處尚有一百一十五度（攝氏四十六度），因而無法欣賞如許美味。不知榮祿大人的日常菜色是否如此精緻，或者祇是為大學士王文韶特殊準備的午宴。我給兩位小廝和前述侍者各五兩銀子小費，並有幸得到他們的讚賞。他們說：「他大方。」

受此意外（假設發自真誠）之譽，我有點飄飄然，不禁（以小比大地[6]）想起一七九〇年的一樁軼事。當時菲力浦公爵（Philippe Egalité）被迫滯留英格蘭，「王子殿下」（Prinny，聲名狼藉的威爾斯王子喬治），「雪利」（Sherry，雪利丹 Sheridan）和查理斯・詹姆斯・福克斯（Charles

James Fox）常去布魯克斯俱樂部，在底樓有凸窗的房中通宵以法羅牌賭博。奧爾良公爵贏了大約五千英鎊，賞給僕役三百，即中國所謂「零錢」或「底子錢」。福克斯寫信給其兄霍蘭爵士，引用大堂門房之語：「先生，您的王子朋友既好色又滿臉是痘，渾似肉球，他祇是一隻神氣蛙（此係當時對法國人之蔑稱，如同法語中稱呼英國人為討厭鬼），但是做事倒是大氣（原文如此）。」

訪問大學士之行破費不少，但是想到為我的僕人們贏得不少面子，我甚感安慰。這是因為大學士一定會以相當的數量賞賜他們。當然，他確實如此做了。

此時我聽到人喊：「大學士到。」但是面見他之前，我想請讀者（如果有的話）傾聽我的心事，坦露一個祕密。也許他已經被神化了。當我寫到榮祿之時，崇敬無以復加；我已經把他理想化，部分是因為景善的日記[7]，部分是因為沒有他，華北的所有外國人將無人生還。我有幸認識許多有魅力的先生女士，如紐曼（Newman）主教，羅斯百利（Rosebery）爵士，莎拉·貝恩哈特（Sarah Bernhardt）太太，艾倫·泰利（Ellen Terry）女爵士，巴雷斯（Barrès），魏崙（Verlaine），比亞茲萊（Beardsley），于斯曼（Huysmans），托爾斯泰（Tolstoi）伯爵，他們的恩惠友誼對於我的價值遠遠高於任何財寶，或梵蒂岡的所有經卷。但是，眾人之中，我唯有從榮祿身上感到最強大的魔力。他對偉大的太后忠心不二，其愛戴昭昭，遠勝於埃塞克斯（Essex）伯爵之於名實不符的「童貞」女王，或者費爾森（Fersen）伯爵之於瑪麗·安托瓦內特（Marie Antoinette）皇后，他就像「達修反對整個世界」[8]一樣對抗皇子和君主的其他謀臣。太后專制，即便對他有情，稍有不慎也會性命難保。以我之見，這使他成為一個無與倫比的騎士。任何人都無權指責他，他是完美的騎士，忠誠與無私奉獻之楷模。此人壽數若延長十年，世事將會怎樣？如此想像，非常令人著魔。首先，在一九〇九年，他會保護袁世凱不被攝政王罷免，兩人會通力合作。一九一一年也就很可能沒有了革命，他會繼續領銜軍機處，袁是其得力助手，而老佛爺「依然健在」。

榮祿進入院子，我向他致以滿族禮，他的回禮盡顯貴族優雅。他道：「受等了。如你所知，王大學士係不期來訪。他已失聰，故其行程常常延宕。還望午餐適口。」

「敬謝大人召見及賜宴之美意。」

榮祿道：「我要見你，一則因為老佛爺告訴我，你對她所言甚是。她之為母、為太后，適足稱楷模；各國以太后為千古一人。二則，關於拳民暴動，我有幾事相告，望尋機代為揄揚。屋外酷熱，入內再敘。」我發現，進入書房的臺階雖少，榮祿亦不勝其力，需兩側扈從扶持。他戴著牛角框眼鏡，進門之後即收起，我也因此能夠細觀之。此時僕役送上水煙筒，他顯然頗好此道。榮祿著夏布長袍，淡藍色絲綢短馬褂；他五·八英尺，身形瘦高，略顯虛弱；雖已六十七歲，氣色很好——難怪多年以來被稱為「女孩臉」將軍。

早年，榮祿以馬術精湛而名聲在外。無人可馭之馬總要由他制服。朝廷於一九〇二年正月返京之後，他未再騎馬。但是在西安府之時，他曾多次騎馬出行。他嘴唇很薄，大半藏於長鬚之後，即使粗略觀之，也能感到他的下巴所顯示的堅毅和決斷，鼻子直，顴骨高，眉毛濃重，額頭飽滿。如所周知，中國人認為大耳有福。如若果真如此，榮祿就不算完美，因為他的耳朵又小又尖。他雙目明亮，飽含深意，為我平生所見之最。初見之下，他的眼睛似乎是灰色的，但是當他在談話中變得精神抖擻，尤其當他敏銳地想到一個話題，眼睛的顏色遂變得更深。當他大笑，他的整個面龐，尤其是眼睛，奕奕生光。他和許多滿族人一樣富有幽默感，笑容熱情洋溢。他的一舉一動中皆有一種難以描述的高貴和諧，他的姿態威嚴卻毫不傲慢。我注意到，他對僕從也溫文有禮。他身上有一種罕見氣質，和聖西門（Saint-Simon）所寵愛的勃根地公爵（Duc de Bourgogne）（法蘭西和整個世界其實不配擁有他）相似。來訪者無論地位多麼低下，榮祿總能使他感覺到，他是榮祿熱切等候的人。他有一種（如聖西門所說的）「偉大的風度」，連「太陽王」路易十六也衹能望其項背，一個人衹有真正接近他，才能從他身上感到徹底的如沐春風，感到似乎已經與他相知一生。就此而言，他與查理斯・詹姆斯・福克斯頗為相似，後者廣為同時代人所愛戴——而他那偉大的敵人皮特（Pitt）卻冷酷可畏。據傳榮祿吸食鴉片，對此我無從判斷，但是我注意到，他的瞳孔擴大。以此推測，傳言不盡不實。

他的身體看來一切正常，衹是剛才上臺階之時頗有困難。但是榮祿告訴我，他有腰疾，日夜侵擾，偏頭痛也磨人不淺。他的眼緣明顯浮腫，但全身精氣十足。榮祿逝於次年四月，最後的日子頗為痛苦。據說他的病是脊髓灰質炎（一位外國醫生如是告我），據我所知，令人苦痛。

榮祿說：「敬祝安康。另外，王文韶大學士請我代致問候，他告訴我，你對國朝忠心不二，而且智力超群。」

我回道：「第一句誠然，但第二句過獎了。」

「究竟如何，我自有判斷。我已有感覺，你我頗為契合。王提到老景善的日記。他說乃是由你發現，他已讀過。景善提到了我，是嗎？」

「回大人，提及多次。他似是身不由己地對您讚譽不絕。」

榮祿說：「來自敵人的讚譽，確是最高之讚美。」

「大人認為，景善之失聰，是否已到無法聽見人語的地步？」

「否；他之失聰，大抵作偽。對於拳民，老景善不知該褒該貶。他衹能如此，以自求平安，或者俗語所謂『騎牆』。」

「大人以為，他的言辭是否可靠？」

「可靠。此人酷愛閒談，根深蒂固，且萬事關心。許多內情，來自王文韶大人，王亦把自己的邸報與他抄錄，不止一次。」

「他提及，董福祥曾造訪大人，要求借用五英寸的克虜伯槍。」

「正是，我假裝沒有聽到。有人定下陰謀，對我不利，所幸一個門生及時報警。」

「好，」大學士續道，「你可隨心所欲發問。便再無稽之言我亦不懼。我造訪法國使節時他曾問我：『閣下為何相信義和團？』我答：『我相信義和團最終會毀我江山。』」提及畢聖（Pichon）毫無技巧的問題，榮祿笑得頗為諷刺（我以為）。他又言道，除了日本和俄國公使，其他皆不知禮貌為何物，回訪時甚至在他本人的寓所輕侮他。

我猶豫片刻，再問：「閣下是否能告知為何太后在嚴詞痛斥義和團之後，突然轉而扶植？」

「是，」榮祿道，「老佛爺六月十三（西曆七月九日）從頤和園回北京時告我，此騷亂已至禍國之境，欲予以平息。但一兩天之後，我從南京總督劉坤一處得知，一份設於上海，擁護英軍的英國官方報紙上刊載一文，責令太后退位，必要時以武力迫之。自然，我需稟報太后。她立即道：『是可忍，孰不可忍』（出自孔聖《論語》），我將『滅此朝食』（語出《左傳》，日本至今有此用法）。現在我問你：倘一設在貴國與我國使館聯繫的中文報紙刊文責成你們已故維多利亞女王讓權，她會作何說法？」

「她會義憤填膺，但作為憲法上的君主，她所能做的祇是撤回使團，有可能查封報館。」

「不錯。但太后不是憲法上的君主，勿忘其地位實不合法。您讀過我國歷史，可知本朝有族規，任何一位葉赫那拉氏均不得成為皇后。此規矩四十年前便被遺忘了，但即便如此，中國歷來反對皇后聽政或當政。你知道唯一的女皇唐帝武則天，史上皆以她為謀權篡位者。呂后倒行逆施，更為天下詬病。輔佐皇帝，壓制皇后，方為正道。若有人說太后衹能輔佐皇帝，皇帝大權現被其竊取豪奪，她必暴怒，即便是四年前康有為的維新運動都不會令她如此。太后以為，最壞不過是洋人被屠殺乾淨，但此後動亂不平，仍需她繼續攝政。好在西方列強現已承認事實，沒有她騷亂更難平服。」

榮祿說到此處言語激動，他停下來敬我「獎賞」。他的嗅瓶是郎窰精品，煙味濃郁，沁人心脾。按照習慣，我不回敬。我把瓶子遞還給他時，注意到他的手異常精緻，小巧分明。我欣賞著他無名指上所戴的碩大寶石，他告訴我，那是尼古拉斯二世所贈的生日禮，以答謝他的盛情，另外還贈了其他珠寶。

「每年太后壽誕，沙皇都會寫信祝賀，在信中稱她姑母。這在外交中適宜嗎？」

「是的，」我答道，「他也如此稱呼維多利亞女王，儘管後者是他妻子的外婆。」

榮祿此刻摘了帽，他的頭頗大，頭髮略帶灰白。他說，這頂戴上的巨大珍珠就是關東半島總督阿雷克塞耶夫（Alexeieff）所贈，他也以一隻大白玉如意回贈。

「還有一事，恕我唐突。義和團起事那年的六月二十四日，克林德（Freiherr von Ketteler）公使[9]被害。不知閣下能否告訴我，太后對於事件有何想法？」

「她為此怪責我，然我相當冤枉。克林德來信要求到總理衙門交涉。太后聽說，命我與之接洽，並提議改在德國公館面談。我並不在總理衙門當職，她特擢我為全權大使，專事負責護送外交使團和外國團體離開北京。我遵太后的旨意擬了信，但由於洋人的哨崗禁止閒人進入使館街，我的書僮未能將信送到。如你所知，克林德次日堅持到衙門來，結果為恩海射殺。太后大為惱怒，因端親王未經她許可即授意恩海，凡過往洋人，殺無赦。她斥我不知變通，質問我是否把端親王當成真正的主子！她痛恨的，並非公使被殺，而是並未得她准許。我與太后相識，已逾五十載。我們自幼親密，兩家也是世交，我常陪她去市集玩耍。誰能料想她日後貴為一國之后，誰能料想我效力身側？」（榮祿的神情半是憂傷半是滿足，一個回首前塵的老人。自然我沒有問他那個問題。但許多人都知道，她曾和他有過婚約，祇是命運難測，一八五四年道光駕崩後，皇后選她入了宮。）

不瞭解北京（人們現在叫「老北京」）風俗的人聽到榮祿回憶與太后的兩小無猜，如何常陪她趕集，如何一同騎馬或步行去集市一定會備感詫異。其實在當地並不出奇。當時全國都聽過一個說法：**北京城三宗寶，馬不踢，狗不咬，二八姑娘滿街跑**。其他城市現在或過去比北京人口密集，但滿族統治把京城從明朝經年累月的舊俗中解放出來，在這之前，女子衹能足不出戶，恪守家規。

榮祿告訴我，一八五六年她生了太子之後，被**咸豐**封為「**懿妃**」，特許回娘家省親，他也被邀在男男女女的親戚中迎接。[10] 那是一個冬日，她新承隆恩，乘著御賜的黃頂轎子，但必須在日落之前趕回紫禁城。他清楚記得，她是多麼渴望再見到親人的臉，多麼熱愛回憶遠去的時光。可以想像，面對從前的愛人談起自己新婚燕爾，那情那景心碎何如。她對身邊之人的問題源源不斷，弟弟們的學業怎樣，舊家人的境況如何，與每個人交談。讓人不禁想起《**紅樓夢**》裡的著名章節：**元妃**最後一次省親的場景。

「私以為，」榮祿道，「西方各國在要求懲辦查處之時，自有其謬。對拳黨首腦或逼死，或流放（就好像三十餘年之後的國際聯盟所發出的制裁，現今已不存在），就事件本身而言，此次作亂的發起者，『**頭等角色**』，不但連名字都未有提及，反而被視為國中不可或缺之人。此實法理不容（勞合·喬治 Lloyd George 當此之時便毫無猶豫，喊出『絞死國王』這樣最冷血的口號）。你們洋人政府也漏了許多**小角兒**，比如我友總管太監李蓮英，他是力挺拳民的。他對老佛爺的影響不亞於我，我居宮外，他時刻服侍身前，更便利一些。」

「您怎麼看待毓賢和他的剿殺？」

大學士道：

「是了。我猜到你會有此一問。你指的是毓賢上書請求將山西洋人殺得雞犬不留，老佛爺准奏之事。我可將老佛爺八月中（西曆九月）到太原，與山西巡撫毓賢的談話重述一遍。我當時在場，記得每一句話。

「太后：『汝在山西誅殺洋人，連孩童也無倖免。可知西方人稱之為殘忍屠殺，責難於我？』

「毓賢：『我奉太后懿旨辦事，今日在衙門校場殺得三十餘洋鬼子，您也是鑾駕親臨的。還有在山西另一地方，殺了個待產的洋婦，一支鐵棒捅進了她的陰戶（希望是立時斃命，少受痛楚）。』

「太后：『如此獸性，天人共憤！我從未允許你對婦孺大開殺戒。你也太妄為了。』

「毓賢：『『渙汗其大號』（典出《易經》）。太后諭令既出，奴才奉旨行事。』

「太后：『那也須見機行事。你這樣後患無窮。現今棺材價格日高一日，可早作打算。』

「而毓賢未能領會話中深意，結果如你所知，落得身首異處。我向來反對他調任山西。李蓮英收了四恒票莊支付的二十五萬兩白銀，打點此事。」

「冒昧一問，閣下估計宮中太監每年的薪餉大約多少？」

「我猜純入絕對逾五十萬兩，不含特別費用。已故的李鴻章大人任直隸總督時，年餉至少是其兩倍。但切莫忘記他的責任更大，宮裡不僅有上上下下的太監，更有最上頭的人物（指慈禧）。」

「關於『剿殺』的官文，按慣例，毓賢的奏摺是應該加了紅漆朱印，由朝中專人送還給他。汝有所不知，各省奏摺均是批了『已閱』的批文，有的還付了細緻批覆，再送還上奏人。但此次李蓮英並未告知我和軍機處的其他同僚，而是私下拿了老佛爺的親筆批示，送與毓賢之婿濟綬卿——」

「抱歉打斷閣下，老景善在日記中提到他，這二人甚為厚密。」

「確是如此，」榮祿續道，「他住在城北，一生都在代岳父『探風』，他們翁婿通過山西的大票莊——四恒的各家分號，頻繁通氣。因此太后之令得以傳到太原毓賢處。因為並非通過正常的官方途徑，（你可記得孟夫子箴言：傳德之道速於置郵）毓賢本該置之不顧，再請批示。然而他本就殘忍好殺，遂按其婿傳來的『聖旨』行事。這確與章法不合，但太后（絕無不敬）也不能完全怪責他。

「無人比我更知太后，對於喜愛之人她寬宏大量，以至於姑息。但對一些小事卻無法釋懷。知曉此節，你便能理解過去四十年中種種不幸，阿祿德之死，同治之妻，和她共同輔政的東宮太后，以及竟敢放肆頂撞她的珍妃。」

說到此間，榮祿停口提醒我（完全無必要），在他有生之年萬勿再提起此話，除非太后千秋以後。「你看到，」他道，「一年半之前我在西安為太后起草政令，宣佈漸進革新之策。我曾引用

《易經》之言：『四時變化，而能久成』。地殼最初之動盪，現今之穩固，即證明了這一說法，儘管有聖皮埃爾（Saint Pierre）的培雷火山（Mont Pele）之爆發[11]。或許你將親睹中國之變，我們所謂『滄海桑田』之巨變。」

「閣下是指，您預見中國可能改朝換代？」

「如你所知，與日本不同，中華歷史上曾經歷二十餘次朝代變革。此一點更像貴國，目前為外族統治。儘管我個人並不以為滿人是外族，無論革新黨如何說。孔聖曰：『其或繼周者，雖百世，可知也。』恕我直言，我猜想我大清命數會超過大英帝國。貴國各懷離心，缺乏合力。但凡有一動盪，必定轟然而傾。忽必烈曾對丞相伯顏道：中國人如沙粒，祇消挑動一族去對付另一族，就可以輕易御之。大英帝國即便連這樣統一的部族都沒有。」

話題又轉到我在俄國的經歷，榮祿道：「滿是好，但水滿則溢，論語中也有此喻。對於遲早知天命的王朝更是如此。羅曼諾夫王朝和大清都已經延續近三百年。太后延長了清朝氣數，否則四十餘年前已告覆亡了。當今沙皇能否一直保其權勢堅不可摧？」

「閣下對洋人作何評價？」

「我不能說一概反感。日本和俄羅斯對我相當客氣，但請恕我說（「你知道總有例外，」榮祿謙恭地笑道），大英國與我朝交往時傲慢無禮。例如，你國公使問我為什麼不制止拳民。我答，數月來我祇為此事奔忙。我還續道，使館被困之苦與我相比不值一提。『明白，』公使答道，『我也不該有此指望』。我悟到的弦外之意為：『我不信任你』。俄國和日本公使從未敢如此無禮地對我說話。」

「能否問一個頗為敏感的問題？閣下是否相信，太后希望外國公使們安全到達天津，假設您當時是負責護送他們的？」

榮祿：「恕不能直言。從我以上所述，你應該已知答案。無論如何，倘我當此之職，倘需要大清軍隊，作為武衛軍統帥，我可調集精兵，保護他們安全到達。但是，」他嘲諷地一笑，「照我猜測，天津的洋人武裝必定會集結起來，與我鏖戰，那麼後果如何，我就不能擔保。」

「老佛爺有力量取締這次運動嗎？」

「是的。任何時候都可以。不幸的是，她在兩派觀點中舉棋不定，她本人覺得義和團毫無用處，但每日都有大臣誇讚他們的威力，令她不得不信。」

「閣下可否談談許景澄、袁昶被殺之事？景善在其日記中有詳細記述，究竟事實如何？」

「言之甚悲。此二人執行我的命令，將電文之中凡『殺』字皆改為『保護』，結果遭致殺身之禍。某日早晨，老佛爺勃然大怒，密令將國內所有洋人，無論是逃是留，一概殺無赦。我清楚老佛爺脾氣，知道她必會懊悔這一懿旨，祇恐悔時已晚。於是我冒了大不韙擅改金口玉言，為此，我必萬死莫贖其咎。」

「七月初四（西曆七月二十九日），聖旨出，許、袁二人不忠於上，罪當處斬。我悲痛難言，跪求太后發觀音菩薩慈悲，饒了二人性命。我道：『一切罪責，都在奴才一人。此二人輕慢皇族，斥罵拳黨，實在都是奴才的意旨。擅自篡改諭令，也是我之前安排，這一切都是為保社稷安康，保太后尊嚴凜然不可犯。臣斗膽懇請太后賜奴才死罪，以樹國威。臣一死而已，來生當再為太后效犬馬之勞！』

「太后答道：『你代他們受死，實是一派胡言。這兩個逆臣最不能讓我容忍的是，他們像端親王和一些大臣一樣，囉囉嗦嗦出言不遜，竟敢要我退位讓權。不過既然你代為求情，我就網開一面給他們一次機會。我給你三日之限，寫信給洋人，命他們速速撤兵。我封你為全權議和大臣。若洋人屈從，你盡可帶那二人去天津談判議和。功高必有厚賞。但無論如何，我也不會退位，那祇能讓時局更為混亂。』我叩謝太后，告假三日，與外國公使聯絡。我修書邀他們到**總理衙門**商議和談細節。但當時情勢變亂，洋人生性多疑，不肯信服，最終沒有應允。

「假期既滿，七月初七（西曆八月一日）一早我即上奏，使命未成。太后大怒，固不可勸。這三日中，許、袁二人暫被禁在北衙門（憲兵衙門），未移交刑部。當日十一點，他們被綁縛著押至刑場。我得知許已經神志不清（事先給他抽了鴉片），但袁始終鎮靜如常。沿途拳民圍觀，將道路擁得水泄不通，辱罵二人為漢奸。監刑官員為**徐桐**之子（因外交使團脅迫，徐桐已被斬首），**瀾公爺**以及**英年**。袁鎮定答曰：『孰為漢奸？絕非我二人。爾等（指載瀾）亂謀禍國，罪乃當死也！汝輩亂臣賊子，不得善終。』瀾公聞言，怒不可遏，欲上前擊之。行刑者立下其刃，千刀萬剮直至其斃命，死後再被斬首。」

榮祿述畢，也是大為動容。他遞給我一份官文，日期為七月十六（西曆八月十日），從未（我猜）外宣。內容如下：

今國民對洋人怨憎沸沸，非朝廷所願。人人皆知正在我，邪在彼。彼恃兵堅器利，殘殺無辜。我朝共禦外侮，天理所在。孰曾聽聞無良暴行，竟能直搗天子輦下者？更有洋人，干我朝政，大放厥詞（指慈禧退位）。就各國軍隊之不法行徑，我已嚴告各國天子聖上。現俄國沙皇回覆已至，言辭禮貌公允，更說明彼等行為天人共憤，勢無立足之地。今重申先前諭旨，由榮祿與各使節磋商，撤除所有軍力，復現戰前和平，以彰我朝歷來寬宏仁厚之心。

我細讀文書之時，榮祿由衷而笑。「這是我的意思，」他道，「但文字有所出入，與我當初起草的不同。尼古拉斯二世確實回告曰願意議和。而維多利亞女王、德國國王和美國總統之處卻無回音。皇帝等離京之前，於七月十八（西曆八月十二日）、二十（西曆八月十四日）再發函兩封。第一封道：『今我國與各國為敵，實非甘願，實乃彼等逼人太甚，我人民退無可退，奮起反擊。若外國列強即刻退回天津，我國將立遣大學士榮祿為主和特使，與之詳盡謀劃。和平可待，我朝萬眾一心，祇求千秋萬代，國泰民安！』」

「至於第二封官文，」榮祿道，「全由皇帝起草：在我看來，人多溢美之詞，不知讓你閱覽是否妥當。」文道：

慈禧端佑康頤昭豫莊誠壽恭欽獻崇熙：

體仁閣大學士、軍機大臣、武衛軍統帥榮祿，一心為公，賢明而經驗豐富，誠實且不事諂媚，民所愛敬。今特擢其為主和特使，全權代議。祿臨危受命，我朝仁善之心，至矣盡矣。任重道遠，我皆以為其必不辱使命。榮祿全力負責監督外國軍隊撤軍，儘快達成常規和平。當此局勢，求至善之策，乃我所願，既往不咎。

「最後，」榮祿道，「在結束與你的愉快交談之前，給你看一份太后離京前夜發佈的諭旨。你當理解，時局嚴峻，她更要作出最好姿態。再者，匆忙離開，也需給臣民一個交代。『國難當頭，社稷危殆，吾稟列祖列宗秋冬巡視全國之遺統，與上離京視察。太子、管事大臣、文武百官將循令留置京城，依例處理各自事務。各司其職，勿孚厚望。』」

談話結束前，榮祿又特別強調道：「汝等外國情報部門（除日本和俄國之外）實在無用。外交使團的拳黨首腦名單中，貽穀、芬車、桂春之名竟不在其列，這幾人正是殘殺上千教民、上千無辜平民的元凶。有一賣瓜攤販出身升而為義和團首領者，見我轎過，謾罵我為『假洋鬼子』。他殺了不少實足可敬之士，我因此上報朝廷，將其斬首。同樣，殺害蕭（James）的凶手，未有一人逃脫法網，英國公使卻並無謝言，反倒似認為我需為他的不幸罹難負責。你可能也聽聞楊立山（又名立山，楊是姓）及年邁的徐用儀和聯元七月十六被處斬之事。這也證明了拳民所出身之階級，遠比馬拉特（Marat）或羅伯斯庇爾（Robespierre）粗鄙。三人行刑前，『義民』圍觀，辱罵聯元與洋人范國良（Mgr. Favier）為友。聯元神態自若，答道：『爾等不過暴民莽夫，何懂國事？不錯，我與范相識，但並非因此轉而為教民。就好似汝等下流胚，父盜母娼。也許你母親

（額娘，大學士在此用了滿族稱謂）臨盆待產，無處可去，不得已在附近的街槽產子。難道你生於馬槽，就是騾馬嗎？』說到此處，拳民即將其亂刃刺死！」

大學士已經暗示我該離開——我也不希望賴到他不歡迎為止，我謝了榮祿的盛情準備離去；他卻要我止步，送我一首詩，是劉綸大學士寫給乾隆帝的，鑲以白玉封面，此物現保存於歐洲某圖書館[12]。榮祿道：「歡迎再來，秋天吧，很高興與你就此話題再敘。」

他優雅行禮，送我至書房門口。耆大人將我送到大門。與這樣一個人物談話之後，衹覺世界突然變得令人沮喪，毫無光彩。他後來送卡給我祝福新年，但我沒有再見過他。次年四月，在保定府的太后得知他去世，大為悲慟，據說一直因此鬱鬱寡歡。他們二人到底關係如何？當時我並不確知，但他必愛戀太后無疑。

1 Charles de Talleyrand-Périgord（1754-1838）在被逐出天主教會之前，任奧壇教區主教。Charles James Fox（1749-1806）是他所在時代的政治領袖之一。如前文所註，巴恪思常常毫無理由地自認為是 Charles James Fox 的親戚。

2 作者註：古人在社交聚會時使用此物，塵談一詞即保留下來，成為傳統符號。（編者註：這個詞似乎並不存在；也許巴恪思想說的是清談。這是一種機智的哲學談話，產生於漢代末期。清談老手經常手執馬尾拂塵。）

3 通過槓杆操作的固定風扇。

4 作者註：佛教中的天堂。

5 燉熟的。

6 維吉爾《牧歌》一・二四。

7 巴恪思可能改動過這個日記。

8 這個說法是歷史學者的編造，用以描繪亞歷山大時期的主教達修（293-373）的立場。他反對阿里烏斯教派的異端，後者得到了帝國政府支持，強大得如同是整個世界。

9 德國駐華公使，一九〇〇年六月二十日途經總理衙門時被殺，成為義和團運動的導火線。

10 作者註：這一節被我的敵人布蘭德從《慈禧太后》中刪去了，他根本無權改動我的手稿。他認為自己是比我了不起的作家；但即使這樣（未必是事實）他也無權略去這個這麼重要的情節，或者不顧原文而改動我的翻譯。

11 發生在此前一年，造成二萬人死亡。

12 牛津大學博多萊安圖書館。

第四章 頤和園夜曲：麥瑟琳娜[1]的遊憩時光

一九〇四年八月八日，立秋，我在八大處的碧默岩暫住。收到李蓮英的短箋：「恭奉慈旨：著巴恪思今晚來園，有要事。欽此。」李還寫道：「最好乘爬山虎（一種山地肩輿）而入，以避人耳目。轎子留在頤和園門外一里左右。有人等候。太后將專賜二百五十兩銀子與汝僕役。機密。」[2]我自覺如同柯尼斯馬克，接到索菲亞・桃樂西婭命令，在海恩豪森王家花園（Herrenhausen）相會，或者如波坦金；衹不過（與後者相比）我是去她的住所，而她是去他的陶拉德宮與最愛的人相會。何謂「要事」？我自問：太后性欲氾濫，我能否使她滿意？唉！我並不自信，不知我能否適時使她達到所需的高潮，滿足其無盡的欲望。如果我不排斥異性戀，她定不會令我失望。我三十二歲，她六十九歲。她如何看待我？如果我像皮耶・博努瓦（Pierre

Benoit）的著名小說《亞特蘭提斯》（*L'Atlantide*）中的莫朗日上尉（le Capitaine Morhange）一樣，無法滿足我的昂蒂妮亞（Antinea），她會不會命令聖亞威（Saint-Avit）殺死我呢？

我的僕役自然高興，推薦一種強效的馬前子[3]。但是我樂意求教於李蓮英。他能提供一些媚藥，帶來足夠的刺激，以防我面對老佛爺時，「武器虛弱，無力衝擊」[4]，像普里阿摩斯（Priam）寶劍搖晃，特洛伊陷落時為皮拉斯（Pyrrhus）所殺。

上午大雨，稍後轉晴。鄉村路上滿是積水，我們艱難前行，順著通向萬壽寺的御路走了八、九英里。與兩個太監會合後，需繼續步行。他們告訴我的轎夫，明晨在此處等候。每人得太后洪恩，賞五十兩銀子。我穿夏布長衫，僅攜一小包盥洗用品。太監說，晚飯之後，老佛爺想帶我乘船稍遊昆明湖。我們進入大門，行經仁壽殿（其名得自孔子之「仁者壽」），欲向太后請安。眾人矚目之中，我頗覺不自然。當然，太監和宮女們知道我夜訪的目的。事實上，我聽到一個非常美麗的滿族女子說：「這就是洋榮祿吧。」李蓮英出來見我，滿臉堆笑，聽得此句嘲弄，變了臉色：「大膽奴才！如果這位外國侯爺（我是否提及，太后已經賜我世襲二等爵，並追封我的祖宗三代為貴族？）把你的混帳話告訴老佛爺，今晚就把你亂鞭打死。以後少說話。」可憐的女孩立刻跪下求情。自然我沒有告訴老佛爺。種種話題之中，她與榮祿的關係最容易激起她的憤怒，我當然無意惹事。

我問李，應該用何種春藥。他說宮中為此重要事件準備充足。他笑道：「我們的媚藥能讓你挺立如《聊齋》故事裡的人物兒。服下藥後，鼎足而三，他的傢伙伸長如第三條腿，人如三角桌！[5]」

我們走向一間小屋，與太后寢宮相鄰。關於「操作方法」，李蓮英提供了一些寶貴的建議。「老佛爺會要求你親密接觸，你必須全身芳香。她從未見過出身高貴的歐洲人一絲不掛，會要你近前，前後觀察。（她以為騎士和小丑在皮囊之下會有所不同？陽物或肛門與社會等級其實並無關係）按規矩，你必須始終採取跪姿，我已為你準備了厚軟的墊子。」

「抱歉，大人，我認為跪姿會妨礙我自由動作。即使吃了您給的藥，也難以達到性欲高潮，我怕老佛爺會怪罪於我。」

李說：「這是自然。太后絕不會喜歡軟弱無能的傢伙。你必須因勢利導。為了獲得渴望的高潮，老佛爺自然會允你動作，解決困難。」

是時，李已經帶我進入臨時住處。一位相當年輕的來自河間府的太監，名喚**連榮**，上前迎接我們。他帶來一件全新的無襯裡緞袍**單模本**，以替換我的**夏布衫兒**。大雨之後，我的衣服明顯單薄，無法抵禦湖上風寒。

李說：「我去報告老佛爺你已經到了。若你喜歡，她已經為你準備了露天晚膳。」他旋即返回：「跟我來，她現在想先見見你。」

於是我們進入寢宮旁邊的一間會客室；她正與一位貴婦對弈，笑容優雅：「你總是很準時。好好吃飯吧。等我吸上一兩口煙，就帶你到湖上一遊。我無需囑你『隨意』了，這裡始終歡迎你。」她告訴旁邊的貴婦，我就是那個她完全信任的「外國侯爵」，隨後我跪安，出了屋子。李蓮英隨即與我共進晚餐。飲食精緻，數量也適中，比起他們在城裡的賜宴合理得多。

席間，李與我談及性事。他說，老佛爺喜歡和她「對面之人」摩擦身體（信任有經驗者）[6]。她會用其大得出奇的**陰蒂**（即日語 inkaku，或曰**陰核**）**蹭**你的肛門（**眼兒**）。也就是說，**慈禧**是一個「女同性戀」[7]，愛斯奎斯夫人——現在的牛津貴婦伯恩哈特夫人、英國演員伯納德・比爾夫人（Bernard Beere）、馬里恩・特里小姐（Marion Terry）、芭蕾舞女演員及愛斯奎斯夫人的同性戀密友馬爾德・愛倫小姐（Maude Allen）亦是。她和其他這些女士一樣，能夠真正地（具體而微地）完全勃起（我想不到比這個詞更好的表達）。

對於這每一個人，我無意譏評。然而，當我知道清朝朝廷的大人物們，從老佛爺以降，既喜歡前面明顯的「陰部」，也喜歡後面的肛門，這確實令我高興。奧克塔夫・米爾博（Octave Mirbeau）（因為電影「沒規矩的九〇年代」（*Naughty Nineties*），我對他略有瞭解）在其《女僕日記》（*Le Journal d'une femme de chambre*，原文也許有誤）中寫到，這位年輕女士的一個女主人在她開始做愛時說：「我要各個隱祕處絕對乾淨。（《女僕日記》）」李蓮英讓我想到了這個樸實的女士。他反覆地說著，我聽了有些噁心：「老佛爺是最特殊的。你一定要全身芳香，尤其是後部，最重要的是臀部。我已經為你準備了外國來的沉香木香，你的所有陰部和會陰區要用**緬甸**香。老佛爺酷愛（如果我記憶無誤的話）羅傑和蓋麗（Roger et Gallet）的紫羅蘭香，但是『對面之人』使用沉香木香會讓她激情高漲。」確乎如此。太后的新鮮紫羅蘭香芬芳襲人。我居然想起不朽的莎拉。曾經有一個短短的時期，我有幸成為她的密友之一（或者說，她永遠地拋棄了我，像是秋天裡的扇子）。彼時是一八九三年，伯恩哈特夫人剛在文藝復興劇院進行了首演，在她非凡地演繹費德爾之前，作為「開幕」內容，薩賽大叔在舞臺上進行了嚴肅的致辭。

我問李何時服藥。他說：「你遊湖歸來之後，老佛爺會小憩片刻，照例吸上一會晚煙。如果你慢慢服藥——其滋味相當宜人——會發現下肢漸入舒適的『涼爽』之境（此語出自路易十六。他一七九〇年首次見到新樣式的斷頭臺，提出一些改進意見，認為斷頭應該全無痛苦而衹有『一絲涼爽』。未料其後某日，他竟親身『嘗試』），約一個時辰之後，性欲始得亢奮。你——這些乃是我的經驗之談。然而，唉！我沒有激情所需的器物，衹有『**眼兒左右所來的勁兒**』[8]，但是我可以向你保證，勃起之時，你會感覺宜然。尤其是此藥**順老祖宗的心思**，使高潮延後，增加了快感。今夜你需要不斷服藥，因為老佛爺定會命你整晚服侍。明晨她必須上朝，在軍機處晨會，還有一兩個地方大員進京拜見。會後她要休息半天。但是在你下午離開之前，你要準備一個『燦爛的結尾』。」

「我向大人保證，出身高貴的歐洲人的個人清潔比起滿人絕不遜色。因為飲食或皮膚功能之故，白種人可能有特殊體味；但是我自信，有幸獨享此譽，成為老佛爺臨時的『愛人』，定會不辱使命；自然我的『能力不強』，當不起『丘比特』之名。恐怕連續行事，能力不濟。」

李說：「**這話說遠啦**。但是我必須提到一事。在此季節，你是否流汗較多？我有此問，因為老佛爺不能忍受汗味。你必須竭盡全力，不得稍有『氣息』。」

我說：「大人此語，正得我心。但是秋日濕潮，我衹能盡力『嚴格』遵守您的指示。」

「還有一事。勿為年輕太監所迷。我瞭解你的異癖，如果你和他放縱於性事，你就會像悅耳的鐘走調刺耳，在老佛爺的鳳床上表現失準。她會怪罪於我。」

此刻，宮船噴著白煙，看似疲憊地停泊靠岸。老佛爺已經命其侄女、兒媳婦、年輕的葉赫那拉氏、光緒之妻與我們同遊，一行除了太后、皇后、李蓮英、我，還有兩個年輕的滿族侍女。年輕的皇后並不美麗，但頗有個人魅力。有人把我介紹給她，我跪下請安，她說：「免禮。你來陪伴老佛爺，我非常高興。你要好好做事，多講笑話，讓她滿意。」皇后穿著淺黃色湖縐[9]長袍，燕尾蝶的碎花，髮型是當時流行的拉翅[10]。儘管笑容歡暢，但是因為有兔唇，她的表情還是讓人無法喜歡。老佛爺走下臺階，李蓮英和她最喜歡的崔姓侍女左右攙扶，年輕的皇后跪下迎駕，我自然也一起跪下。

「你覺得我的洋紅人兒如何？有意思嗎？俊俏嗎？不失為美少吧！」

「啊，當然，老佛爺。他剛和我說起，空氣中已有秋之氣息。」（事實上，今年之立秋是夜晚時分，但是我感覺到的涼意卻是來自湖水。）

老佛爺說：「好的。你們都平身，上船。」對崔說：「去叫翠環、玉環兩個丫頭，我們馬上出發。」

兩個年輕的貴婦此時出現了，看起來對我並無惡感，看到我穿著（李送給我的）明顯特別的袍子，其中之一對我說：「多大造化。」事實上，我並不十分以之為造化，因為我的腦海中正充滿了嚴重的懷疑，不知我是否能滿足要求，無論是否服藥，結局總是悲慘，我的國家的陽剛之譽會永遠地受到損害。即便我滿足了她，射精三次或更多次之後，我會成為怎麼樣的廢物！

老佛爺在船首的漆椅上坐定，其他人的軟墊也已備好，年輕的皇后坐在婆婆膝邊，我們三個在太后左右。湖上之旅令人愉快。太后問我：「告訴我，維多利亞女王是否和她的侍衛布朗相戀了？我見過一張照片，在她『夏日行宮』（巴莫拉爾宮）附近的河流上，他擁她於懷。看起來，他非常英俊多情。」

「老佛爺，故女王因為與他的關係而使自己為人恥笑。英格蘭首都的人民痛恨她喜歡上了一個下等蘇格蘭人。她乘車在愛丁堡街頭巡視，這些人嘲笑她，對她的車隊喊『布朗夫人』！」

「女王不能懲罰這些暴徒的叛國罪嗎？我倒想看看京城有誰敢嘲笑我，有蓮英在，他們肯定會被馬上查辦。」

「太后，對處理如此事端，大不列顛之皇室其實相當無能。在德國或俄國，有一種罪名為『大不敬』（中世紀以來，大多數歐洲國家即有此罪）。然而在英格蘭，祇有實際的『攻擊』會被法辦，用『九尾鞭』責打罪犯。」

「你們的『有限』皇權確實是有限。奕劻（這是慶親王的名，他的字是輔廷）和其他諸人總是勸我頒行憲法，如果此即立憲之所得，我朝定會受害。維多利亞確實也太愚蠢，與侍衛纏綿之時，怎能讓人拍照！」

「當時的威爾斯公主，現在的王后拍攝了這張照片。她有意捉弄，想要為難這個虐待了她三十多年的婆婆。當年丹麥的克利斯蒂安九世國王曾向英女王抗議，對其寶貝女兒受到的虐待無法忍受，卻也無濟於事。」

「你聽到了嗎？**皇后**（有趣的是，老佛爺以皇后的頭銜而非其名稱呼她的兒媳婦）。我是否虐待過你？」

「從來沒有，老佛爺，你對我比我親娘還好。」

太后說：「恪思，你來告訴我，維多利亞是如何虐待她的兒媳婦的？應該不會和許多蠻子（指漢人）一樣，打她或折磨她吧。我們滿族人對年輕一代總是很好的。」

「沒有，老佛爺。她的虐待是精神上，而非肉體上的。普魯士與丹麥在您執政初期發生戰爭，維多利亞是親德國派。此後，她痛恨一切丹麥的事物。她總是蔑視可憐的阿歷克斯，嘲笑她的小國家。」

「如果維多利亞邀你『同餐共寢』，我想你一定會去？你敢拒絕嗎？」

「老佛爺，她不會讓我享此殊榮。我的年齡太輕，出身太低。我的祖父和叔公曾與女王的配偶亞伯特親王（Prince Consort Albert）過從甚密。她在英格蘭的一次簡短接見中見過我，我與她一生的朋友第利普洛尼（Tillypronie）（靠近巴莫拉爾宮）從男爵約翰•克拉克關係甚好。」

「女王是否好色？」

「據說，在她丈夫在世期間，她的性欲很少得到滿足。親王不得不多次與她行房，**一夜至七起之多**。由於**房事過度**，身體衰弱，感染傷寒，他於四十二歲去世。我認為此後她始終禁欲。當然，有流言說事實並非如此。」

「我不相信，」太后說道：「我想，像你們的童貞女王就有眾多情人；他們告訴我，超過二十！」

我說：「親王自己倒是熱血之人。我的家庭知道一個王室機密，太后一定未曾耳聞。他出生之後，薩克森—科堡大公即將其立為嫡嗣，但是他其實是大公夫人與一個猶太小提琴家之子。因此，他頗有藝術氣質。當今我國的國王有明顯的猶太特徵，和一群豐滿的巴格達猶太女人在一起，他最為高興。唉！國家落在如此之人手中。」

「你所說的乃是叛國罪，」太后說，小心地沒有提到具體人名，「你知道我們的諺語：兔死狐悲。」說的是際遇相似的人在禍福上的同情。

「普魯士的海因里希親王於光緒二十四年春天（一八九八年四月）來訪，他告訴我，皇帝和他都對其母腓特烈皇后沒有好感。為什麼？」

「老佛爺，這裡因為寡婦皇后雖然非常有才能，卻缺乏智慧，且與維多利亞女王一樣專橫。」

「她和我一樣嗎？」

「太后，不一樣。你已經贏得了廣泛的熱愛，而她除了在出生地英格蘭之外，到處都不受歡迎。」

「據說，沙皇對其母非常孝順，而他的妻子非常任性不孝。」

「是的，太后。她鼓勵尼古拉公開反抗太后。」

太后說：「你聽到了嗎？皇后，我們這一家子怎麼樣啊？」

年輕的皇后回答道：「至少我認為，兒媳婦孝順本分，但是皇帝，確切地說……」
「孝順，」太后插話說：「不，當然不孝順！」
太后轉向我：「跟我說說腓特烈皇后的第二次婚姻吧，是與庶民通婚。」
「太后，我聽德國人說，她嫁給了一位塞肯道夫伯爵（Graf v. Seckendorf），但是未知真假。」
太后問：「法蘭西國的已故總統菲力克斯•福爾與一個著名的高級妓女相愛，有一次動作太劇烈，導致中風，隨後死去。這是真的嗎？」
「我也如此聽說，但是其細節仍為官方機密。當時我並不在巴黎（一八九九年二月，光緒二十五年元月）。死因的解釋是『突發心臟病』。」
太后「以她通常的方式」說道：「換個話題吧。」她問我，是否讀過她最近的詔令，把革命者申蓋在宮外鞭笞而死。「今年是我的幸運之年，如果沒有日俄戰爭，我會下令為我明年十月的七十大壽舉辦慶典。處死申蓋，我也非常猶豫。然而他是第二個康有為，我別無選擇。你們外國人認為我殘暴，卻對他的挑釁一無所知，我不得已才對他極端處置。英國仍舊使用鞭刑嗎？」
「是的，太后。在中學和大學之中，這是常見之刑罰。法院亦允許對某些罪行施以鞭刑，比如持械搶劫，即以九尾鞭懲戒。」
「你年輕時被鞭打過嗎？」
「是的，太后。是我上學之時，十到十六歲。」
「我仍是小孩之時，記得老人說，一七九三年你的國王派團向乾隆皇帝進貢，出了案子，大使衛隊的衛兵們被殘忍地施刑，鞭子打在裸露的肩上，直至死去。」

「確有此事，太后，馬戛爾尼的一個隨員的日記中記錄了此事。」

「男同性戀是否真的會被鞭刑懲罰？」

「並不盡然，太后，但是有一項古老的法令，允許對『不可救藥的流氓無賴』施以鞭刑，在裸露的臀部責打二十四下。因而，聲名狼藉的雞姦者常會得到如此羞辱性的懲罰。」

「對，對，」太后說，「誰別說誰，哪個國家也沒有權力批評他國。但是我以為，你們英國人的博愛口號是偽善的。」

雨後的西山綠得難以置信，太陽在一層火燒雲後面落下，似乎象徵著女性最激情的無盡的欲望，就像瑪麗‧安托瓦內特之於她的費爾森。黃昏漸至，宮殿和寬闊的廣場依然明亮。處處亮著精緻的電燈，上千盞或遠或近。這是真正的仙境，又一洞天，或陶淵明筆下的桃源。

太后說：「再環湖一周吧。」她穿著深紫色綢緞斗篷，萬字不到頭[11]的樣式。李蓮英遞上她喜愛的「俄羅斯金」香菸。她吩咐皇后和其他諸人隨意，然後開始吸菸，渾然忘我。

她對我說：「他們說，你時常與年輕的親王們玩兒票。你飾演旦角，十分精彩。」「太后仁慈。來華之前，我曾在法蘭西大劇院師從高特（Got）先生學習西洋戲劇，後來又師從貝恩哈特夫人。此技中外相通，因而我略有所知。我在《長生殿》與《馬嵬坡》中飾演楊貴妃，恭親王演明皇，我還在《天河配》中飾演旦角。」

「我想，你從未見過他已故的祖父六爺？」

「沒有，太后。如您所知，他於光緒二十四年四月（一八九八年五月）去世，彼時我剛從東京返回。」

「他憎恨你們英國人，但是應該會喜歡你的靈活、機智和超脫。他的孫子溥偉照顧他。他頗喜同性之愛。這孩子完全被他寵愛的太監控制，連夫人都無法相見，因而也不能共享自然的男女之樂。」

「是的，太后。那個太監妒嫉如狂。後門外有個澡堂，恭親王與他常常造訪，彼處交通便利，與恭王府鄰近。您的外國奴才常在此處悠遊，與皇親國戚們下棋或談論軼事。」

老佛爺說：「我想軼事多於棋局。巧子（指陽具）論，眼兒（指肛門）傳。澡堂的字號記得麼？」

「回太后，新淨。」

「你知道那裡嗎？蓮英？」

「知道，老佛爺。」

「等咱們回城之後，你務必安排我微服前往。我喜歡看你們這些放蕩的年輕人茶餘酒後尋歡作樂。」

「我常在那裡見到已經被廢的大阿哥溥儁。」

「告訴他，是我的話，讓他檢點一些。我希望他守守規矩。若不是你們外國鬼子干涉，這個頑皮的孩子就是今日的聖上。拳民之亂中，他傲慢無禮，被我鞭打懲戒，問他還記得嗎？」

太后繼續說道：「好的，天涼了。我們回吧。」

岸上有許多女侍和太監迎候，包括那個被派來服侍我，讓我無法抗拒地喜歡（如聖西門 Saint-Simon 對勃根地公爵 Duc de Bourgogne 所說）「知我所愛」的太監。靠岸時，太后優雅地斜倚著我的胳膊。她豎起一個手指警告著：「現在你去吧。按蓮英說的做，但是不要和你的小太監淘氣，否則我打你的屁股。」

年輕的皇后愉快地向我道別：「你先老實等著。太后孤寂，你在側服侍，需使她喜歡。」老佛爺說：「你嫉妒我嗎？他暫時是我的私人財產！」對我的太監隨從說：「帶侯爺（用我的貴族頭銜對我尊而稱之）回房。」又對我說：「我兩個小時之後見你，做好準備，莫讓我失望。」我們就此分手。侍者們私語恭維，傳入我耳中：「老天降給他無上榮光」、「如此關係，殆由天意」、「鳳凰落在群鵝之中」（這句話聽來粗魯，其實不然。它意為女神落入凡間）。

我的寢室不大，點著三百盞燈籠。有一張頗為舒適的靠椅和足夠的傢俱。太監殷勤地服侍我沐浴。我對他並無惡感，開始撫弄他，他熟練地回應，但又說道：「這不是時候。給咱們添事。我要跟你進入祕密的關係，咱倆顯然有緣。你且回去休息，得空我便去寺裡找你。我們就在那裡盡歡。請都總管准我的假。我祇收一百五十兩銀子，另加賞銀，但你得讓我肏了才行，你也要肏我。」

「這怎麼可能？」我道，「你不是已經出家了嗎？」

「我祇被閹了一半，」他道，亮出他形狀相當偉岸的陽物，現正昂然挺立。我看得瞠目結舌。他讓我觸摸，陰囊中祇有一枚睾丸，另一只已於入宮之時割去了。他用浸了檀香的水沖淋我的全身，吻我的龜頭、陰莖和肛門。接著，他就「扣眼兒」，把他的食指插進我的臀部（這是一個相當粗俗的詞，相當於說「插屁眼兒」。如果把右手食指放在左手食指和拇指之間，即為一種淫穢的暗示，卡利古拉・蓋烏斯・凱撒 Caligula Gaius Caesar 曾對護民官查理斯 Chareas 做這樣猥褻的手勢，後者最終刺殺了凱撒，為自己所受的屈辱報了仇）。我親吻他散發桂花香氣的臀部，把食指插進他的肛門，此刻李帶了一劑媚藥來。

「你二人適可而止，」李道，「他很快便會去尋你。這會兒，就別再搞什麼啦。坐下，將這藥慢慢喝了。」這是深紅色液體，味道辛辣，氣味芬芳。我喝光之後，李道：「你須得在廳間來回走動，直到下肢變冷。然後躺下靜候。」阿雷奧帕古斯山上看押蘇格拉底的監獄官，在他飲下毒藥之後，對這個雅典娜的兒子也是如是講，在牢房中走動直到痙攣，即是死亡來臨之兆。我並非擔心厄運發生，不過想到類似場景。因為那太監的誘惑，我已經處在勃起中，藥力揮發後我更加亢奮。李和下人離開，很快我被春藥催得充滿淫欲，這感覺前所未有，以後也不會。即便在頑劣的中學年代，我是許多人渴念的對象，也不曾如此。我真正慾火如焚，喚著羅密歐的台詞「哦，天才的藥劑師」，衷心讚美發明此藥之人。

李回來，再次在我的私處——肛門、會陰和趾骨——塗上濃厚的檀香膏：他為我披上一件薄氅，長至大腿處，讓我去覲見。太后的寢宮點著十幾盞燈籠；寬敞的大殿排著兩列鏡子，令我想到凡爾賽宮的鏡廳。鏡中反射出相貌平平的我，因興奮而滿臉通紅，渴求一見。李引我至鳳椅之前，太后喚道：「霜重衾冷，盼一解寂寞。」李道：「跪在墊上，讓太后好好撫慰一番。」「胡說，」

太后道，「他跪著怎麼能為所欲為！讓他脫乾淨了，我願飽眼福。」李告退，衹留太后和我二人。她披著一件湖縐輕袍，前身洞開，露出陰部。房內放著幾架電扇，還以精緻的景泰藍小櫥儲了冰塊，清涼無比。我就不用擔心汗如雨下，褻瀆了她。我此刻就像身處乾燥的沙漠，慾念焚心——為什麼？為了這個正等待我的六十九歲的婦人，還是因為她是一個象徵，是我心愛之人的替身？

「不要想著我是太后。把我當楊貴妃，你就是那多情天子唐明皇。」「我又怎敢，老佛爺？您對我而言，便是大慈大悲觀世音，永遠年輕美麗；您是天主教徒所說的『斯蒂拉・瑪瑞』，從海上升起的希望之星，象徵和平與福音，您甚至是他們信仰的聖母。」

「傻孩子，你三十三歲（我沒記錯？）而我已經六十九，如果你與我不識，你會如何猜我的年齡？」「在三十與三十五之間，仁慈的太后；您儀態萬方，永不衰退。」

「馬屁精！將你那話兒且呈給我看，那定是讓我喜歡的。」此刻我極度亢奮，老佛爺撫玩著我的陽物、龜頭和陰莖，一次次親吻我事先浸潤了異香的便器（馬眼），她撫玩著我碩大的陰囊，我想到尤維納利斯的諷刺詩之四，描寫到奴隸的生殖器時，對女性進行毫無保留的貶損：「我願如此，我令如此！」[12] 她撥弄著我濃密的陰毛，道：「我還以為你們洋人總是要剃肌巴毛的。」「不是的太后，現今不是這樣；古希臘和古羅馬貴族是不允許陰莖和陽物之上及周圍長毛的。」「我看過西洋畫裡赤身的男女都是沒有毛的。」「是的太后，因為在油畫中畫私處的毛髮被認為是相當不雅的。」接著太后銜了我的陰莖，以舌搔之。感謝上帝我沒有射精，藥力的緣故。她尊貴的身體呈現於我面前，她那繁密的陰毛令我愛慕，她命我將她奇大的陰蒂置於手裡，輕柔而持續地親吻，使其顯得更大。她慷慨地露出她神祕的脹大的陰戶，如麥瑟琳娜那般，生氣勃勃，青春永駐，令我驚奇。她允我把握她似新嫁娘一樣的胸脯。她的皮膚散發著宜人的此前提到過的紫羅蘭香氣。她整個身體小巧玲瓏，因為「生命的愉悅」而散發芬芳。她的臀部大而渾圓，珍珠一般，令我心儀。沒有第二個女人像她這樣令我產生真正的情欲，她是空前絕後的——我是病態的同性戀者。上帝饒恕我，她如此迷人，我衹願重新亢奮起來！是因為春藥？還是因為我所面對的魅力無法宣之於外，衹能默默享受？當時，我性欲勃起，激情百倍，想到，「傷入肌膚[13]，這（愛的）傷痕將伴我一生。」繼而太后要我將塗香的手指伸進她的陰戶，再以我的唇吻著那寬綽的表面。接著，如我所料，她讓我伏在椅前，燈光耀眼生花，鏡子反射出我的臀部，她將之比作桃子，對我實為恭維；她細細看著我的肛部，再令我用兩食指扒開，她將留了長指甲的食指撫摸了一會兒，伸進（令我很感不適）我的肛門。她再靠近一些，將她的陰蒂緊貼我的肛門，她把它雅致地比為「玫瑰花苞」。她將陰蒂（就像瑪麗・安托瓦內特最喜歡與蘭巴爾王妃做的那樣）在我肛門處摩擦，約莫五分鐘多，這快美的觸擦令她喊道：「舒服，好受」。不知為何，我感到一股黏液噴出來，濕了我的肛門內外。

「大眼，」她道，「我猜此處常疲於應對。」

「是的，太后，我不否認，對此也感羞愧。」

「有過多少次呢？」

「多如牛毛。」我回答時並未臉紅。

「人各有品性，皆造物所賜，」太后道，「我們不過傀儡而已！所好不同。」

接著，她以象牙扇柄敲打我的臀部六七記，劈啪作響。我的性欲依然不減，她粗魯地說道：「現在你可以肏我，可是臨走身子時候，你言語一聲，我願你把巧子拔出來，往我嘴一擱，我好把精咽了，得以養神。」（奧斯卡•王爾德曾言，男人精子吞咽下去於身有益，不知他何處聽來！）

我自然聽命。拜春藥之賜，這一番行事著實長得厲害。我快美已極，猜太后亦如是。她的高潮與我同步，不過我照她吩咐，得以在她口中射精。「酸不積的。」她道。

「抱歉，太后。」

「無需道歉。我喜歡，就好這酸味。」

此時已至午夜，她傳李進來。李顯然便候在左近，多少聽得到我們的動靜。無疑，我二人的交合成敗與否，他身負其責。

「好痛快，」她道：「現將侯爵帶出去吧，但四時再召他進來。我要給他官晉一級，從三等侯爵升為二等侯爵，賜三眼花翎，以資紀念我們的相會。這會兒退下吧，我小睡片刻。」

李十分興奮：「作臉，爭氣；我從未見過老祖宗如此滿意。」

「要多謝您和您的藥。我想我要重煩高明，再討一劑。」

「先躺幾個時辰吧。我會要下人在合適時候叫你，等下一場。」

我開始感覺到極度疲憊，幾乎不能合眼，無精打采地躺在電扇下。我像剛出生的嬰孩一樣赤裸躺著，全身綿軟無力，無法相信自己竟受到九有至尊，江山之主，一個泱泱大國的統治者的垂青。我想一夜內盡歡兩次，我將成為怎麼樣的廢物？我還怎麼回到寺廟裡，非栽倒不可！太后會從此經常召見我嗎？我是心有餘焉，衹患力不足矣。

過得片刻，李拿了壯陽春藥回來，要我服下兩倍的劑量。這次藥效發揮用了更長的時間，雖然緩慢，我還是達到高潮，再次感到上次的激情。太后召我之時，我已經挺然翹舉，昂然待命。我們像上次一樣再幹了一遍，不過這回她叫我在性交時射精。我把握的時間恰好，兩人都興奮至極點。其間，她詢問我在龐貝的見聞，我描述了那不勒斯波旁博物館密室，她大感趣味。一好色的山羊與同樣猥褻的人交媾，龐貝一名羅馬戰士將他巨大而高舉的陽物拓在長年積累的火山岩上，牆上一幅畫描繪丈夫從後面與主婦性交，僕役手捧春藥，好奇而淫蕩地走近。

一切便如婚禮的鐘聲一樣美好，直到李進來告知太后，到了清水癮——早上的鴉片時間，接下來她要去聽軍機處的奏稟。早上頗有寒意，她穿上一件更暖和的外袍，而我下體仍赤裸著。她體貼地賜茶於我，讓我告退，下午再來。「在你走之前！」我回到住所，沐浴更衣，小睡片刻。七時許，聽到轎夫喊道：「太后回宮！」侍奉我的太監送上點心，其中有補氣的燕窩，真是及時，因我已經筋疲力竭。

上午，我在湖邊稍作散步，不期竟然遇到光緒，乘著藤製的御椅，並不友善地審視著我（在我跪下請安時），然而並未要我解釋為何會在皇宮禁地出現。

因為室外太熱，李和我在我的房中共進豐盛午餐。一時左右，他給我帶來第三劑春藥。在其超能支持之下，我再獲高潮，讓我那仍未知足的麥瑟琳娜終於滿意。她吻我，千百次地把嘴唇貼在我私處、肛門。為了雙方的歡愉，我全力應對，再次成功。她深情地與我告別，吻我的臉、手，告訴我說，我的宜人性欲和純真魅力讓她非常高興。她說：「莫讓他人知曉。」但是在中國往往無密可保。我想，此事很快就會添枝加葉，傳遍域外。太后命李給我五百兩銀子，賞賜僕役和轎夫。我給李蓮英身邊和善的諸人留下類似數目的銀兩，但他一文未取，反而告訴我，會很快把那個年輕的太監送到我的廟中，費用共計二百兩銀子。

我備感虛弱，坐進山地轎子之前，路途雖短，卻酷熱苦人，我不得不著人攙扶。回到廟中，正是日落時分，巧遇廟中僧人，他說：「汝容顏甚衰！」我的樣子疲憊倦怠。

我的家丁自然都是非常地興奮。老佛爺給的無上榮耀，讓他們與有榮焉，比起他們的主人並不稍遜。我想，事實上我的管家完全相信，與太后交歡的是他！

在中國，確實是消息傳播如飛。第二天，我在廟中空地吹風。村人見我，其一曰：「你可見到那個鬼子？」

「是啊，他又如何？」

「你可發現他有何不同？」

「並未發現。他的容貌倒是非常好看。」

「嗨，**他肏過老佛爺，他到了頭兒啦。**」

其他人說：「多大的榮耀！**賞多大臉！**」

又及：在我生命之盡頭，念及浮華歲月、虛幻權勢、墮落帝王、過往王國，佛祖之說令人心折：「無欲無求，方得至樂」。

1 瓦勒拉・麥瑟琳娜 Valeria Messalina（卒於西元四十八年）是一位羅馬皇后，她對其夫克勞迪亞 Claudius 的影響甚巨。

2 菲利浦・克里斯托夫・馮・柯尼斯馬克（Philip Christoph von Königsmark, 1665-1694），瑞典男爵，英國國王喬治一世（King George I）之妻索菲亞・桃樂西婭（Sophia Dorothea）的情人。後來事敗，男爵為國王所殺。國王與桃樂西婭離婚，並將後者監禁終生。格利高里・波坦金（Grigori Potemkin, 1739-1791），俄國貴族，葉卡捷琳娜女皇（Catherine the Great）的長期情人。

3 一種混合型的草本藥物，據說能緩解關節炎、治癒習武者的骨傷。

4 維吉爾 Virgil《埃涅伊德》（*Aeneid*）二・五四四。

5 字面上的意思是「三足鼎」，這是古代的一種炊具。

6 維吉爾 Virgil《埃涅伊德》（*Aeneid*）一・二八三。

7 在此語境下，其意似乎是喜歡女同性戀行為、喜歡在物體上摩擦陰戶和陰蒂的人。

8 性欲中心是我的肛門。

9 產自湖州的一種絲綢。

10 清代晚期流行於滿族和其他宮廷女子之中的一種髮型。

11 萬字不到頭是一種迷信的刺繡花樣。

12 尤維納利斯，諷刺詩六・三二三。

13《埃涅伊德》，四・六七。

第五章 眾位太監

我與麥瑟琳娜交好七日之後，一位姓連字子延的俊美太監乘一輛華麗馬車來到我的居所，陪同的是若干轎夫，手舉黃色小旗，行李上都印著「皇差」字樣。共六箱波馬利（Vranken Pommery，法國香檳），四箱艾尼索卡——老佛爺酷愛的一種高加索出產的茴香酒，兩打不同種類的巴黎香水，一對雍正的蓋碗[1]，金光燦燦不可逼視，還有其他雜物，雪茄，各色香菸以及（說來奇怪）六枚印著「偉大君主」統治時期（一七〇二）的金路易[2]，我猜是由傳教士進獻給康熙皇帝的。太后陛下確然恩澤浩瀚！李蓮英附了一封禮箚：

老佛爺傳旨嘉獎，以示讚許，望你依然勝力。她盼你有所節制，你血氣方剛，萬勿疲勞太過。欽此。送你一份薄禮以投素好。應差事忙，否則定趨臺端，所幸相唔不遙。英叩。

正如塞維尼夫人（Sévigné）寫到羅尊（Lauzun）與「美麗的小姐」（La Grande Mademoiselle）令人神往的一幕，「你絕對猜不出」[3]都總管給我的「適宜」之禮為何物。內有兩打巴黎最新式樣的保險套，四條全新的鞭子，是宮裡用以笞責行為不端的太監所用。這對我的畸形嗜好無疑是鼓勵。

我覆旨道：「奉恩自上無地見容。恭蒙親溫之詞感愧奚似。仰承蔭蔽，賤軀尚佳，當效馳驅，答報慈恩於萬一也。遠臣九叩。」

我回信給李蓮英：「厚禮相贈，正中我懷，不勝感激之至！盼再相見……」我於名貼上寫：「敬使銀五百兩，得自在下滿身銅臭之管家。」

連子延如同黎明般清麗，年方二十四。不如我的桂花美貌——「我如何能忘記這個名字，以及所纏繞的悲戚？」——我曾提及，他這太監是個虛名，他沒有假音，臉上也不像其他太監那樣鬆弛，他雙眼閃亮充滿誘惑和激情，便如兩點燭火，照耀紛繁世界；他的唇情欲萬種，引人想入非非；他恰似踏上異國土地的征服者，輕而易舉將我俘獲。

「我從都總管處為您再帶了一些媚藥，但我猜您並不需要，我也不用的。」他挑逗似的眨眨眼，說道。

就我以往服藥的經驗，衹有在緊急事態下我才會服雙倍劑量（我有否提到李蓮英曾好意送我一瓶春藥以備不時之需？）然而我確信我與連子延相交時，衹憑自然之力即可，便似野馬在蒙古高原恣意馳騁。連年輕氣盛，又並非貴族出身，對僕人並不像我其他滿族朋友一般親善。他對他們頗為倨傲，我看得出我的管家將他視為不速之客，令主人勞心傷力。連篤信菩薩，今日是七月初一，他到寺廟正殿上了香。他裝束正如「時尚的鏡子，行為的規範」，一如既往地散發著濃烈的桂花香氣，招人妒怨。他對我奉承，頻送秋波，我那僕人（如晨星般傲慢）顯然甚為不屑。

唔，讀者（既知我不拘禮法）很容易想到，我們享用一場盛宴，暢飲了老佛爺所賜的香檳酒，那酒來的恰是時候，因我沒帶任何酒上山，炎熱天氣向來不喝。飯後我們即刻放蕩一番，細節便不贅述，老生常談而已。他提醒我，需令他回饋我之激情，在他而言，是「比希律王更希律王」（《哈姆雷特》）。他那陽物甚長，極具挑逗性；但陰囊已經被部分摘除，勉強稱其為陰囊，我能摸到其中的睾丸。但這決不影響他的性交，射精時照樣濃厚暢快。我與他行了口交，再不停吻他的陽物和臀部，如此這般之後，令我驚奇的是他堅持與我在兩腿間再幹一番，這在同性戀間並不為人喜歡，因為「跑空」，對身體無益。同道中人均以為，這般性交歡愉不足，平淡無奇，但子延心念已決，認為，如此我能在緩慢的交媾同時將食指插入他肛門，可在高潮時更增快感，靈魂出竅，靈肉合一，狂樂無極。誰言人生乃虛無？或許是一場幻相，但回首時快樂卻是永久（我記得在學校這種手法很風行，但相較在肛門曼妙的摩擦及伴隨而來的射精，此技對被動一方而言殊無快感）。但第二次時，連又使了古老的方法；我們放縱擁抱，繼而他言道，他渴望鞭打我的屁股（義大利人稱為「蘋果」），便用剛剛收到的「禮物」。我提醒他，「禮尚往來」，若要我接受他的鞭打，我必要先鞭笞他的臀部。他勉強同意，先是痛打我一番，讓我回憶起在學校所受之笞楚（我的僕人忍不住喊道：「大人的屁股快成鐵的。」）之後他大方地伏在長椅上，我在他動人的屁股上抽了十幾鞭，下手並不重。他已經大大失態，呻吟呼喊道：「施恩，住手。」

對疼痛的反應是因人而異，差別頗大，或可說各人的耐受力不同。在學堂時，我們經常被體罰，猶記溫斯頓·邱吉爾會大呼小叫，不等打在身上便已經膽怯逃開。其他男孩（包括我）儘管痛楚難當，卻並不呻吟，也不逃竄。但我懷疑堅韌的自律衹會導致對這體罰制度的強烈厭憎。我被罰之後，常常一邊冷敷我受傷的屁股（我們被揍之後會被遣回宿舍反省過錯），一邊胡思亂想，想得入神反而不會哭泣，甚至想過去謀殺虐待成性的教師。我的同窗格拉夫·凡·凱斯勒（Graf von Kessler）為俾斯麥門生，母親為愛爾蘭人，他在回憶錄中描述在學校受金納斯里博士的殘暴鞭打，如果向新聞界透露，必定會引發一場社會醜聞。在體罰下我們不幸的屁股爛得如同一塊牛排，皮開肉綻，鞭痕斑斑；然而學校檢察官視而不見，我們被公眾遺忘，默默受折磨。然而自有天理（阿忒復仇了，這是希臘的復仇力量，萬神背後的女神），校長若干年後在鞭打一名小男孩之時心肌梗塞而死，我們這些少年商量，將他在最後一次施虐時使用的樺木棒放在這「奧比留」式教師的棺木上，作為這位尼祿（Neronian）似的殘暴成性的虐待狂的標誌[4]。

我如狄更斯所說，又「思想漫遊」了。無論怎樣，連在痛苦時毫無儀態，還有一絲憤憤不平，儘管事實上我擊打他很輕，像用一支睡蓮而不是木棒一樣。不過他很快不再生悶氣，我們度過了縱情的一夜。黎明來得太早，我歎道：「我不想失去他：親愛的夜晚，停住吧！」我們難捨難分，再次互相撫慰，又由他連續行了兩次肛交（這次為正常程式），他的剛猛令我驚喜，簡直無法理解。口交、搔弄、玫瑰葉、無花葉、各色各樣的親吻，「我們無一陌生」[5]。他嫵媚不如桂花，卻放蕩過之，我已完全沉迷於他的飽滿激情，對我的回應也同樣熱烈。晨宴後他離開我去了頤和園，拿著二百兩賞銀，看上去相當愉快。這一番花費不菲，若是妓女，同樣的酬勞要工作十五日才賺得。「心之所向，銀之所去。」從此我倆常見面；我不知是否要將其列入我的太監寵幸錄中，因他這太監是祇有其名，卻無其實。

一個月之後，約是一九〇四年九月六日，我回到京城，不知還會面臨何等奇遇。太后的七十大壽已近，因此她仍留在頤和園，我猜她會再召見我。果然，與太后陛下再次會面，詳情與上次無異，借媚藥之力，坦白直言，也是我出自內心被太后之魅力吸引，我連做了兩次，或是三次，我無意間發現太后陛下「行話」的語彙量如此之大（和「巴拿馬」[6]不相上下），男女私處，有關器物，種種形容，令人歎為觀止。

她稱我為「熟識鬼子」，因而令我廣招妒忌。她情欲充沛，但卻不能（她該很願如此）在朝廷內的英俊滿人之中為所欲為。因此在某種意義上，我不過是濫竽充數而已！在我卻非如此，我對她即便不是澎湃洶湧，至少也是盡力而為；事實上，太后陛下確實誇我「淫的利害」，聽來不似過獎。

自然，我也未敢坦言道：「夫人，可是五個人幹不過您吶。」我與麥瑟琳娜淫亂一次，需七日或更久才能恢復。正如被稱作「帝國詩人」的吉卜齡（Kipling）在另一種場合所言，「無力犯罪，遂我所欲」，力與心違。

儘管與本章無關，我還是願在此處提及一事：我二次造訪頤和園時，皇上遣人召見我，與我單獨會談，我深感榮幸。自然事先我必須徵得太后同意，才能去皇上的「辦公書房」。不過皇上既不「辦公」，也無「書房」[7]。

她笑道：「別講淫話，也別讓皇上『玩兒你』，否則我饒不了你二人！」這是第一次有人向我暗示載湉有同性之好；但即便如此，在我二人的簡短談話中他並未流露出邪狎之色。

「你便是太后喜愛的那洋鬼子（原話如此）？你怕她嗎？」

「是的，陛下。一看到她的鳳儀，便會令我滿心敬畏，好似觀音菩薩再世。」

「我猜你與別國的皇后都有過『交談』，比如貴國，他們都喜歡她嗎？」

「不，陛下，我衹曾幸晤俄國沙皇及皇后，與我大英帝國亞歷山卓女王見過一兩次。」

「你為何不參加太后的朝廷接待會？」

「我並非外交使團成員，至少非正式成員；另外，太后陛下更願私下會晤。」

「私下，」光緒冷笑道，「是的，我朕狠明白，她最好如此，更為祕密有加無已。」

我猜我二人都是如履薄冰，皇帝改而談起他諸多的個人不幸，我這才大為寬慰，諸如，有位使團「夫人」在太后召見時用力捏他的御手，太后非難他「有失體統」。「有失體統，恕我直言，」皇上道，「你們國家的婦人根本無體統可言。不過我歡喜你們的孩童。」

短暫的會晤中我謙卑地跪於堅硬的磚石地上，連一方小墊也未用，皇上陛下的貼身太監（他此後為他的主子送了命）進來道：「老佛爺讓他的外國人立刻回去。」聽到此話我鬆了口氣。

「很好，」光緒道，「你跪安吧；速去面見太后，否則她責怪於我，事情更糟。」

皇帝之情愛取向到底如何，我無法判斷。他駕崩之後，遺體看似性徵正常，倘他願意，能夠像路易十八那樣性交。但我可以直言不諱地說，他性情暴躁（同時）易動肝火。他眼底嘴角都帶著怒氣；時常發火，其餘整日沉默，是老佛爺最不喜的品格。

「喏，」老佛爺道（我入內時），「你瞧我來救了你，否則皇上（在我面前她一直稱他「皇上」，不呼其名，祇一次例外）會叫你跪一輩子。我打賭他問了你對我作何想法？」

「是的，太后陛下，一點不錯。我告訴他您是世上女皇之女皇，上天駕臨凡世的女神。」

「真是傻孩子，」太后聽了我的回答，顯然十分歡喜；「你不知他恨我嗎，他還想過取我性命（一八九八年），你對我忠心，他必記恨。」

「祇要有您觀音菩薩的庇佑，他便要怎樣對我都可。」太后玩笑地（這一次）拍了我的面頰，而非如上次一般拍我那不光彩之處。

她吐出幾句粗話：「肌巴味兒，放他的屁。」這話就如《紅樓夢》裡王夫人說：「真叫個放屁的事」。

適逢恭親王（溥偉）今晨到頤和園覲見。人稱他為「大巧子」，確乎名副其實。我二人曾聯手玩票排過戲，彼此十分相熟，他在湖邊見到我就歡呼道：「哈，是老巴；今晚到城裡來看我吧。你在此處作甚？」他敏銳地問。

太后要我與她辭別，再問道，我是否真的為她傾心，還是不過是為討好她而大肆渲染。「夫人，」我道，「你在我的親吻中必能感受我的內心，即便我這凡夫俗子，也能在您的親吻中（感謝菩薩賜我這一榮幸）感受您的高貴之心。即便我在靈慾合一時，也能感受陛下的神聖無匹。」我給老佛爺講了巴克斯（Bacchus）之母施美樂（Semele）的故事，當宙斯一身盔甲出現在她面前，她被雷火燒成灰燼。

「你那宙斯該當隱瞞身份，」太后道，「便如我這般，屈尊俯就，至少同你一起時，我和你一般身份，不是你的君主，就像傳說中的月神愛上凡人。你想到我時可會有情欲？」

「哦，確實，老佛爺，我那話兒要將褲子戳出洞了。」（關於這說法，我必須愧疚地承認我是撒謊，而且我拾人牙慧。卡塔路斯 Catullus 在他寫給心愛的「麗斯比雅」——其實是名譽不佳的克洛迪亞 Clodia——的情詩中如此說。克洛迪亞在朱利斯•凱撒時期的羅馬時代名聲頗臭。其兄塞克特斯•克洛狄烏斯 Sextus Clodius 道德不良，卻是未來統治者凱撒的得力追隨者，當時正在遠征高盧，後來被米洛 Milo 殺死，）。

「我不信你，」老佛爺道；「下次再來。你那濫情須得收斂一下；否則你會年紀輕輕就死於房事過度。再見。」

我再三叩首，恭敬離去。回到城中，我如約造訪恭王府，那是《紅樓夢》中賈家榮國府的原型。我被帶入親王殿下溥偉的起居室。一個怪異陰鷙但相貌姣好的太監朱恩明，與其主人（及情人）形影不離。親王問了我一些關於太后和我的尷尬問題，我自然不作正面回答，信不信在乎他。事實是，因為流言不斷，我們的「密交」——如果我可以如此稱謂女神與人之間關係——已經在皇室中人盡皆知，（我擔心）在不那麼尊貴的圈子中也如此，儘管我類似波特金（Potemkin）的身份從頭至尾僅限於他們的猜測。《詩經》有曰：「中冓之事，難言之隱。」

親王殿下畢竟與同性戀的老恭親王是一脈之裔，他與我講起筆記小說中的各種奇聞祕事。我猜到接下來他便會具體暗示我，憑經驗我知他必是箇中同好。然而，正當他準備（朱恩明並無尷尬回避）向我展示他長大的陽具之時，另一名太監手持名片進房，客人是奕詵，與其祖同輩，也是皇室。親王不得不到隔壁庭院的主會客廳去接待長輩。

他離開片刻，便發生一樁事體，不能說是小題大做，對我這當事人而言十分嚴重。恩明兩手叉腰站著，看上去氣咻咻，悶了一肚子窩囊氣：「我直截了當，爽得乾脆。若親王要你幹他，無論你二人歡喜什麼方式，我完全不管，隨您二位便，前後一律，但如果是你想『幹』王爺，我就捅死你，再自盡。我跟瘋子一樣，吃醋亞賽，被火所燒的。無論男女，誰也不許奪我對王爺淫情所應享之權。」

恩明氣勢洶洶，我猜他不會當時當地刺死我，便如砍了哥迪翁結[8]一樣一了百了。他貌似凶狠，但也許不敢果然付諸行動。我盡力安慰，莊重立誓道，在任何情況下，我都不會求親王陛下以萬金之體，上我污濁之身，也斷斷不會要他受我驅使，因此絕不會竊取他（恩明）私有之物。後者聽我如此回答，甚為滿意，為顯示其喜悅，他給我看其仔細熏過香的臀部與肛門，還有在淨身之後留下的小小尿孔（露著紅肉），以及一截陽具和陰囊。陽具既不可愛，陰囊也不是姣好垂懸，而是近似紅色的疤痕，雖然乾淨幽香，依然是刺目。不過那小孔已經如客歲黃花一般萎縮：

「光榮屬於希臘，偉大屬於羅馬。」這是塔列朗在百日政變之後第二次維也納議會上所做評論，純屬地理概念。恩明並無顯露惡意，許我前後親吻其陰處，那裡散發著類似木樨草的宜人清香。輪到他扣我眼兒時（我已描述過其過程）他將我那話兒握在纖滑的手中，頗為遺憾地把玩，將他石榴般的唇緊貼在我尿孔上，似乎對他失去之物不勝愛憐。

倘讓我二人單獨相處多一陣子，我不知道會發生何事。但是親王的客人告辭了，溥偉和茶房回來休息抽煙。恩明含情脈脈地挨在主子身邊，心滿意足。親王邀請我晚上早些時候到新淨澡堂子一聚。

回頭說恩明專制嫉妒的品性，我在此處必須多寫幾筆。宣統三年，恭親王府發生一樁愛情悲劇，聳人聽聞，是滿清帝國在緩慢衰亡的途中又一變故。恭親王與另一名喚蕭瑞的太監「肏屁股」時，被如秋扇般迅速失寵的情敵當場捉住。恩明在蕭瑞正歡暢時刺進他肩下致命部位。蕭當場斃命。親王大呼：「救人，來大夫！」但不等人來，恩明已刺向這清太祖武皇帝、奴兒哈赤（漢文亦譯為奴爾哈赤）[9] 的好色的後人 [10]，親王受了輕傷，而後他將刀插向自己的心門。此事官方祕而不宣，但北京城對這樁曇花一現的醜聞是人盡皆知。恩明的傷養了數週，最終痊癒，大約七年前才歸西，比他從前的情人主子活得長久。另有一事有損大英國威。英國使團的格雷醫生，是個名譽不佳的被動同性戀者，親王被其吸引，傳他到恭王府作醫事健康諮詢。恩明便如先前警告我一般，告誡他倘胡作非為，被親王搞了，必定親手取他性命；格雷連屁不敢放，想方設法，在恩明在任期間，再也沒有踏入親王府。但我猜親王與「高明的大夫」常常在別處過夜，格雷是個樂於助人的被動者。

我聽不明就裡的人們曾道，太監（中國或土耳其）都有體臭，且遺尿，事實並非如此。我九〇年代在君士坦丁堡所遇的所有閹奴，以及之後在中國（我看到也知道數十個）不但絕無尿臭——實際上，他們比尋常男人更潔淨——而且，無論是他們前方的「空門」還是肛部的情欲「通道」，都是清香芬芳。

我們信守了澡堂之約。親王、恩明與我訂了兩間互相連接的**雅座兒**。恭親王與他在一處同浴，我在另一處。我三人便如百萬富豪克拉蘇或者馬穆拉所處的羅馬時代的奢侈青年。馬穆拉是凱撒寵愛的同性情人，被卡塔路斯尖刻地譏諷道：他一月才排一次便，因此非常適合肛交——我是紫羅蘭香，撲鼻而來，令我溫柔地想起聖潔的莎拉（Sarah）[11]。恭親王是濃郁的玫瑰水，恩明是他喜歡的木樨草，混合著特意點的美酒醇香，以及煙草，使得我們三人都激情跌宕，正如居魯士（改道）巴比倫河水時傾盡全力[12]。三人按何種順序做愛，頗費周折，我們以中國式禮儀商定：即，恭親王首先與其太監雲雨，我在當時也無甚羞恥之心——如果本來還有的話——我便如瓦上的公貓，或是「五朔節」[13]的狂歡者，在一側豔羨旁觀。其後的場面可想而知。親王將他尊貴的臀部呈於我，我二人盡情盡歡，恩明滿意地看我兩人親密，不時擊掌而讚。這三角情事最終是各自盡歡。解決矛盾之道十分有效，頗值得在更嚴肅場合——如政事中——借而鑒之，例如，在即將召開的柏林議會上，為保世界和平喜樂，竊以為可將大英帝國之瓜分（如切南瓜一般）[14]作為主要議題。

於是我三人——愛新覺羅親王、太監和「英國海盜」（正如維吉爾所言，這個國家已經從人類各種族中脫離）[15]，都赤裸裸的，各自撫摸各自，恭親王並不反對我玩弄恩明雪白美好的屁股。

進來一個俊俏的澡堂差役，按滿族對皇室貴族之禮，向親王行個雙安，朝我是通常地請安。「親王殿下和侯爺一定累了，給您搓背鬆鬆筋骨吧。」他並未提到恩明，恩明盯著他，盡力以毛巾束住腰，掩飾那缺失的器物。（太監們都忌諱在陌生人面前露出他們的缺陷，不過對我卻從未顯出任何尷尬。）按摩師名喚榮貴（其後我會提及其兄榮吉），顯然十分清楚我們適才所為，大讚親王的陽物，所用之詞我在北京從未聽聞，儘管我在巴拿馬常歷此事。他也讚了我的（禮貌起見），不過用詞尋常得多，比作是矛頭（這比喻在盧特斯也聽說，但現已不用）。我感到他在向我二人示好，這使得恩明妒火中燒。一番按摩之後我精神大振，向兩個同伴道了別，承諾他們再聚，下次再來澡堂子。

九月，老佛爺為賀自己七十壽辰，給親王殿下加封王子，大約一二日之後，我的門房拿了慶親王總管太監殷浩然的名片稟報，「他有要事要見主人，」他半含笑容道——現今我的家人已發現，我的所謂社交召見，都是淫狎之事。維吉爾說得不錯「通向地獄的出口如此容易」[16]（我要在羅馬帝國詩人之後加一句對比：但到天堂之路卻是陡峭），不過我與慶親王是摯友——沒有任何淫穢含意在內，經常在他府上相聚，對他而言我便似政治咨客。他的同性戀傾向一如他「對金子的天賦貪婪」[17]。現榮祿既去，親王府便成了謀官者及狎客紛至遝來之地。

殷浩然被引進會客室。他面目清秀，身材標緻，是天津本地人，四十多歲。他此行目的頗不尋常，來為慶親王作中間人，約我與慶歡會，在這之前，俄國公使雷薩爾先生從兩方面——主動和被動——皆可令他滿意，現在病入膏肓（數月後斃命），而華俄道聖銀行大名鼎鼎的總裁波科蒂洛夫先生，後來接任雷薩爾成為公使，雖與親王私交頗密，卻不欲與他有任何情欲瓜葛，他自己尚有情人及遠在西洋的女顧問疲於應付。

殷又生硬地加了一句話，令我略有不憤：「閣下每侍奉親王一次，他必重重有賞。」

我頗為惱怒地答道：「我的肛門（或眼兒）不是賣的；如果王爺所要的是教我跟他幹一下，我不指望這個為生。有的是相當的人物足供我癮罷了。要是他讓我被他交媾，以年邁氣衰之老叟焉能成功？春秋最高，輩分最重，不亦恥之？」我自然不願親王（我與他連半次性交都未曾有過）在幹事時落得愛德格•富爾（Felix Faure）那樣的下場，況且人說他肛部感染梅毒，陽物流膿。

殷告訴我，就像最後一位康得王子——他在被偽造的遺囑（很有可能，因他痛恨篡位的奧爾良家族）中將香緹城堡（Chantilly）留交歐瑪公爵（Duc d'Aumale），以及俄國將軍斯科別列夫——他在莫斯科一家旅店被悲慘地謀殺，短暫的四十餘年戎馬倥傯，死得卻不值一提——二人一樣，慶親王也習慣於懸於梁上以致勃起，自然需下人監護才可。我提醒他千萬小心，事實上，慶親王一九一六年才壽終正寢，享年八十一歲。

慶親王與我依然保持著親厚的友誼，一九〇九年五月皇上聖體奉移之時，專門在後門建了一座涼亭，供日本俄國特使以及挑選的外交使團及外國客人觀禮，慶親王暫時離開行進隊伍，與官員客人寒暄，但一眼見到他的老友——我，立在亭子一角，便顧不得失禮，匆匆來我身邊，與我親密攀談，多是各色各樣關於各國使節閣下們的醜聞。

婉拒殷之後，我問起他成為太監的苦痛過程。他告訴我，他被閹那日二十九歲，正是性欲蓬勃之時。周邊以中藥膏麻醉，他未感到絲毫疼痛；紮了一種止血帶，或用了某種止血儀器，因此出血不多；切斷陰莖很順利，但切睾丸時有幾下痛得厲害。傷口用烙鐵熨了，敷上止血膏。接下來數日，最大的不便是撒尿。據他講，漏得像篩子般，但整個過程並不痛苦。他大方地亮出他的生殖器。尿孔是個小小通道，倒並不醜陋難看，似乎不曾發炎，也沒有遺尿，倒是刻意熏了香，也異常乾淨。

殷和我道別時已十分親密，我請他向親王代為轉達鄙人謝意，他誠意邀請是我之榮幸，然而，他貴為大清王朝與西方交涉的最高官員，我實不配領此殊榮，這於親王令譽有損，倘在各使館間傳得沸沸揚揚，更為不妙，我之位置亦是不保。

本節私以為有必要提及讓・雅克・盧梭（「距離遙遠」）[18]與在下之間一則奇怪的相似之處。我曾講到少年時代所受的殘酷體罰，但未曾談到，儘管無數鞭笞讓我可憐的屁股吃盡苦頭，也激發了某種性欲，我那陰莖會興奮勃起。盧梭的《懺悔錄》中也記錄了同樣經歷，每當他受家庭教師的笞撻，便會有一種美好的興奮。

慶親王頗為急智。當時北京有位蘇格蘭醫生，欺世盜名謊話連篇，名叫科克潤[19]（Cochrane），追隨李蓮英，日前據傳閹了許多人為太監，既是服從上帝旨意，自己也撈了一筆財。儘管他自我標榜為最純潔的清教徒傳教士，但許多人都知他與一名名喚翠喜的中國妓女有染，當慶親王召他診治肛瘡（我既非醫生亦不懂性病，不知那狀況有何學名，但我知親王殿下的肛門已經潰爛，腫脹日益厲害），那蘇格蘭人尖刻地道，同性戀的淫人最易患此病症。親王知其底細，極為不滿他的粗魯，從容答道：「與異性通姦的淫人又當如何？是否與我同病相憐？」一針見血，醫生臉上時青時白，不等道別便溜之大吉。

十一月太后陛下七十壽典之前，她召見我。這次李蓮英致信如下：「欽奉懿旨，忠毅侯巴恪思今晚來湖（昆明湖，萬壽山——頤和園）預備召見，欽此。」我注意到老佛爺送我兩字的敬稱，在我「侯」的爵位之前賜我「忠毅」二字，這新榮譽令我備感榮幸（對洋鬼子而言）。（太平天國叛亂時期的救星曾國藩，被賜號「正毅侯」，李鴻章生前被封肅毅伯，身後加賜肅毅侯），這是清朝對漢人的最高賜封。能夠忝列於「如許智者之間」（但丁）[20]，與一干心腹高參相提並論，幸何如之。

太后享受著我，我也享受著她的芬芳玉體，與平時無異。她限我做愛分兩步即可，無需三步，我完全令她滿足，暫時平伏她燃燒的慾火。她再要我在口中射精（這舉動類似一些老淫棍的習慣，將洋李或棗子放在陰戶內，隔夜拿出吃掉），我照做：顯然這樣的愉悅——如果有的話——是愈久而彌增，想到此處我覺得十分榮幸。天氣涼爽，讓她性欲大增。我絕不是安東尼（亞洲的安東尼）——我始終覺得此人在歷史上是被刻意惡評的，因為我們現存的史料都是他的政敵所寫，那些人想與其爭奪奧古斯都•凱撒之寵——但我可以想像克麗奧佩特拉遠遠比他性欲旺盛。我與老佛爺處了大半夜，她似乎不願放我離開。我們正狂亂中進來一俊美太監，手捧燕窩湯，正是我需要的。他一眼就能看到我二人是赤條條的，老佛爺道：「我跟侯爺正玩兒。」這貼身奴才答道：「請老祖宗消遣。」宮中如此隨意，實在令人不解。君主與太監互相調侃，毫無約束拘泥。事實是，人人都知要與老佛爺保持怎樣的距離，稍有閃失放肆，不是被鞭打而死，就是砍頭示眾。儘管在我，倘有一言不合，最多不過是惹她大怒，免職遣走，我也照樣需要打起小心，取悅這喜怒無常的老祖宗。

維多利亞時代名媛亞瑟・羅素夫人（Arthur Russell）是我親戚奧多・羅素（Odo Russell）爵士的弟媳，奧多・羅素後來成為安普斯爾（Ampthill）爵士，一八七八年柏林議會期間擔任英國大使，俾斯麥對其評價甚高。（其子克勞德，後來被封為克勞德・羅素爵士，是駐中國外交大使書記）她曾於幾年前在保定府拜見過老佛爺，當時對我說，全世界的皇宮貴族她也見過許多，但從未遇到如此大方友好的人。自然太后祇給她看了複雜性格的一面，（我相信）蘇珊・唐利（Susan Townley）夫人形容其為「戲謔」。

此時，老佛爺如我隱約猜到的那樣，晉升我為一等侯，作為她七十壽辰之賞：我猜那些溜鬚逢迎的朝臣，不會因我晉爵而更喜歡我，但親王爵爺們都是真心喜歡，其中一人道：「愛情可以平步青雲。」

也許我不該如此說，但我猜想，倘若老佛爺能夠多得延壽若干年，我或許已經升至一品公爵了，儘管我從未垂涎過。今日我的清朝封號就好似倒閉多時的一家公司的招牌，就好像我的撒克遜—科伯（Saxon-Coburg）男爵、俄國貴族封號、兩個從母輩繼承的無用的貴族頭銜，世襲爵位委員會拒絕承認它們，是溫莎家族時期的男爵，現在也成為過期匯票了。就此打住。可歎，可歎，如法國人所說，世界充滿無用的東西。這本卑劣小書，不過是「醜聞編年史」罷了。因此我有意略過老佛爺七十壽辰所舉辦的各種盛大典禮，排雲殿中，皇帝為首，帶領皇室成員和文武百官，向她三叩首，太后坐在寶座上，雍容富麗，身穿珠光寶氣的華貴朝服，就像奧利匹亞的赫拉一樣豔麗生輝，真正的菩薩化身（觀音菩薩——人們祈禱時念叨）。她單獨接見我，以君臣之禮，絕無半點親膩調戲，與那些個不同尋常或說隨意的場合不同，那是我走到人生盡頭所回想的溫馨回憶。今日，我想到她無與倫比的高雅嫵媚，「甜蜜如臨終前記憶的吻」，我猜，比諸情欲全盛時期的克麗奧佩特拉或者凱薩琳，她也是不遑多讓。確然，「她風華無限，不隨年齡枯萎，不隨歲月凋謝。」到今天，祇有記憶還在，「美好記憶，美好記憶，當一切都逝去，至少有你。」回到本文，這也是那些太監的心聲。

朝廷回到城裡之後，李蓮英邀我到他在天主教堂附近的府邸一聚。我如約到訪，他給我看他那可憐的「寶貝」的紀念，那是他失去的陽氣，浸在燒酒中，那陽莖從前一定偉岸可人，睪丸碩大，這東西是要在他身故之後，再縫到他身上的。

李如一頭公羊一般躍躍欲試，令我除了衣衫，我豔羨地凝視著他展現給我的芬芳身體，他同時深情撫摸我。我記得一支小曲唱到：「心有思慕，可親可愛」，不知他意欲何如，我頗為擔心，原因很簡單，如果他提出要與我性交，我祇能婉拒「不可」，雖然曾有一次，我與可愛的占偉都同意與他口交。但謝天謝地，他的要求祇是要我搔摸他的肛門及四周。作為償報，他願意拿了我的巧子手淫，我未同意。他說我中指撫弄，讓他享受到同樣的快感。的確那裡流出黏液來，令他的猥褻達到高潮。

接著李蓮英授我一招，他稱之為「愛情程式」。他既已回城，若老佛爺准他短假，他準備邀請他府裡最美貌的太監，為我來一場類似於性交晚會。我依次接納他們，比如每月一次，依據他們在百家姓上的順序，就好像我們按照字母順序一樣。他道，他們都十分嚮往與我「玩兒」，盡其所能，扮演「主動」角色。每次付費二百兩，另給李的僕人一份名義上的小費，三十兩銀子。如果太監自願被鞭笞，要多加二十五兩；其他零碎兒不再收費。

我問他：「老佛爺可知此事，她同意嗎？」

「太后不反對大家小小放縱一下，但要我們適可而止。」（如柏拉圖所言，不偏不倚）。於是議定次日十月二十五日，挑選出的一干太監與我在李府事先見面，結識一番。李十分好客熱心。

那天，我看到都總管與（若我記得不錯）十二名（至少）太監恭候我。他們都是俊美的年輕人，衣飾華麗，香氣宜人，好像 De la Paix 大道上的香水舖。他們圍在一起，想要瞻仰這洋人，看看他那受老祖宗特達之知的私密處。我欣然讓他們一個個隨意撫摸我，聽著他們恭維（大多都是不實之詞）。真好看，不憨蠢，有修武之精神，怨不得老佛爺愛他，不失為美物，真白。我不由想到奧斯卡[21]的讚譽：「你那器物多麼迷人！」

他們詳細研究了一番我的身體前後，李道：「今晚我們從趙芝庵開始，他的姓是百家姓裡第一個。其餘人回吧，（暫且）一月召你們一次。」趙祇不過算是「一半」太監，情欲激烈，與我共度一夜銷魂。其間毋庸贅述，和我從前諸多情事相似。他十分情願地受了十幾下重笞，看似甚為狂喜，並饒有興致地回饋擊打了我。他告訴我，我命屬土星，決定了我的同性之好；我的星座是多年前一位德國占星師所卜，昭示了我一生中注定受土星的「致命影響」，此實乃大奇。不禁想到克拉夫特・艾賓（Kraft Ebing）關於同性戀者及其性欲習慣的論文。這一夜之歡，我要多付一項開支，共計二百五十五兩。

「越變化，越相同」，此言誠不我欺。接下來數月之中（夏日休假），在我未被太后君主「傳召」的空隙，這計畫按期進行。太監們根據其姓氏在百家姓的序列陪夜，**孫**、**馮**、**秦**、**曹**、**吳**、**魏**、**竇**，及其他人。他們都性烈如火，回應著我的愛撫，再好不過。有幾個喜歡被虐待，享受鞭擊肉體的苦痛，有人不願被打，多收那二十五兩賞銀，但樂於笞打我，直到我的屁股變得真如我家人說的那樣，硬得似鐵了。沒有誰比這些清香雅緻的吉頓[22]們更魅惑撩人的了。更兼風度優雅，有趣熱情。我已經訴盡了他們的好處。他們中約半數確乎被閹割了，但性欲依然強猛；另外一些就像我所寫到的**連子延**，整個生殖器猶在，還能「插」我，不同的是，不能射精，祇是在尿孔處有點潮濕罷了，我猜那是前列腺液。我不知我們所作所為是否合理，但他們的舉止實在自然從容不過；一切看來都順理成章，留待世人去評判吧。我會永遠懷念李蓮英，那個在末代王朝飽受譏詬的角色。望他安息！他一直活到一九一一年，他多次預見到的革命在當年爆發，就在皇后[23]從皇位下臺不久。或許他對她及路易十五，都是如此想：「讓洪水在我之後來吧！」他很高興看到他的敵人的下場，看到王權傾塌。

人知宮中太監被稱為「**淨身者**」，是相比被淫器所濁的「完整」男人而言。我認為所有那些與我交好受我憐愛的可愛太監們，其芬芳可人，絲毫不遜於王公貴族紈絝子弟，或者職業演員或男妓。在一八九六年至一九二五年之間，我一如既往，好色無厭，在放蕩淫亂的日子中，我與上述那些人有過上百次（或一千次）情愛經歷，更不消說「上」我之身的人，我以唐璜自居，愛情便是一切（統計數字毫無意義），在歐洲、非洲、倫敦、巴黎、維也納、羅馬、那不勒斯、馬德里、塞維利亞、里斯本、康斯坦丁堡、雅典、聖彼德堡、莫斯科、布達佩斯，噫，甚至跨越無潮的海，直到對岸的阿爾及爾和開羅；所有，所有這些都是永不磨滅的美好記憶。

1 雍正統治期間（1723-1735）。

2 金路易，指從一六四〇年路易十三統治時期開始使用到法國大革命的金幣；偉大君主指巴恪思愛戴的「太陽王」路易十四。

3 原文字面意思為「我讓你猜十次」。這句含糊的旁白指「美麗的小姐」Anne Marie Louise d'Orléans（1627-1693）與她一生的密友羅尊公爵 Antoine Nompar de Caumont（1632-1723）。本句話引自塞維尼侯爵夫人 Marie de Rabutin-Chantal 的信。

4 「鞭打狂奧比留」乃羅馬詩人賀瑞斯（西元前六五—八年）的老師；尼祿是羅馬皇帝（西元三七—六八年），早期天主教徒的反對者。

5 讀者也無一陌生，第一章便有詳細描述。

6 巴黎的俗稱，此說法大約源自世紀之交，當地人盛行戴巴拿馬帽。

7 作者此處意指皇帝於一八九八年被太后廢黜，不再執掌實權。

8 指傳說中亞歷山大大帝一刀砍開佛里吉亞的據說解不開之結。

9 奴爾哈赤於一六一六—一六二六年間統治，早於清朝實際建立。

10 作者註：明朝滅亡之前，滿族人被蔑稱為「奴兒」。筆者在此將兩個翻譯同時列出，另一種是滿族統治中國後的改稱。

11 莎拉．貝恩哈特（Sarah Bernhardt, 1844-1923），同時代最偉大的女演員。在巴恪思《往日已逝》一書中，作者聲稱曾與這位來自巴黎的女星同臺演出。

12 居魯士大帝（西元前五三〇年）據說將幼發拉底河改道，將河位降低，使得其軍隊得以渡過，攻陷巴比倫。

13 五朔節（Walpurgisnacht）是中歐和北歐的前天主教徒所慶祝的節日，會點篝火，還可以作弄鄰居。

14 作者相信第二次世界大戰的必然結果是德國大勝。

15 不列顛，遠遠脫離世界（《田園詩》一．六六）。

16 （維吉爾，《埃涅伊德》六．一二六），實際上應叫做阿弗爾諾。

17 維吉爾，《埃涅伊德》三．五六。

18 維吉爾，《埃涅伊德》五．三二〇—一。

19 一九〇六年巴恪思同英國治療心臟病症時科克潤曾經伴其同行。

20 《地獄》，四．一〇二。

21 奥斯卡．王爾德。

22 吉頓（Giton）是蓋厄斯．佩特羅尼烏斯（Gaius Petronius）所著的《薩蒂里孔》（*Satyricon*）（西元一世紀）一書中安可盧皮斯（Enclopius）的情人，年輕俊美。

23 此處指慈禧之養女幼蘭。

第六章

浴室裡的不速之客

新淨澡堂位於後門大街東邊的一條胡同裡，曾是滿族貴族之時髦去處，今日久已關閉。對於皇親國戚，此處並非尋常的會聚之所，實為男妓之館。老闆與尋常浴室一樣，亦是定興[1]人氏，但其家族在乾隆朝已經遷入京師。侍者全係直隸本地人，就像我所見過的那個叫榮的男子，面容姣好，忠誠不二。雅座需預定，大堂上通常的節目是沏茶敬煙，蜚短流長。熱湯池中，侍者各盡所能。若客人沒有其他約會，侍者亦可與之雲雨（絕不採取主動）。費用固定為五十兩，侍者與老闆分得。沐浴及精心熏香之後，我們與事先定好的夥伴盡情纏綿，有時是三人愛得難解難分。通常互有往來，各種花樣一一行過。此後，欲望得償，愛火漸熄，大家在大堂休息，賭博、下棋或者說笑男女情事，尤喜後者。長夜之中，常有按摩和暢飲。此地直似一俱樂部。我想若無熟人引入，不知端地的客人恐難進入。與淑春堂相比，此處的侍者出身低賤，然而個個招人喜愛。他們善於為客人帶來久違的激情，恰如當年慶親王（奕劻），沉睡的身體被熱吻喚醒，得其所欲。

這本充滿性事的編年史，其作者乃是一個異於常人的性至上主義者，他被一種無情的本能驅使，奉獻了前半生。此種本能是反常的「雙性」[2]，或者更應該說，乃是致命的二元主義。這像是一種不為人知的疾病，雙重困擾帶來的苦痛佔據了他的心靈，恰如一個夜賊，行竊路上面臨歧途，無所適從。以我之見，任何人細讀過此書，都不會為如下事實感到吃驚。在芸芸老少浪子之中，吾之放蕩無人可敵。關於此身，倒也並非全無文采詩情。對於不瞭解維多利亞時代社會之人，此事或者可怪。而我不禁想到另外一所浴室。它距離聖詹姆斯的皮卡迪利大街將近一百英里。在十九世紀早期，該地有一同仁圈子（與這裡的滿族人一樣，既有美妙的魚水之歡，也有放蕩的淫行），聚集了奧斯卡•王爾德，阿爾弗雷德•道格拉斯爵士，亨利•哈蘭，德穆蘭里格（Drumlanrig）爵士（他是道格拉斯的兄弟，羅斯百利 Rosebery 爵士的祕書。約一年之後，他飲彈自盡，引起軒然大波，他的長官時任首相，被迫在那不勒斯的別墅暫時退隱。根據其遺囑，此別墅後來贈予義大利政府），奧布里•比亞茲萊（Aubrey Beardsley），詩人萊昂內爾•詹森（Lionel Johnson，他是我的老校友，虔誠的天主教徒，喜食鴉片，熱愛美人）。威利•伊登（Willie Eden，安東尼之父）亦是常客。對於同人們的交際，文雅而玩世不恭的亨利•詹姆斯是身在事外的思考者和觀眾，他的所作所為完全符合其人生哲學。常客還有詩人亨利（Henley）、伯查

（Beauchamp）爵士和貝卡里斯（Balcarres）爵士，後者是優雅熱情的同性戀。其後的變故中，王爾德成為「替罪羊」。其主要原因是德穆蘭里格自殺之後，羅斯百利爵士深覺內疚，希望找到方法轉移公眾的注意，逮捕起訴王爾德即為此法。我認為此種相似值得一提。單調乏味的維多利亞時代[3]的拘謹偽善，與沒落帝制下的貴族對於生命的不加掩飾的態度，這二者頗有值得一提的相似之處。用克羅默爵士的話說，這相似非常「明顯」。我也知道 Mathurius 第九大街十八號浴室或 Cardinal Lemoine 大街六十三號浴室的故事，藍色燈上印著白字，表示「野浴」是附加節目。榮祿的不肖養子良奎，廢太子溥儁（如《麥瑟琳娜的遊憩時光》一章所載，我與慈禧說及他被鞭責之事），荒淫的大學士榮慶，內務府的幾個總管，肅親王的次子（後來，在一個日式溫泉浴場，他被某個中國將軍射殺。此事或為意外），恭親王及其妒忌的太監，這些人都是此中常客。慶親王的幼子載倫亦會出現，但要小心不會被乃父發現其曖昧的臥姿。許多著名的太監常來常往，如果確實已經「淨身」，自會小心將那部位隱藏。李蓮英溫和多禮，廣受歡迎。我們的圈子之中，還有許多旗人都統、副都統，包括吾友巴哈布（被動行事的熱愛者，慈禧的寵臣）、張勳將軍、身材高大的姜桂題（此人亦是慈禧寵臣。如果坊間傳聞可信，他和我一樣，亦與她關係親密）、溥倫及其兄弟、載瀛（我的舊相識載瀾的兄弟，載瀾是桂花的情人）。人數之多，以至於某些晚上，我能一次結識四十餘名皇親國戚、軍人和太監，因此浴室的生意紅火。乾隆朝中，皇上微服冶遊，生意之盛亦不過如此。

彼時京師的內勤兵相當無能，對我們的活動視而不見。據我所知，在門口等候主子的差役們之間常有打鬥，他們對此也從不干涉。然而我想，浴室主必定向檢查機構和北衙門供奉甚多。客人通常的費用是一次十兩銀子，若是客人自行雲雨之事，加二十五兩。如上所述，浴室男妓的服務另行收費。若三人行事，費用增至四十兩，每方各付三分之一，而恭親王總是為其太監支付。李蓮英可稱為貴客，從不付費，因其在老佛爺面前的地位獨一無二，一句話即可關閉浴室。

慶親王數次欲與我親近，我總是說：如此榮耀聞所未聞，我無能承受。

親王問：「倘官高於我是不是就有求必應？」

「大人，不過是本於五倫[4]。我並非您的臣子、兒子、妻子或兄弟，至於朋友關係，我不敢高攀。此如同家雀與鳳凰競飛。但是，您屈尊欲與我親近，令我深感榮耀。其他事項，若能服侍大人，當至死方止。」故而，慶親王不得不與浴室中的其他侍者、按摩者廝混求歡。他欲望難足卻無能縱欲，殊為可憐。他的身子甚為不潔，與如此放浪之老朽的唇、肛廝磨，染恙之險恐難避免。

某晚（我想是甲辰年十二月十二四，大約是一九〇五年二月一日）我早早到了浴室，僅有一位客人，即李蓮英，他看來甚是心不在焉。我與他密談，問他老佛爺先前的情事。他提到一個歐洲人，明顯托庇於法國使館，其名似為瓦倫。彼時此人大約二十三歲，曾在宮中的老天主教堂北堂工作，後來一直在中海工作。彼時李亦是青年，常與太后在湖區閒遊。她看到瓦倫，喜其端正的五官，暗送秋波的雙眼和魅惑的唇。於是，其後某夜，李安排他到紫禁城的長春宮見駕（太后彼時並未住在頤和園）。此次相會自然機密。太后和瓦倫所為，與她對我的期待，和我的所為相當一致，不過祇有我得享那神奇的「結果」。她命他展示裸體，以——比起她用在我的無能之身之上——大約更大的激情愛撫他（彼時她未及五十歲），使他勉為其難，一夜與她交歡（按照李所說）五次。離開之前，她為他準備了「提神」之藥（結果他服下了），以備下次相見。不知是由於性事過度還是媚藥之功效，瓦倫幾小時後死去，公使館醫生給出的死因是熱中風。李說，他並不認為是太后下毒。我想，即使是她，也當不會在情事初起之時就毒殺他。李還直率地說及，太后如此評價我：「他也許不如瓦倫好看，但是絕對更加迷人，亦頗有口才。」至於太后的其他情人，數目眾多。那些下賤的，蒙老佛爺寵愛之後必被滅口，或者禁止張揚此事。這些麵點師傅、侍者、剃頭師、商人的信使，無論其是身在宮中或者剛剛出宮，均是突然被劫走。如此事件漸多，遂有污言穢語流傳。最後，有一諫官上書，指責太后荒淫。此大膽之人被授予官職，太后並表彰其敢言，當然她並不承認種種指責實有其事。太后諭稱：「我之責任，乃是今後愈加謹慎。有則改之；無則加勉。吾願傾聽忠言，於諫官之直言深致讚譽。」此言冠冕堂皇，而我能想見，她向軍機處發佈上諭之時，必滿臉嘲諷笑容。對於此勇敢之諫官，不知她是否找到機會以牙還牙。

提及榮祿，李緘口不言，要我自行判斷。他承認將軍張勳與她關係厚密，還有已故大學士額落哈布以及一個名喚從印之人，我並不相識。他證實了光緒執政早年（我在別處寫過此人）[5]，關於假太監安德海的謠言。她愛與俊美的太監「玩耍」，尤喜作為主動者，將她的陰蒂輕插入她最寵之人的肛門，撩弄撫慰。她對珍妃恨之入骨還有個原因，就是據說珍妃在很不適宜的時候去拜見老佛爺，看到了她不該看的事情，從而招致不幸。[6]

李繼而告退，去與浴室經理商談，他負責向寧壽宮彙報（無法猜測彙報什麼）。據慣例，老佛爺要在寧壽宮過年，新年中許多祭祀典禮都須在紫禁城舉行，她必須出席，滿朝文武是在皇極殿拜見太后。他猜太后會在年前召見我，現在距新年衹有幾天，他提醒我要「日夜準備」，隨時候命。正月裡忌性交，此單指與外人性交，夫妻間行房事我猜是不禁止的。事實上，淑春堂在義和團舉事前，還有新淨浴室，都有意限制上茶、交談、打牌、賭博、抽煙及飲酒的服務，性服務是完全禁止的，因為於禮不合。

九點鐘時，李返回宮中。我們同道中人陸續露面，在我記憶中少見如此濟濟一堂，大約因為臨近年關，此類場所從正月初一到十六都歇業，而其他生意場所如古董店、茶莊、珠寶店、正常浴室和店舖通常初六便開張。晚上十點半，大約有四五十個客人，其中一些我素未謀面：慶親王未到，但他兩個不成器的兒子，照樣是其餘人的眼中釘，狐假虎威，日本人稱紈絝子弟。已故大學士啟秀之子恒虞那晚也來了，很是吸引我。一九〇一年一月，當時在西安的老佛爺迫於西方壓力，下令將其父作為義和團首腦處死。我親眼看著他被斬首，洋人軍隊在旁監督！他死時相當硬朗，問是否確是老佛爺之命，當被告知確實如此，他歎道：「罷了，太后既下令如此！」他兩個兒子與李姓劊子手通融，砍下頭顱希望立時縫在身上，須臾不得遲延，李輕車熟路照此做了。恒虞是少見的迷人。我很慶幸和他同浴，浴後我二人做了愛，一番廝磨，都是深感暢快。他聲稱這是他第一次，無論是被動還是主動，但他猜我不會相信。

纏綿甚久之後，我們去了會客室。我感覺經理看上去十分急切，似乎有事發生。他進來數次，觀察內間這些明顯的同性戀者，年輕人聚集一起，必然會尋歡作樂。我們都未穿外衣，有人甚至幾乎赤裸的。我與恭親王及其侍寵聊敘起來，恭親王建議年前專為同道者安排一日聚會。

突然從臺階下傳來一聲斷喝：「跪下。」聲音威嚴，令人不敢不從，但慶親王之子載扶任性慣了，回道：「放你的屁。」

我本能意識到何人前來，便聽命跪倒，恭親王及其男侍還有屋裡一干人等也跪下。（後來聽說是一名侍衛喝令的。）進來的正是太后，以風領遮頭，穿了件黃色騎服，男式長褲和高底鞋！李蓮英和崔德隆攙扶著她，衹是象徵性的，因她步履穩健。她相當惱怒：「誰敢出言不遜？」

載扶嚇得魂不附體，其餘幾人代他答道：「是載扶，老佛爺，饒了他吧。」

他不停磕頭，老佛爺斥罵他自負妄為。「你驕縱無禮，爾父必也聽聞。跟你兄長離開這裡，外頭冷，先穿了衣服吧。下流東西，太不成事體。」

我素知老佛爺喜怒無常，看得出她此刻的怒火有一大半是做作，載扶的確出言不敬，冒犯鳳儀，實際是她一向對慶親王一家無甚好感，乘機責難。我們依然跪著，太后坐在矮轎上，讓我們平身，與我談了幾句話，顯是偏愛有加，我雖身份不如恭親王高，但當時獨享恩澤：「來，巴侯，你來告訴我這個『雅』處是怎麼一回事！我猜都是斷袖、餘桃吧。」

「是的，太后陛下。確是於禮法不合，但卻樂在其中。」

「今晚我禁止你與任何人行樂，也不許任何人和你行樂。你若不從，我就要李蓮英當我和其餘人的面揍你，『從後面』。」再轉向恭親王：「你和你這可人兒又摟在一起啦。」

親王道：「回老佛爺，他不過是洗浴之時在旁伺候。」

「我自然知道他正合你的特殊口味。不過別過度。你妻子會如何講？」

此刻有人為老佛爺奉上茶。她賞我們坐下。又道：「我到這兒可不是執行禮法來啦，我想開開眼。你們這同性調情是如何做法？你們都該當去閹了，或者將屁股眼兒堵了，斷其迎送之路；不過這既無可能，你們，至少是你們其中幾人，須得給我好好演示一番。」

李叫來其中一個美貌的侍浴僕人榮吉：「老佛爺賞了你們一百兩銀子，要你們陪那年輕太監玩兒。」這不是恭親王最寵之人，但我後來發現，他大約二十歲上下，頗為俊美，是服侍已廢大阿哥溥儁的，看上去謹小慎微，顯是侍奉老佛爺已久，想必憶起了從前挨過的鞭子。我十分佩服雙方的沉著，也很欣慰她未將這榮幸之差交與我，尤其是在我剛和恒虞親密一番之後。我們向老佛爺解釋道，在行事中有一些行話的，這些話老佛爺口中不言，或許心中了然。在上的一人叫「擢進」，被動的一方是「破承」（用的是八股文的比方）。如果後者撅屁股，被形容成「騎小驢兒」；反之，若他俯臥仰躺，稱為「掏窟窿」（「掏出頂大的窟窿」是常用的說法），也叫「取桃兒」。三人同時叫做「一團蜜餞果」、「串糖葫蘆」，或者更明顯意義的「三不分」；中間那人承上侵下，叫「未央」，意指中間，也可說「兩方討好」。「桂葉」指肛交，已經提過；另一種說法是（或曰以前是）「桃汁兒」。在肛門處撫弄，稱作「手票」（為何？不得而知，可能因為這動作尤其私密，雖然當此之時已經無甚祕密可言）；在臀部嗅聞多時，是「無花葉」。熱衷於此的人尤其樂在其中，（菩薩原諒！）我即是如此。

以上種種老佛爺聽得饒有興致，李蓮英也頻頻點頭，彷彿他是絕對的行家或個中人，不過我完全有理由相信他確是如此。

溥儁的太監名喚茹席，被選出來「撅屁股」，將他曲線玲瓏的臀部呈給侍浴小廝，後者行起事來，舉止優雅，沉著之極，絲毫不因有鳳駕在側而感覺尷尬，老佛爺貪婪地盯著他超長的陽具，看得興味盎然。（我知按照太后的脾性，此人以後的遭際堪憂）。一番事做得如魚得水，時間也拿得恰到好處，精全都射在對方的肛門裡。完事之後，兩人起來向太后叩頭，太后大悅，厚賞了一百兩銀子給茹席；溥儁也給了封賞，他一力叩謝，感激老佛爺對他的「小價」的慷慨之賜，受之有愧。

停得片刻，老佛爺如我所料，命再演示一遍；這次她叫了倫貝子和一個年輕爵爺，是毓字輩，名字我忘記了（可能是朘）：「做個『掏窟窿』。我想看兩種方法真真切切地做。」毓爵爺也是經過事兒的，遠非新手，他俯下身，略栽歪著，溥倫縱欲過度，頗耗元氣，他那話兒不大，但還硬挺，呈給老佛爺看（後者慈愛地把玩片刻），然後向毓的肛門插去，顯是費了許多力氣，終於達到目的。沒有入內很深，毓的肛部已經被精液濡濕。老佛爺看了十分歡喜，吩咐一名僕從：「給他拿手巾把兒，把他後面擦乾。」倫貝子和爵爺謝了太后，她對前者道：「有勞無功，」對後者道：「我猜你沒什麼興頭吧，溥倫的巧子可遠不是赳赳武夫。」

接著問我：「我猜你們那些王子會更了不得？」我答道我頗懷疑，但無法驗證。「但有一人是酷愛肏屁股的，是不是？」

「太后，我並無資格回答，但據說已故的艾迪王子（克拉倫斯公爵，卒於一八九二年），日後可能成為國王的，確有此癖，五十餘年前捲進倫敦（克里夫蘭 Cleveland St.）一宗醜聞[7]，但我們遮掩了此事，未採取什麼行動。太后無疑知道，根據我英吉利的法令，倘雞姦導致『擢通』（刺穿），令對方肛腸受損，將會被判入獄二十年，不足百年前，會被判處絞刑。男子之間面對面交合或肛交，也是要受罰的，一旦發現則要入獄兩年。」

「那可奇了，」老佛爺道，「人家喜歡肏屁股，就讓他們去好了。夫婦之間便當如何？」

「這不得而知，但我猜處罰不似如此嚴苛。其中有宗教方面的原由，部分是出自我們西方人的虛偽。」

從表面上看，太后的熱情一直沒有平息，目睹這一番放浪形跡之後，更被迅速挑逗起來。因此，當李蓮英將我叫至一旁，囑我：「此間約莫丑刻（凌晨一點）結束，老佛爺召你至寧壽宮一敘。你整夜陪她吧。」我絲毫不覺驚奇。

我躬身領命，思忖不知我的體力在今晚早些時候的歡快之後，是否還足以應付兩次（或更多的）性交；要拒絕或建議改期也不可能，尤其在年關之時，「男人都不幹活了」。在這種事上找藉口，總是不能被接受的，就彷彿我們鄙陋的西方人說：「很遺憾我不能不拒絕您的好意」，一樣不能被諒解。

接著，老佛爺命恭親王以及溥儁將他們二人的陽物展示給她看，溥儁此刻淫心激盪，如一隻公兔一般。二人的物事很快便直立起來，比平時脹大許多；都呈自鳴得意之狀，不過恭親王的話兒頗有點萎靡，他無疑也覺察到了。不過得知太后不過是要他們相互「品簫」，同時進行，便振作起來。太后要二人都須咽了對方射的精液。他們依言，毫不費力地擺好精確姿勢，因「六九」之形（相信我，我知道自己在寫什麼）要兩方身高相仿才便利，他們兩人卻是溥偉（恭親王）比其堂弟、身材略矮的溥儁高六英寸。不過，兩人盡力行了口交，耽擱了一會兒，他們臉上猥褻的表情顯示差不多射精了。溥儁苦了臉，那味道顯然不怎麼令他喜歡，他自己射得慢了點。兩人從笨拙的斜靠姿勢中立起身來，向老佛爺行禮，現出已經軟綿無力的陽物，以示方才是多麼賣力，尿孔還兀自流出精液來。太后又令他們各自舔了對方濕潤的馬眼，說道：「好啦！有意思；我滿意。」

接著老佛爺又叫了兩個標緻的爵爺，我不大知道名字，祇曉得其中一位是亨字輩另一位是啟字輩，她要他們露出陽具，形狀可人，頗為偉岸，她則盯著他們珍珠般瑩白的臀部。她命二人掰開肛門，她重又津津有味地欣賞他們臀部的曲線美。她沒有強令二人性交，但吩咐他們互吻肛門。其中一名青年（我猜都是大約二十歲的年紀）名喚伉，啟爵爺，似是猶豫片刻。可憐，他尚未婚配，不習慣此等淫事，沒那個福氣，（自然，他們都仔細地塗了熏香）；無論怎樣，他必須服從，在所指部位，行起「桃汁兒」之事。不巧，這快意的搔撫令亨將精遺在了地上，就如從前的俄南一般。[8]「跑空啦，」老佛爺道，接著對下人說：「把他的狗鬆擦淨了。」這是中文裡相當粗俗的講法。

亨請了他的不敬之罪，老佛爺好脾氣地答道：「不得已的事真保不濟。」

啟爵爺於是跪求老佛爺：「陛下，能否允我與亨騎小驢兒？」

「祇要他同意便可；你就把他剛才遺的東西，從後面還了他吧。」

李蓮英對主子的機智鼓掌而讚：「老祖宗鬥齜。」於是啟堪堪爬上亨高翹的臀部，暢暢快快做了一番。

「到了兒你是個爐子。」太后對先前不濟遺精在地上的爵爺說（漢語裡的白爐子，通常是顫巍巍地箍著，令人聯想起從身後性交）。此刻已近午夜，我設法背著老佛爺告訴李蓮英，我到宮裡時請他再為我準備一劑媚藥，否則我是肯定不中用的。

太后道：「好了！要看的都看了，橫豎這是順你們心的事，不過可別忘了你們的夫妻之責。你們的眼兒生的這麼大，我猜搔弄起來一定難熬。套車！」（她衹乘了輛普通的紅托泥布車過來，我也提到，衹帶了一名侍衛。）「你們誰也別送，徒然引人注日。都待在宮裡再辭歲吧。就到此了，再見。」她朝我意味深長地點點頭，披上那件遮了臉的風領，像來時一樣由李崔二人陪著離開。她給浴所留了一百兩銀子做壓歲紅包。我們又待了一會兒，恭親王問我，我國女王是否會微服出訪到這樣的地方！我答道習俗各異，儘管倫敦和巴黎有同樣猥褻的事情，但必然也是瞞著公眾的。繼而我們各自家去；這些顯貴都未帶扈從，連恭親王也衹有車夫候著。我匆匆回府，未將我的行蹤告知其餘人等，還要準備赴下一個約。自然如此深夜去叫我的轎子必會引起懷疑，我叫了輛馬車，托我御賜金牌之便，長驅直入，進了我上文提到的寧壽宮。正是凌晨一時，李蓮英拿了媚藥給我服下。太后還沒有準備停當，等得越久，我就越性欲澎湃。

好像是一八九四年，我和莫里斯•巴雷斯（Maurice Barrès）有一次在藍色茶花盛開的美麗的愛普朗街道花園（Rue d'Eperon）聚會，他說過這樣一句話：「每個人都有阿基里斯的腳踵，每個人都有無趣的時候。」對於巴雷斯而言，個人之信仰，神聖之自我最為重要。他高貴執著，彷彿在宣告：「方外世界祇是我抽的鴉片顆粒，我展示於你的才是我的夢想氣息。」他強調，沒有什麼比重覆一個淫穢故事更無聊，除非是關於偉人。巴雷斯是我最熟悉不過之人。除了他，就是迷人的科學家加斯通•布瓦希埃（Gaston Boissier），我曾經就像塔索斯（Tarsus）城所羅（Saul）拜服在迦瑪列腳下一樣崇拜他。還有性格溫柔的同性戀和享樂主義者華特•佩特（Walter Pater），我牛津大學的導師，他一生摯愛希臘和拉丁藝術。[9] 引用巴雷斯的話，並不是想一遍遍宣告我對慈禧之愛，不過希望（如果可能）略微揭開這謎一般的人物的面紗，她罪過不可謂小，亦不可謂少，但恰似俄國之凱薩琳，治國有道，魅力無匹，歷史上恐怕有一大半男子或女子都遠遠不及。即便在我前文所述的浴室中，在那樣的淫穢猥褻之下，在她直視著——什麼？——那些荒淫無度的紈絝子弟在彼此下體之間親吻撫慰之時，她的高貴威嚴也是紋絲不減。

李蓮英告訴我，貼身女婢服侍太后躺下後，就在相臨的房裡候著，直到她呼吸均勻已經睡著之後才離開：「**老佛爺睡著啦，咱們走吧**。」然後都退下休息。

經過相當長的等待，**媚藥**有足夠工夫將我的塔挑逗到新的高度，充滿淫欲，李進去稟報主人我已經按時到了，回來後急切地道：「快點**！**她正等得心焦。**別耽誤啦**，不必通傳了。」

夜甚涼，但寧壽宮下有地窖，保持溫暖。電燈大放光亮，似新婚夜。我猜我二人的來往此刻已是公開之祕，再無需遮掩。穿過冰冷的露天長廊，到了裡面的廂房。如今，那裡陳列著太后的筷子和化妝飾物，哀婉地（對於滿人而言）紀念著一個被埋葬的時代。我按李的指示除去衣衫，赤條條站著，直到我聽到那個熟悉的假聲：「你快來，等著幹麼！我急啦。」

我並不尷尬，衹覺慾火焚心——怎會如此？三十二歲的男子在七十歲的老婦面前!!——我進了內間，裡面可能有（確實有）很好的隔音，但顯然不十分通風。我跪在新備的鳳床之前，那床的規格一似「龍床」：「奴才在此，隨時效命於太后陛下之需。」

「很好，」太后說，「你有情欲，我也高興。我說得對不對：我猜我去新淨之前你已經走身子啦？」

「是的陛下，我不能說瞎話。今晚早先時候我與已故軍機大臣啟秀之子恒虞相處甚歡。」

「你們洋人逼我下令處死乃父，照理他該當你是仇人，不共戴天。」

「他對我倒並無惡意，仁慈的太后，他非常迷人。」

「好吧好吧，你自然不知我會來，也……」（狡黠地）「沒想到我今晚會召見你。」

「沒想到，陛下。再斗膽也猜不到您在新年將至，萬機纏身之時還願意召見在下。」

太后依然是直截了當地道：「脫你的塔（實際上我是分絲未加地站在床頭，「脫」字不大恰當），讓我摸摸你的巧子。很好，硬得像鐵一般。」繼而她開始以手撫弄我的私處，親吻我不配被寵幸的身體。我們再演練了一番多姿多彩的情愛之戲。她又讓我吻她碩大的陰蒂，把玩著它，直到她淫念上湧，渴求進一步愉悅，我不得不（以她之說法）撅屁股，她將她激情的部位——也是瑪麗・安托瓦內特（Marie Antoinette）最喜歡搞倒楣的路易士・德・薩瓦（Louise de Savoie）的部位——插進我的肛門，使盡全力搔弄許久。在興奮之中，她陰戶中流出黏液來，她心滿意足地坐在我腿上，摩擦著我脹大的陽具，拜強勁的媚藥所賜，那一處既未被陰水浸濕也未因此而萎靡。「乾處與濕處，」老佛爺道，聯想起她深為喜愛的《聊齋》中一則淫穢段落；「將你手指伸進我的屄裡（她用了一個相當粗俗的字眼），那一處都溢滿了。」接著她開始討論二十二種做愛姿勢，春宮圖裡都有形象描繪。形色各樣的技巧都有一個指代的名字，我也記不得許多。例如，老漢推車，比喻女子保持坐姿，陽性站著做愛；老和尚抱磬，暗指女子跨在男子身上；隔山討火，指從身後幹事；其四，倒掛蠟，指顛倒位置，陽性行肛交，肏屁股，有一次老佛爺就讓我這麼做。在我而言，這的確是「忘年之交」，我忘記了年齡的差距，忘記了我對女性魅力，對阿芙羅黛蒂女神原本無甚興趣。我那話兒始終如一支火槍般硬實，一次次滿足我那皇后永無休止的要求，她喃喃低喊，幾不可聞（卻發自內心）：「就這樣。再來一遍，你今夜真令我銷魂。」

我全心感激總管太監李蓮英以及他那萬能的春藥，我感覺自己能排山倒海，就好像朝中飽馬一樣。當太后陛下「攀」在我身上時，就像娜娜在同名小說中所說，我感覺一種歡悅的（似雪萊的《雲雀頌》中：「最初的美好而不經意的狂喜」）狂喜，無法言喻。她無數次吻我的唇，像所有情人一樣，溫存地說些並無意義的話。「永遠你是我所有；你會似野獸一般徘徊情海，性愛無數，但我是獨一無二的，是不是？」

「永遠永遠，你是唯一，我仁慈的陛下，我的愛神。」

一番徹底的放浪之後（我想不出其他辭彙來形容這肆意的快感），太后的陰蒂再次直立起來，陰戶便似被雨打濕的睡蓮。她要我更多地吻她的私處，她搔弄我的肛門，並在那不大光彩堂皇之部分不停親吻，且喊道：「好香！」（確實我和她都沒有忘記熏香）事到極點，她第一次主動行了交媾，費時極長（靠藥力之助），但最後我兩人都是酣暢淋漓。

此時已近三點，李進來，他想是一夜未眠，為太后奉茶，為我帶來第二劑媚藥。「我們在一起很是喜樂。」太后言道。李答：「我看得出，老佛爺，看到侯爺能令您滿意，我也喜歡。且等這藥力發作，他好再顯威武，寬慰慈懷。」

我再次在寢宮緩緩走動，巧子安靜地垂著。太后啜著茉莉花茶。李一定是給了我雙倍的劑量，因藥效發作十分之快（不到半小時），我向太后提了不情之請：「奴才有尚武之精神，願為太后效命。」李告退去抽一口煙，我們再親密一番，比上次更狂熱——如果可能的話。我想老佛爺對情欲永無滿足。據我所知，她白日裡已經做過幾次事，不過她和其他女性一樣，聲稱對我一心一意。此次她再要求我在高潮時將我那話兒完全放在她口中，她熾烈如火，以柔媚的舌頭親舐我的龜頭陰莖，持續很久之後我才大大地射了攤精，她絲毫不留都咽了進去。

太后房裡數不清的鐘都敲了六點，崔太監進來，為太后奉茶，一碗燕窩湯是我的，太后慈愛地讓我在她面前享用。「如果巴侯爺的事算完啦，馬上就是會見軍機處的時辰了，太后的轎子已經照例備好，抬您去乾清宮。」

「好的，」太后道，「我們待了一整夜，雖然沒睡，但委實心滿意足。你怎麼樣？」

「回太后，我簡直是在人間天堂，從未有過的至樂。」

「今年的最後一晚你不用侍奉了，去辭歲吧，但正月初一要過來拜年。記得穿了盛裝，坐轎子來。」

又對崔道：「跟李蓮英講把他的衣裳帶來，至少帶幾件，他此刻赤裸著，與是相當不安；我對他加恩，允他在外間穿衣。他最好等在此地，待軍機大臣都乘轎來之後，你到他府上傳話，叫他的轎夫即刻帶了轎子到寧壽宮正門候著。我不想讓他在光天化日之下丟臉，坐著輛破舊馬車回府，必定招人口舌，不過倘誰敢說對我或他不敬的話，傳到我耳中，可要仔細些。讓李蓮英送一千兩銀子過去，算是給巴侯爺的下人和轎夫的新年禮。」對我言道：「再見，正月完了之後我再單獨召見你，正月裡我要去中海。」

分手之前，太后憐愛地吻我的唇，撫摸我的陽物和臀，然後戀戀不捨地道別。而我已經是筋疲力竭，蹣跚著爬上我的轎子，就如拉辛（Racine）筆下的馬略（Marius）在迦太基城牆下：「兩大廢墟面面相對。」不過，恢復得非常迅速。

1 直隸省（今河北）的一個縣，在京師西南約九十公里。

2 儘管這個詞似乎是作者的杜撰，但其意可知。希臘語中的 didymium 意為「雙元素」。譯者註：「這個詞」是 didymism，文中譯為「雙性」。從形式上看，這個詞由 didymium 派生而來。

3 在巴恪思第二本自傳性作品《往日已逝》之中，對這些人物中的大多數有鮮明的描寫。此書的內容即其去往中國之前的生活。這些歷史上的名人，巴恪思是否真正全部或部分認識，則屬未知。

4 這五種關係及其正確的狀態如下：君臣有義，父子有親，長幼有序，夫婦有別，朋友有信。

5 參見《太后統治下的中國》，一九一〇年與布蘭德合著。

6 珍妃之事在前面章節已有記述。但這說法來自巴恪思早期一本書《太后統治下的中國》其中一份偽造的文件，因此珍妃之死依然是待證實的謎。

7 「克里夫蘭大街事件」發生在一家上流男妓院，一八八九年被倫敦警察搜查，客人中據說包括阿爾伯特・艾迪・維克多王子（Albert "Eddie" Victor）。

8 《創世紀》中，俄南被命與其寡嫂行房事以留後代，但每次都將精射在地上。上帝重罰了他。

9 這些人物在巴恪思另一著作《往日已逝》中也有描述。

第七章
祕會桑樹下

老佛爺對我的情感令我深感榮幸和溫暖。與其說，她是真的對我有深摯或長久的熱切迷戀，不如說，更加可能是她對這種關係感覺新奇，因我既為域外之人，語言和行為就有相對自由。我彷彿磁鐵一般，吸引了許多滿人，有時甚或是漢人，來求我作中間人。似乎總是這樣，我們頹廢的歐洲（此時正在瀕死的劇痛之中）恰會模仿此種行為。在微妙的談判中，要求第三方介入，即「請託」之風，委託一位共同的朋友處理複雜事務，避免可能之摩擦，在時間這個破壞者的變遷之中，保持友誼之純潔。我不是波坦金（即使我願意，也不可能是），我沒有任何政治要求；平心而論，此種私情就像費爾森之於他的蝴蝶皇后[1]，我並未從中大獲其利。當然，我的隨從乘便大撈了一筆。如果願意，我大可弄到大把金錢，或者，至少是貴重的禮物，但是我從未（也永遠不會）介意金錢上的實惠[2]。事實上，這些將導致寵愛不再，地位下降，如同魔鬼「再也無望」。他們這樣說我：「他的皮氣特別，因為他不好貨。可是他真說得進去，上頭真正聽他的話，狠作情他。」

滿族衛隊特意來拜訪我（他們的「名刺」上是手寫的漂亮楷書），請求我鼎力相助，利用我之寵幸地位，以得特殊利益或職務提升。依所求職務之重要性不同，他們願意向我支付總數達五千至五萬兩的銀子[3]。此乃現銀，由可靠的錢莊（或曰爐房）擔保，任命公佈之日即可兌現。太后最喜之事，乃是向我與總管太監詢問人們如何評價諸位高官，她所詢問的皆為她不喜之人，她不願聽人貶及榮慶、張勳等寵臣。「讓你明白回奏，瞿（鴻璣？）中堂外頭名譽怎麼樣，有人議論他沒有？」或是：「有人說張伯熙（湖南人士，學部之首，教育界知名人士。曾被朝廷選為特使，向維多利亞女王之逝世表示哀悼。然而聖詹姆斯內閣因品級太低將其拒絕）包藏禍心，狠有革命思想，心中難測，對我朝有不堪設想者。聽人說你跟他很熟。就你所知道，他對大清朝，尤其對我本人兒有什麼議論？他敢妄加月旦麼？「你滿說出來，我聽一聽。」

我回答：「太后，我與他相熟。此人湖南口音濃重，欲解其意相當困難。但是我並未聽過他有一詞反對太后。至於瞿鴻璣（亦是湖南人士），他在京師不受歡迎。但是我不便批評，因為他曾邀我為師爺。」

太后說：「果然如此？你拒絕否？」

「是的，太后。我意以為，你不會喜歡我為一個豆皮兒（豆腐皮。此乃當時對於南方人之蔑稱）工作。」

「你總是謹小慎微。告訴你吧，大學士的位子，他坐不了多久了。」（他隨即於一九〇七年去職，表面上的原由是，他與貪贓枉法聲名狼藉的報人結交過密。朝廷對他嚴加申斥，令他立即出京，回鄉反省。他的事業就此完結。）

許多高官（尤其是漢人，滿人尚少）希望得到李蓮英和崔德隆的說項，他們給這二人的銀兩肯定已經使其大發橫財。（據說，凡爾賽宮廷中的某些官員以類似的方法斂財，他們會在路易十六，尤其是瑪麗・安托瓦內特面前有意無意為某人進言。）我之所以能夠在朝廷最高層廣受歡迎，主要是因為我小心謹慎，對人對事，從不臧否。我經常如是解釋：作為一個外國鬼子，我實在無力判斷。詳細情形非外人所能知，因此之故，不敢奏於老佛爺之前。

初夏某日，具體日期我已經忘記，大約是光緒三一年（一九〇五），是個清晨，並非通常的社交訪問之時，端緒的名片呈入。他是端方的弟弟，滿人，後者時任南京總督，在其族人之中惡名昭彰。然而，一九〇〇年太后下令對外國人殺到雞犬不留之時，他作為陝西巡撫大膽抗旨，保全了許多性命。一九〇九年，在直隸總督任上，他允許攝影師拍攝慈禧之葬禮，因此觸怒光緒之皇后，以「大不敬」之罪降階去職。革命爆發後重獲啟用，一九一二年初被將軍引衡率川人殘忍殺害。訪客端緒是我在大學之同事，其時我為法學教授而彼為學監。他對於鴉片嗜好甚深，廣為人知，如此而身負教職，殊為不當。隨後，其兄下臺，英勇而逝，他也陷入窮困。他們在鵓鴿市兒（其音有誤，當為「鴿子市」）的府邸被出賣。關於他的最後消息是，一貧如洗，依靠像我這樣的朋友接濟度日。

他此行的目的頗不尋常。大學士崑崗有一子名喚占偉（當時——而非現在——滿人習慣稱呼個人的名字而不稱姓，因而很難瞭解其親戚關係），與宮中一女名連郁者相愛。但是她的父母對其看管甚嚴，如貓之於鼠。老佛爺允其休假之時已是稀少，想在彼時見面更是全無可能。占偉既知我與太后的親密關係，遂奇想天開，懇求我如此助他：下次老佛爺要我伺候之時——端緒委婉地稱為召見，當然我已向他暗示，此事不如稱為花柳關係[4]更加貼切（這是對於性事的美妙之喻，恰如伊莉莎白時代之「趁玫瑰正嫩，直需多攀折」），他央我高情優加，將他祕密帶入太后所在的中海，第二天返回之時再用我的車子將其帶出，然後心願得圓，愛果得嘗？

此事看來並不可行。端緒對我的行事能力大大高估，我對此還是向他表示感謝，並請他邀請占偉前來見我。其後一日，一位極有魅力的年輕滿人如期而至。舉手投足間一派貴族氣質，行止迷人，使我想起聖西門鍾愛之法國皇子。他請我保證，不要告訴乃父（其實對於崑崗，我祇是略識）。然後，他向我解釋對於連郁小姐所愛之深，二人迄未有男女之親。當我享受魚水之歡之時，能不同情其愛情煩惱？如此苦戀癡人，為我生平所僅見，但是我十分確信，其品味（與我自己一樣）亦是（我們隱語所謂的）「雙性」。我說：「令尊頗有影響，尊駕也地位甚高。但是想必您也知道，即使是您，與後宮或者即便是侍女有染，亦是死罪。您會延禍令尊大人，喬梓（對於父子的雅稱）同歸於盡。倘若我能援手，自當盡力而為。但是，望您明鑒，我與老佛爺的關係建立未久。萬事須有老佛爺恩准，但是我私意以為，不可能請她允許你和連郁女士光天化日之下行男女之事。你是否希望總管太監相助？」
「不敢。他會告訴家父。」
「好的。請您告訴我此行的計畫。」
「計畫如下：下次您參加文會（說到『文』字，意義甚多，他淺淺一笑），我與您同行，扮作您的戈什戶。我們進入西苑門應無困難。我想，李蓮英也不會認出我。我與僕役們在儀鸞殿外等候。李會出來，請您進他的屋裡等待老佛爺。我的愛人要服侍老佛爺休息，通常會朗聲為其讀書，有時陪她下象棋。太后讓她告退之後，她常在延慶樓的小房間休息。等到太后開始接見你（此時他討人喜歡地笑了笑），她的眼中耳中除了你即不會再有別人。你滿心舒暢，與老佛爺纏綿之時，我就能與我親愛的連郁共度良宵。通常，起床時太后不會需要連郁，但是她必須在早朝後見太后。彼時你已在回程，我也隨你原路返回了。你意如何？」
「我知道這個計畫萬分危險，卻也並未全無希望。若是失算，你我罪大莫贖。我們同是重罪。既然是我將你引入，從事非法之貪淫，根據法條，我的罪責比起你來，絕不稍小（甚至更大）。協助犯科者，比作惡者罪加一等。然而，你如此動人，我甘冒此險。你等我消息即可，太后恩准我們下次見面之時，我自會通知你。慎之，別聲張。」
儘管我再三阻攔，占偉還是堅持磕頭，言道：「再生之恩，永不敢忘。」熟知我品性的讀者定會猜想，我會索求「報答」。他定會答道：「此刻不行」；但我須得承認，在此後某天，我便領略了他有多麼性欲澎湃，激情似火。

約一週之後，我收到老佛爺的「餐寢」（維多利亞女王的說法——主要是「寢」！）傳召，我據此訂下（試圖訂下）計畫。當時我已經在宮裡頗有名氣，但占偉看上去絕不像個下人，哪怕是俊美的下人和他也不能比。一望便知他是貴族，出身名門，公子哥兒，衣飾考究，暗香宜人，好像宙斯寵愛的蓋尼米斯。老佛爺有次說起他，彷彿他即是同儕之翹楚，隨時便會陷入情愛之境，不是來自同性，便是與尋常人等一樣的異性之愛。在我看來，李必會問起我那英俊的僕人，我必定猶豫良久終於承認。儘管占偉強烈請求不要告訴李蓮英，我還是決定信任他。一旦事情敗露，祇有他能平息老佛爺的怒火，他無疑會怪我沒有預先告知他。李來和我用膳，在抽鴉片煙的間隙，我向他約略透露了大致情況，解釋道，我不過是想幫助這個年輕滿人，並無任何不可告人之動機。李答道：「不能操之過急。朋友，你的目的便是將這俊美男子得之而後快，得到後如何快法……嗯，我現今知道你的趣味所在了！倘被太后知道這事，我們全都要下十八層地獄了。祇盼萬事大吉。你既對我開誠佈公；我想，若你能暮色來臨掌燈之前到達，或許這年輕貌美的男寵（抱歉）便能穿過老佛爺宮中不被發覺。其餘我不好說。連郁睡房與太后毗鄰。你須得以你之健談、智慧及幹事的功夫令她著迷，當晚便不需傳召連郁——這在她是不尋常的。祇能如此了！謀事在人，成事在天。戌時我將在宮內我自己的房間守候，等你備馬之時，我將出來迎你。」

「誠心拜謝。我答應占偉不將此事告訴您，現在要對他說，三思之後，此乃明智之舉。」

「他為何不肯對我吐露？」

「他怕您可能會告知大學士崑中堂。」

「好糊塗的年輕人。如果我告訴了他老子，他一定會將他兒子做的糊塗事稟報太后，那你親愛的占偉就有大麻煩了。」

李離開時意興勃勃。鴉片和酒不能同食（這是張學良的經驗之談，他曾在法國大使的餐桌上嘔吐）。李沒有到失儀的地步，但看上去酒勁上頭了。確實，我倆享用的馬沙拉是非常強勁的。

我向占偉交代我未信守約定，他怕得要命：「你怎麼能告訴總管太監？我父親必定要將我打得遍體鱗傷才罷。」

「相信我，親愛的寶臣」（他的字；我二人已經漸覺親密，之後更近），「這是唯一可行之計。我知道總管太監的脾氣，對你我來說，宮中有友，非常必要。」

「那就大好；我看得出你對我有意，衹管隨心所欲便了。」

於是，約會當日，占早早來我處，打扮得恰如「時尚的鏡子，禮貌的典範」，戴著六七個價格不菲的戒指。顯然沒有人會將其當作下人，他看起來像是位愛冒險的騎士遊俠，他本就如此。自桂花之後，我再沒有見過如此姣好的少年，優雅秀麗，近乎完美，是「除下面盔的年輕哈利」（莎士比亞，《亨利四世》）。夜很快來臨，我們逕自往宮中去。暮色仁慈地遮住了我這「書僮」的麗質，西苑門無人查問我們，經勤政殿沿中海岸至皇后寢宮駕車衹需幾分鐘。我一到就有人通傳。李出來迎接我。占偉給他請安，行滿族之禮，態度之恭敬超出騎馬侍從應有之義，即便是對總管太監這樣有權柄之人。（我猜占是因為他心愛之人同意在當夜與之偷歡，他須隨車在外候幾個時辰，因老佛爺不到子時不會停歇。）李為了便宜行事，體貼地掌了一盞燈籠，以示我為老佛爺傳喚，閒人勿近。

我離開占之時，他如清晨飽食的公馬一樣春心動盪，迫不及待。此處無需再三重覆我本人的性愛經歷。李又備了盧庫勒斯式的豪宴，我們對坐一樁樁講粗俗故事。他滿腹都是太后的妙語，她曾這麼開始（結束）一則笑話：「從前有個太監，」接著停頓，似乎在考慮下文。「咦，老佛爺，這太監這麼了，底下怎麼樣，接著說啊？」「底下沒有啦！」——這是咬字眼的俏皮話，無法譯成英文，但中文一目了然。可以如此解釋：「太監沒下體，這就是故事。」李去探問老佛爺，她正在享用睡前鴉片，連郁小姐為她讀書。她問她的熟識鬼子是否已到，叫李蓮英去備必不可少的春藥。很快她便傳喚我。我肩上披件斗篷，穿了雙李好意借我的鞋踏拉兒。我步入太后寢宮時，因心有祕密而內疚自責，如擔重負。或許老佛爺亦覺察到我略顯萎靡，但猛烈的春藥很快催得我那陽物蠢蠢欲動，膨脹充滿欲望。太后做得心滿意足，尤其是那晚，我們「倒掛蠟」。太后根本無需春藥，已是性欲亢進。除了我所熟知的手法，她歡喜從我身後交合，這歸功於她技巧高明，深諳春宮之道。若我未記錯，時值六月初，正當每年朝廷遷至太后鍾愛的頤和園之前。夏夜短暫，倏忽而過，但老佛爺仍未盡興，便似永無饜足。她半似母親般斥責我的同性之好，是年輕人貪圖新鮮，糊塗不經事。她以為這會令我折壽，或許還會導致失明。因中國有種迷信說法，經常性或專業地從事男妓之業（不是像我這樣純粹衹是被動意義的「兔子」）最終會目力受損。類似還有一個普遍的說法，從後面性交，若被動一方（在交媾當中尤其是射精之時）放屁，那麼會引發敗血症。已故的醫生克利格（Krieg）先生曾經告訴我，他的一個病人，一個名喚西摩爾

（Seymour）的英國人，在北京與一名妓女偷歡，罹患血毒症，三日後身亡。不過，就此打住，言歸正傳。

天已破曉，老佛爺意興高漲，最後要我和她一番雲雨（二人都疲憊痛楚）；她沒睡過覺，我也同樣。她顯然淫欲激盪，且頗有些狂躁固執，不單是對我，而是一概而論，尤其是對即將早朝覲見的大學士。

令我惶恐的是，她從鳳床上坐起說：「你就等在這兒。披上袍子，天冷了，等我回來。我會叫連郁服侍我更衣。她來了你就可以告退，到外間去穿衣。」顯然，太后是心有邪念。她會如何？「面對神靈之威，凡人無可作為」，就像席勒的《鐘之頌歌》所說。

老佛爺出去了。穿過傭人所在的房間祇需五十碼。通常太后房內一切動靜，從那裡都聽得到。天意總是弄人，喜歡打亂「鼠與人」的設計。太后逕自進了侍女的房間，愉悅地發現——何事？我親愛的占偉和他中意的連郁被當場拿到。他後來告我，他當時正騎在她身上，不似人而似獸一般，正處於最高潮。他既不能停止又無法抑制，祇能一鼓作氣行完事，留著老佛爺像憤怒之神一樣板著臉站在門廳一側，但緘默不語，或許此刻沉默是金，而太后在與我歡好之後，看到他人的欲求，不由心懷同情。

儘管我不在近旁，還是聽得到太后的長篇斥罵，聲漸高昂。「你是把宮裡當妓院了嗎？」（對占）。「你這小娼婦」（對連），「光天化日就在此處接客，在天子輦下？你們不知淫亂皇宮禁地，於法不容、罪可及誅嗎？你怎麼進來的？」接著我聽到占偉——我也猜到（可憐的孩子）——嚇得魂不附體地解釋道，是洋侯帶他進來的。老佛爺聽到此辯白怒發如狂。「洋侯，不錯；你叫他猴，他的確是隻洋猴兒。」她疾步穿過宮殿，毫不客氣地喝斥我：「你竟敢將你這色鬼同伴帶到我的深宮內院來，是什麼意思？真是膽大包天。我不會姑息你。你也太托大了，尾巴翹不動了。回答我，巴恪思，這次你作何解釋，你向來巧言善辯，這下也理屈詞窮了吧？」

我跪下叩頭直至額頭出血。「老佛爺，我該死，不，在您手下萬死莫贖。我是想著您對我的仁慈，請原諒我這個遠臣。我如此愛您，我的皇后和女神，我的守護星，我日出的黎明，我寧靜夜晚的光芒，您的聖恩給我莫大榮光，我知我不配消受。正是這樣，我這可憐蟲才斗膽設計了這卑鄙的欺騙。我祇覺內疚，陛下怒我是理所當然，就讓我這罪人從此永遠被關在天堂之外。但我求您，就算是我在臨死之前的懇求，饒恕這一對不幸的愛人，讓占偉返家，不要告知他的父親大學士崑崗，他會用鞭子打死他的。至於連郁，她同我一樣，都是罪該萬死。但太后陛下是觀世音下凡，懇請您對我們三個罪人大發慈悲，令我們再得您恩澤，受您寬恕。我們也深知，原不配如此。」

老佛爺看似被我的求情打動了，這番話說出來遠比寫下來更有力。「你這放肆的孩子，我可不是非饒你不可？我剛親過無數次的身子，怎麼下得去手打。」

此刻李蓮英及時出現。我猜是聽到了我情急的求恕。無論怎樣，我應該慶幸自己預先向他求助，這事若瞞著他，那才要命了。

老佛爺怒火稍平，對李道：「這真不成事體。巴恪思大膽妄為，破壞規矩，將這公子哥兒偷偷帶到宮中，我猜你會說你毫不知情？」

「不是，太后，我知道的，他告訴我了。我的罪，我的罪。我知道太后喜歡有情人，我想您一向心軟，會饒了這兩個年輕人一時胡鬧。」

「要不是我無意撞見他們雲雨之中（引自《孟子》：油然作雲，沛然下雨），你會稟報我嗎？」

「不會，太后，」李道，他的機敏和遠見令人欽佩，「我知道老佛爺行善不喜張揚，您右手如何動作，連左手都不消知道。」

剛才老佛爺引用典故之時，我便知道已經風平浪靜了。她的怒火已經逐漸平息。我再次叩頭直到額前滿是鮮血。「傻孩子，」太后道，「你這傻俏（！）的臉很快就成笑話啦。好吧，我且饒了你們三個，成事不說，既往不咎，遂事不諫（《論語》）。」

李和我一起拜倒。我無力繼續磕頭，但他的話也彌補了這一缺憾。「老佛爺有口話兒，謝太后恩典，我們便有九世輪迴，世世生生，永感太后大恩大德。」

「去傳那一對兒。告訴占偉把衣服穿了，剛才他是赤條條的。不過我猜他這會兒沒那樣激情似火了吧？」

李和我找到二人，已經嚇得呆了，相互擁著躲在侍女小室深處，好像兩隻被獵犬嚇破膽的兔子。「跟我們來吧。老佛爺饒了你們了，你（占偉）可回家了，連郁要去伺候老佛爺。」他們幾乎不相信自己的耳朵。我們安慰他們，把他們拉出來。我們回到太后尊前。太后仍舊穿著貼身小衣，但凜凜之相，絲毫不減。即便是幾乎赤裸，她依然有翻雲覆雨之威。他二人磕頭無數，叩謝隆恩。我和李跪在一旁，目中含淚，心存感激。「我這洋侯把責任一己擔了。照理他魯莽妄為，應鞭打四十，但他能言善辯，我已原宥他，也原諒你二人。至於連、占二人，我准你們成婚，作你們的**媒人**（其實這在她應該叫『**拴婚**』）。你父母那邊，我想我挑的媳婦他們會接受，而且也不會發現你這孩子的胡鬧。」

我們一齊頌道：「太后皇恩浩蕩；您對我們有再生之恩。太后陛下萬歲萬歲萬萬歲！」

老佛爺此刻已經恢復了興致，令其餘人等退出寢宮；她命我除去衣衫，祇剩一件袍子，跪在鳳床旁邊。「**撅屁股**」，她道，她手握一枝藤條，抽打我大概十幾下，下手頗重。

李在外間等我：「**你受訓了！**」

「是的，**挨啦打**。」

「欠，**該著啦**。也活該我幫你。不過算你機警（一向如此），又逃脫一劫。千萬別跟老佛爺強嘴，一個勁承認罪過就是（就好像著名律師約翰•西蒙爵士某次在牛津講到訴訟之時所說）。**解鈴還須繫鈴人！**」

「快穿了衣服，老佛爺已經到正廳去聽奏疏了，軍機們已在恭候。你就在前幾年我們用午膳的側廳等著，太后陛下回來後，你再離開。占偉可以坐在你車前，我把你自己的戈什戶叫來，既然現在都不追究了，老佛爺恐怕也不願他再做你的下人，畢竟貴為清朝大學士之子。」

老佛爺此刻準備離開寢宮。我跪在外面的廳裡。她慈祥地笑道：「我饒了你啦。但下不為例，可一而不可再。」不過她的警告無甚必要，我當時是感情大於理智，犯這個錯是出於一己私欲，衹想贏得占偉好感，以便他日有機會與他交好。事實上，也確實讓我碰上這樣的機會。

「給侯爵上點藥，他額上出血了。」走向正廳時，老佛爺吩咐道。無數面鏡子從各個角度反映出我的可憐面相；我的前額因在磚石地上不停叩頭而血流不止。不過，我一個勁磕頭也不是徒勞，感動了老佛爺，對我心生憐愛。

稍等片刻之後，占偉和我返回家裡。他簡直是興高彩烈，不知如何才能報答我的慷慨相救：「仰承保佑，焉得答報，高情若天之高，如地之厚。」

「衹要最簡單的，」我道，「讓我倆更加親密。若能常相親近，身體如膠似漆，心跳如一，便是至極。」

「我說再好沒有，」占偉道，「適才我二人已是情投意合，但還要約定個地點，可以互享彼此之情。」其實我們已然無法把持。我們擁抱著，激情似火地親吻對方，相約一定要在某日得償所願。

如此這般，我開始了一段神仙般的日子。我所知的太子貴族和顯貴子弟實屬不少，無人如占偉這樣令我入迷。他對我而言就像失去音訊的桂花，而記憶更清晰。我們常在新淨（澡堂）或者他介紹的一個貴族場所相會。這樣的愛情在我看來頗具詩意。始終是投緣，任何事都可能發生。但我無法理解前些日子死去的那個英國教師的想法，就像野獸般徘徊尋找一個個獵物，哪怕是街頭的下三濫，熱衷於以五美金發洩他的淫欲（每人或每次，兩次就是十美金），在他們肆意放蕩

（或者是唯利是圖）的誘惑中撫慰他奇癢難搔的猥褻。

占偉於六個月之後成婚，場面喜慶。幸運的是發現二人八字兒相合。老佛爺給新人賜了厚奩。他與我的親密，絲毫沒有沖減婚禮的喜悅。連郁生養了六七個孩子，我想他們到今天都仍在世。她一直對我心存感激，說道是對景生情。因為無人比她更瞭解太后，後者動起怒來，不啻山崩地裂。倘若有人冒犯鳳儀（或她認為其有所冒犯），絕不會輕饒。「她發起火來，誰也不敢求饒；她暴怒之時，可謂殘暴無匹。」楚楚動人，但是笑裡藏刀。

我與占寶臣之交往延續了四分之一個世紀；事實上，我們最後一次令人陶醉的歡合，是在我六十歲、他逾五十五歲之時。任逝者如斯，我至死不會忘記（這記憶終會成為快樂）[5]。他後來去了滿洲里，接受設在新京的朝廷的委任，他視之為合法政府[6]。自那以後我再未見過他和他的妻子，正如詩聖白居易所說：音容兩渺茫。我會再見他嗎？我無從知道，也無法預見。其時，我已經是耄耋老朽，苟延殘喘，看著我那些「英勇的」同胞與德國人玩著並不在行的戰爭遊戲。但我猜，占寶臣和他的妻子會常常想到三十八年前，一個六月的清晨，我們三人膽戰心驚渾身發抖地下跪求太后饒恕我們在坤寧宮淫亂，老佛爺當時統管著歷史悠久的大都[7]。「一切如影而過，我們都將消亡。」[8]老佛爺，原諒我們所有人吧！

1 埃克瑟・馮・費爾森伯爵（Count Axel von Fersen, 1755-1810）是瑞典貴族，人們認為他是瑪麗・安托瓦內特的情人。

2 此言切實有據。儘管在其職業生涯中，巴恪思的財務曾經出過麻煩，但是他所涉及的種種韻事並未明顯地、直接地增加他的收入。

3 根據作者早先的估計，約合八百到八千英鎊。

4「花柳」之意，可以是「浪漫」，亦可以是「淫蕩」、或者是更加廣為使用的「妓女」。

5 維吉爾，《埃涅伊德》一・二〇三。

6 新京，指日本在滿洲里設的傀儡政權，名義上以溥儀為帝，中國最後一個皇帝。

7 元朝的都城（1271-1368），後來的北京。

8 作者註：《舊約・詩篇》。

第八章
吸血鬼親王

通過怎樣的咒語，走過怎樣未知的路徑，我才能達到愛之谷底？

茱蒂絲・高堤耶（Judith Gautier）

我正在寫的，是一個放縱淫亂的日子的灰暗結局。我喜歡預先宣告。因我並無布爾熱或巴雷斯[1]的技巧，能夠吸引讀者進入同樣的情境，或者（改以隱喻）令他們體味到這形諸於外的激情有多深或多淺。但是，我願保留的，就是此種風格激情。

這花瓶可以打破，可以摔碎，祇要你願意，

然而，這玫瑰香會留在原地。

莫爾（Moore）[2]

詩人寫出「啊！生命逝去，如歲月不再」這樣的句子，可能因為他在自傷身世（但尼生 Tennyson）。若他以為此語到處適用，甚至可被引為格言，則竊以為不然。

如果沒有想像，記憶全無用處。想像是不可知論者對於永恆的真實頌歌，它用青春的晚霞照亮逝去的時光。這些關於過去的美好幻景，即使不能讓人生活得更美好，至少可以助人面對生活的煎熬。「活過，愛過」（弗雷德里希・席勒《皮科洛米尼》III，七，九）：我復何言？

聖人（「知識之大師」[3]）宣稱：「巧言令色，鮮矣仁」，我雖然尊重孔聖人，但是認為，反之亦然。那些語言貧乏，不善言辭，不為人喜的傢伙，他們難道不是「濕毯」（語言粗鄙）嗎？其生命的意義就是讓周遭之人掃興。隨著時間流逝，如此嚴重的缺點使他們成為笑柄，正如人們對福克斯可能比對皮特記憶更持久，這是因為前者頗有魅力，而後者笨拙且毫無道理地粗蠻[4]，讓人避之不及。

和我一起尋歡作樂的貴族朋友大都年輕，個個沉溺於靈魂之衝動。也許是厭倦了僅僅如《箴言篇》之中所羅門所云的「默默以求」，從一九〇二年到一九〇八年（光緒二八年到三四年），我們時常在肉市的**慶和園**（戲院）歡聚，與標緻的伶人廝混終日，打情罵俏，醋海興波。**慈禧**於一九〇八年十一月（光緒三十四年十月二十一）去世，全國哀悼二十七個月，禁止娛樂。但是那些官階很高或對朝廷影響甚巨，如同俄帝國的大公爵或者像我這樣，人人皆知是老佛爺的密友，仍可自行其事，歡樂放肆，一如十八世紀倫敦街頭的貴族流氓。

那些熟悉英國公立學校的人可能想到，男校中有誰不守規矩被捉，而被免於校規懲處的嗎？當時，那些「懦夫」或曰「鞭吏」殘忍無情，誰也不放過，雖說我們都對這酷刑嗤之以鼻，但這規矩確實是莫大震懾，即便它令我們體驗到蓬勃的性欲感受。我記得曾有一樁案子，被刻意隱瞞下來，因為當時那些所謂「半便士般無足輕重的」小報（當然現今半便士作為貨幣已經不復存在，但這說法保留下來），倘若有利害關係牽涉在內，不會站在我們一方，披露醜聞。《泰晤士報》和倫敦頂尖雜誌的編輯都出自公立學校，忠於母校，不肯刊登此類低俗事件。兩個男孩，分別是十八和十九歲，都喜歡一個十四歲的美少年。（事後查明）此人左右逢源，與兩人多次交歡，而這兩個追求者顯然都不知道，自己的「情敵」已經屢獲高潮，還自以為是彼之唯一。叫做沃德的男孩有一次遇到此人正與另一男孩，名喚寇瑪者大行其事。沃德拿出一把寬刃刀，插入情敵的屁股，那二人本來興致勃勃，落得如此下場。學校進行了幾次訊問，自然也有多次野蠻的鞭刑（理應有西布利牧師出場）[5]。然而在虛偽的英國，所有報紙都對此緘口不言。當事人被開除，但沃德的父親付給受傷的寇瑪一大筆錢，後者答應不告上法庭。該男生被允許留校。照樣帶著他的邪惡眼神大搖大擺走在校園，這相當於告訴像他這樣的人，校方接受或許可此種罪惡。因為，無論是在修道院、神學院還是公立學校，欲望之烈火都無法控制，衹能用暴力將之扼殺於萌芽。此事無可避免，如長久的和平之後必有戰爭，又像我們從歷史中學得如下教訓：我們從中學不到任何教訓。

重新說回慶和園，我應該客觀地解釋一下：我向來以貴族流氓自居，但我總是約束自己的行為，僅限在言語或姿態上尋樂，不會實行，至少不會為有損名譽之事。而某些「新血」[6]樂於滋擾貴婦，就像攝政時期的倫敦，浪蕩子們把一些公眾休閒地，如沃克斯霍爾或拉內勒夫，變得令人**視為畏途**。特別是慶親王的三個兒子**載振**、**載扶**、**載掄**，完全是無所顧忌。他們以為，在其父庇護之下盡可放心。前者現在已經襲封慶親王。一九〇二年，他在倫敦出席愛德華七世的加冕禮，卻不出席宮庭晚宴，因他偏要在亞歷山大酒店與一位皇族美女幽會，被「伯蒂」（Bertie）國王嚴斥為紈絝子弟之最，因此惡名昭彰。老佛爺收到信件，遂得知特使的所作所為。我正巧是此信譯者。載振之父當時是總理各國事務衙門大臣，此事若以正常渠道上報，必為其壓下，太后無從得知。信中要求太后申斥他行為放蕩，（如聖人所說）**有辱使命**，與陌生人行苟且之事，損及中華國體。他還向媒體自稱是桂冠親王，其實完全沒有資格繼承王位。我從未見過老佛爺如此憤怒（除了**岑**春烜那次的愚行）。她揚言要將慶親王革職。他被迫拿出大把銀子，重賂太后、**李蓮英和榮祿**（其時乃一九〇二年，其人依然健在），以平息事態。最後他花費了幾百萬兩，太后才算了事。

老佛爺允我保留一份王室來信的副本。後來，我把這個副本和其他文件一起丟失了。我大致記得，從信中內容看來，愛德華七世相當憤怒。信是英王以其拙劣的筆體手書，時間是一九〇二年十一月，以「偉大的好友，親愛的姊妹」開頭，以「向太后陛下致敬，您的好友、好兄弟，愛德華。」結束。

根據我的記憶，英王在信中感謝太后派來特使，並惠賜好禮。遺憾的是，他因病不得不縮短各國代表的晉見時間。他還感謝太后帶來的問候。但是，前任首相索爾茲伯里爵士（他於一九〇二年七月辭職）告訴他，載振親王閣下未參加宮廷典禮，其原因令人難以啟齒。英王因此要求太后，千萬不要再讓親王來倫敦參加宮廷活動。（值得注意的是，老佛爺死後，朝廷並未理會這個要求。一九一一年，他再次被派往倫敦，參加喬治五世的加冕禮。這次，他的隨從中有後來被封為爵士的貝爾比・艾斯頓，因此他的表現比上次略好）。

慶和園中有一個非常標緻的伶人，名叫**喻桂芳**，我們對他都非常迷戀。大約在光緒三十一年（一九〇五）五月，我不記得具體日子了，他嚴辭拒絕了慶親王三個兒子的討好，尤其是上面提到的載振。其原因相當怪異，由本章題目可知。後者在高亢的性欲發作之時，有一個如同吸血鬼之習慣。在體後交合之時或者之後，他喜歡咬住孌童身體的某個部分，通常是頸之後部。這是因為他性交的姿勢為俯臥，而非「騎小驢兒」。這種姿勢叫做**上尉**或**大尉**，也叫**頂上**或**朝山**、**爬山虎**（我以為此名和姿勢殊為不像）。若是三人（或者說三層）性交，既為主動又為被動的人叫做**聯環**、**方中**（這是引用《詩經》的「**定在方中**」[7]。意思是，七月的時候，定星，也即天蠍座，尤其是紅色大星心宿二，恰在（南）天之正中），也叫**死扣兒**、**夾板**、**中位**，或者諧稱為**中尉**、**得所**、**水中魚**。最下層的孌童叫做**下走**或**走下**、**山谷**、**末尾子**、**下位**，或諧稱為少尉。我記錄下這些名稱，僅為憶舊，這些詞曾經鮮活，今日卻已無用。他們的鼎盛之日已逝，如同「握過的手已不見，聲已不聞」（但尼生）。唉。我並不知道男色關係能否長久存在，但是我想無論如何在社會上層會存在，因為他們可以雇傭社會下層的人。然而，人們應能發明其他莊諧兩攙的適宜的措辭。這種智慧，以前的中國人非常擅長，事實上日本人也並不遜色。據說英國人善於語帶雙關，而我所知的最好的雙關語來自伏爾泰。他與鄰居的一位女士同赴茶會，後者堅持要向他的茶杯中彈菸灰，他說：「我喜歡喝茶（mon thé），不喜歡喝灰（des cendres）。」[8] 此種智慧完美無瑕，毫無尋常雙關語之枝節生硬。

轉回正題。六月的一個下午，這放蕩的三兄弟帶著一大群凶猛的侍衛來到戲院。侍衛堵住大門，不讓戲迷買票進場。他們直奔綠舍。當時我和十幾個年輕的滿洲貴族都在，載振旁若無人，命令喻桂芳脫下褲子，趴在椅子上擺好姿勢，滿足他的性欲。喻桂芳拒絕從命，我們也都出言支持。稍後他就要上臺表演。載振的吸血鬼之癖使他變得非常可怕。三人把喻桂芳按在地上。我正以為，禍事無可避免，誰知天從人意，御史江春麟到了。後來，太后被袁世凱親手暗殺，江春麟以密摺彈劾袁。江春麟無畏正直，要求處死袁。由於英國公使的干涉，越俎代庖（比喻詞，字面上的意思是祭祀時「越過祭祀的器具，代替主廚行事」），時任軍機大臣的袁未受處罰，祇是被攝政王下令革職，遣回原籍。彈劾的密摺措辭強硬、令人信服，從未正式公開。其中告發袁的多項罪狀，如覬覦王位，叛國，不僅意圖謀害老佛爺，且有更多圖謀。另外一次，他彈劾慶親王（但未成功）。當他寫道，老親王放縱其子違法，蹂躪庶民，他指的可能就是自己親眼所見的這次慶和園風波。我們中有人設法給江春麟捎話，請他到綠舍公幹。他進門時，三兄弟與喻桂芳正在地上纏鬥。後者驚懼地掙扎，不想被放平，遭受吸血鬼的殘暴對待。江春麟不失冷靜，斷喝到：「這成事體麼？光天化日之下，你們三個年輕親王都是不逞之徒，敢仗威風欺壓平民。明日本御史定將奏參。」

這三個莽漢知道江春麟會說到做到，因其職責所在，老佛爺定會狠狠處理慶親王。他們懼怕其父大發雷霆，遂轉身逃走。於是演出得以進行。事情至此可算圓滿。但是，載振就像一隻被困住無法捕獵的（紙）老虎。很明顯，這種吸血鬼一樣的習慣確是他的癖，是無法抗拒的渴望。據說他與人行事之後，所吸的血數量極多。

此事如此結束，令人高興。但是我們慶祝得太早了。我完全沒有想到，御史震懾載振之後，他還敢繼續行事，以達目的。喻桂芳回到了他在哈德門外花兒市的家。我們一些人則待在戲院裡一個小時左右，尋歡作樂，讓他一個人回去。我們都以為，喻不會再出事。當晚大約九點，這三個墮落的親王帶著載振的一夥手下，還有當地的流氓、打閑兒的，來到他家，強行闖入小院，把這個可憐的伶人捆綁、堵嘴，劫持而去。此時老佛爺身在頤和園，城門已閉，我不知道憑我的金牌通行證能否出城。不過每一個宮殿的侍衛都放行了。想到喻正在遭受的痛苦，我不寒而慄，非常害怕載振會在雲雨之後把他殺掉拋屍，然後否認整個事情或者否認自己的參與。而當時在皇城的許多地方，實際上並無侍衛駐紮。第二天黎明之前，我上路前往萬壽山。到達之時，老佛爺正在舉行內閣會議。我把整件事情告訴李蓮英，他相信太后知道此事後定會嚴懲慶親王，頗為高興。他說：「如果喻被殺，這個慘劇就是一樁醜聞。老佛爺將不得不下令革去慶親王所有職務，永不錄用。」

朝廷的規矩，為防滿族人的政權像明代及之前的朝代一樣生亂，「城狐社鼠」對國事眾聲紛紜，內閣會議上禁止太監與聞。但是李蓮英經常跪在一道屏風之後，聽到所有內容。他找到一個合適的位置，把紙條遞給老佛爺，告知我所說的事件，請她留下慶親王不得回城。因為喻正拘禁於載振房中，須得慶親王保證其安全。李蓮英說，老佛爺讀了紙條，從臉上表情看，對慶親王父子相當不滿。原本她也並不喜歡這些人。她告訴慶親王，喻桂芳本該上午來到頤和園，因為今晚要演戲給她看，結果現在人在載振宅中。聽得此言，慶親王大驚（因為他並不知道其長子近來的惡行）。「奴才我如何交出喻桂芳啊，我根本不知道他的下落。」

「你是不知，但是你的長子知道。你給我記住，如果不交出他來，或者他受了傷，你這無禮兒子的罪我都治到你身上。我有言在先。」

晉見結束了，老佛爺立即召見我。我原原本本告訴她整件事，她聽到御史江春麟的勇敢，拍手喝彩。「竟然搶走你的朋友，如此大膽，真是聞所未聞！行事醜陋，令人髮指。你最好等到喻過來，他看到你在，就會不太緊張。你可以帶他來見我，講講前後經過。」於是我等在那裡，在大門迎接喻。載振殘忍地折磨他，肆其怪癖，咬他後頸，留下一個可怕的傷口。喻說，載振從他身上吸了很多血，極其興奮，形如惡鬼。如果沒有慶親王干涉，可憐的喻以為他再也不能逃出生天了。齒痕宛在，他的面龐煞白，即使外行如我，也知道他失血頗多。我想這種蒼白也來自他的恐懼。

老佛爺專門派人命令慶親王攜三子下午來見。她吩咐我，他們來時，不必在側，因為她知道我和他們是朋友，不想我們之間有不快。據李蓮英說，親王與其子再三叩頭，大呼：「臣願負責。」

老佛爺盛怒之中，對他嚴加指責：「你連自己的家室都管束不住，如何掌管國事？我要罰你十萬兩銀子，以為薄懲。載振要罰一萬兩銀子，賠給喻桂芳。還有載振要光著臀部，受三十下黑**鞭子**（這是一種可怕的長皮鞭），你須在場。他的兄弟參加此種暴行，罰銀五千兩。搶人惡徒中為首者，載振要把名字給我，我要將其斬首，**懲一儆百**。」

載振被帶到當場，他開始哀號求饒，這說明，此人乃是最低劣可鄙之懦夫。「太后饒命，不要讓我受辱，**撻之於市**（此語出自經典著作《**禮記**》）。在聖駕面前暴露身體，是無可饒恕之恥。」他開始痛哭，哀號求饒，如學童將被樺木條鞭打，尖聲叫喚。

老佛爺冷笑道：「你讓別人受罪，現在你也要**嘗那個滋味**。叫**撲戶**（此係滿語，宮中的角抵人員）帶著黑鞭子來。讓喻桂芳出來，看著罪犯載振。」

宮中的行刑人帶著可怕的「粗皮鞭」（馬來語，意為皮鞭。此種皮鞭來自布林人）到了。可憐的喻戰慄如鼠，也進來了。「你認出這個襲擊你的親王了嗎？」

「是的，太后，請饒恕他。三個親王之中最結實的那個……」

「他做什麼了？講！」

「太后，他把我**肏屁股**三次，我非常疼痛。」

「還有什麼？講出來。」

「第一次肏過之後，他似乎非常興奮，狠咬我的脖子，血出來了，他一直吸我的傷口。」

老佛爺說：「很好，拿起鞭子，先打他六下出氣。」

李蓮英說，喻猶豫了一下，輕輕拿鞭子（似乎他手中是一支百合花）打在載振屁股上。然後，撲戶就在太后面前開始認真賣力地鞭打載振。英國教師鞭打學生時的熱情遠不及他，他似乎極其享受殘酷虐待之狂歡。載振確是懦夫，呻吟之餘，不斷呼喊：「饒命！老佛爺，求您開恩。」顯然，鞭打是暴烈之舉（須知，我寫下這些文字，並非出於目睹，而是出自李蓮英的轉述），年輕的親王毫無膽氣（大多數學童尚差於如此），這一點卻令人鄙夷。我可以明確說，在學校遭受的種種責罰，即使是痛到極處，我也從未讓「鞭打狂奧比留」（奧比留，賀瑞斯上學時的鞭打執行人）滿意地看到我因畏痛而退縮或聽到我因苦楚而哭喊。鞭刑結束了，載振爬起來叩謝老佛爺。而其父根據禮儀，感謝太后不殺（即斬首）之恩。老佛爺拿到了載振同謀者的名單，下令將其中六個就地正法，另有四個於行刑之下午陪綁至刑場，並終生關押。當晚我在回家路上遇到兩輛無篷大車，如同雙輪貨車，運送的是命不久矣的重刑犯。他們的雙手鎖在背後，鎖上插著高粱稈和招子（窄長的白布條），其上刻寫朝廷令狀：搶走良民人犯。彼時，（民國常見的）綁票、撕票（殺死被綁票者的委婉說法）的說法還未出現。

在我離開之前，老佛爺又要我和她交歡兩次。她感謝我讓她一掃可惡的慶親王父子帶來的宿怨，重感適意。我請太后不要告訴老親王我參與了這件事，因為我不想傷感情。事實上，我與老親王的關係確實沒有受到影響。而不幸的是，喻把我在此事中的角色（「他在其中的作用，如此顯著」[9]）告訴了戲院老闆和身邊親近的伶人。前者和大多數中國人一樣，是世界上最知道感恩的人，不像我們西方野蠻人，總是以怨報恩。他堅持給我送來許多禮物和一塊牌匾，上刻「護庇良民」（我拒絕了前者，不得不接受了後者），他還給我的家人送了許多銀兩。喻和我幸福地相愛多年。眾所周知，他後來成了戲劇名角。

在我印象之中，慶親王一九一七年死去，載振繼承了親王的爵位。雖然他表面上仍然友好，但是毫無疑問對我此次「不正當的」介入懷恨在心。一九二三年十一月，末代皇帝舉行婚禮大典[10]，我有幸被邀。宣統皇帝溥儀坐在寶座上感謝我們光臨。此後，膽大包天的載振學著他的皇上，也莊重地向我們致敬，好像他已是一人之下萬人之上。相反，皇上的叔伯們並未如此傲慢。典禮之後，載振叫住我，問我：「名伶界中的令友目下怎麼樣？」我回答道：「托王爺的福，他們倒是尚屬不錯。王爺跟我算是同癖！何其幸耶！」

1 保羅・布爾熱（Paul Bourget, 1852-1935），法國小說家、文學評論家，在巴恪思的時代非常有名。莫里斯・巴雷斯（Maurice Barrès, 1862-1923）亦是著名小說家、政治作家，今人對他最鮮明的記憶是他的反猶民族主義。

2 湯瑪斯・莫爾（Thomas Moore），「再會！——任何在你期待的時候。」

3 但丁（Dante），《地獄》（*Inferno*）四・一三一。

4 福克斯指的是巴恪思經常提到的他的所謂的親戚，政治家查理斯・詹姆斯・福克斯，皮特是其政敵小威廉・皮特（1759-1806）。

5 西布利，希臘的土地神，古羅馬一種常見祭儀的中心。西布利牧師負責主持鞭打和自我閹割等儀式。

6 「新血」是對於貴族流氓成員的另外一種稱呼。

7 原文實為「定之方中」。

8 Mon thé 與 monter（意為上升）同音異詞，des cendres 與 descendre（意為下降）亦然。

9 維吉爾《埃涅伊德》二・五。

10 編者註：宣統大婚時間為民國十一年十二月一日，「帝在乾清宮受賀」是十二月三日，即一九二二年十二月三日。（溥儀回憶錄《我的前半生》）

第九章
天堂之火，愛侶之厄

朋友常常問我，為何暴風雨之時，或者更準確地說閃電之時，我會緊張不安。答案如下：「看到了這眼前的一切，能看見這眼前的一切。」（To have seen what I have seen; see what I see.）（《哈姆雷特》）

備忘：這位女士叫毓瑅、字淑德，毓是她的名字，瑅是一種玉石，淑的意思是貞潔。老佛爺愛稱她為黛玉，和小說《紅樓夢》女主人公的名字一樣。

我曾鹵莽地幫助兩個年輕人在宮中約會，老佛爺知道此事後的反應，我已盡可能地詳細記錄下來。太后並非完全無視真心之愛，她祇是反對在自己不知情或不同意之時，由第三方助人行事。**光緒**三十一年的暮秋（此是中國舊曆），即一九〇五年八月初，太后命我帶**柳昌**到**萬壽山**。他是年輕的花旦，非常漂亮，極有魅力，當時在梨園並不知名。我非常喜歡他，最近他被太后看上，我頗為怨恨。我想這種情形下，太后直接命一個信任的太監把他叫來即可。然而命令來了，我唯有服從。此行由我個人負責，這並不常見。我找到**李蓮英**，問他何時如何帶人進來。那個時候，伶人地位依舊低下，大家認為，有地位的人不應公開與之交往。雖說對於規矩或者習慣，「遵守不如不遵守好」（《哈姆雷特》）。但是老佛爺非常看重禮數。（按照她現在對我的要求）我不知道如何坐著我的官轎，把一個男伶帶入宮中。這事會被所有人注意到，他們由此得出的結論肯定不會好聽。唉！這些結論倒也並非空穴來風！李蓮英頗有急智，解決了這個麻煩。他安排我們（我和柳）在長河畔的**萬壽寺**見面。**長河**是從**西直**門通往**昆明**湖的運河。我在那裡離轎，與柳同乘太后的船。有柳相伴，此行相當愉快。太后總是從頤和園到萬壽寺燒香拜佛。一群人已經聚集在寺門口。我聽到有人頗為天真地讚賞柳的容貌，說：「**老佛爺要消遣**。他吶，**老在忙國事，應當養神得休息的時候兒**。」

柳顯然有些緊張，不斷問我，老佛爺招他所為何事。我並無現成答案，但是根據我自己的經驗，答案相當清楚。她為何讓我介入？我一點也不明白。以其性欲之強，或許是希望兩個男人共同服侍。也許她為保全我作為主角的顏面，讓我自覺自願帶配角上臺，在他積極地配合下，我這筋疲力竭的主角得以抽身引退。柳充滿愛意地握著我的手：「如果她讓我侍寢，你要保證不能遠離。因為我訥於口（其實他口齒伶俐），你能言善辯，可以匡其不逮，助我從容就事。」我向他保證，我會盡力支持。但是彼時太后並未明確說要三人行事，也沒有允許我做為中間人相助。我們的船行在昆明湖平靜的水面上，眼前的排雲殿（其建築樣式仿照了達賴喇嘛在拉薩的布達拉宮）屋宇高聳，景象莊嚴。此刻對於太后心中的神祕任務，我仍然如在五里霧中。

我們下船登岸之處，站滿侍者、太監和宮女。不過並無我的熟人。向來祇有老佛爺才從水道進園，所以我們從湖上不期而至非常令人矚目。柳昌和我穿過好奇的人群。他們對他的容貌大加讚賞。

我聽到其中一個宮女問：「那個衣服上鑲紅寶石的年輕人是誰？」一個太監回答說：「你是真的不知道，還是明知故問？」

「請告訴我吧。」

「哦，他是太后的星相師！」這個稱呼對我是種尊重，我非常高興，卻也有點懷疑，這可能祇是隱語。

我們走向總管太監的房間，貼身侍從崔德隆熱情地迎接我們。「啊！你們到了。老佛爺正在午睡（此時是下午三點），總管太監在吸煙。你們先請到我房間，等他過癮之後再過去。」儘管湖面平靜，天氣卻相當悶熱，這就是我熟悉的京師。東南天空雨雲堆積，暴風雨將至。

崔是愛美之人，非常關注柳，落落大方地與他調情。「太后準備帶上您、柳昌、她最喜歡的嬪妃淑德（毓瑅），可能還有李都總管，到湖對面的廟中品茶抽煙。你們都要留到明天。等李總管來了，他會向你們解釋。」李蓮英和往常一樣，熱情地邀請我們到他房中用點心。他告訴我，因為經常來遊玩，廟裡給老佛爺設了正房（西北間）休息，她和我談話時，毓淑德和柳可以自行其樂。我們回來之後，會循例行事。但是柳少見之姿容既已聞名，夜間老佛爺可能私下召見他。這像是一個換妻聚會，相當正常。但是我不知道自己和毓淑德會有什麼關係。也許，下午的郊遊之後，她就不再出現，晚間柳和我輪流滿足太后的欲求。

一個太監衝了進來：「老佛爺叫你。她問侯爺是否已經到了。如果到了，請他和男伶馬上進來。」

我們進入宮中，三叩首。太后容光煥發，一邊愛撫我，一邊評論柳：「名不虛傳。毓德下午要高興了。但是之後我要讓他服侍我。如果他不自在，你就安慰一下。」我看得出，老佛爺非常喜歡柳。他那半是恭敬半是不遜的風格正和她的胃口。她厭惡卑屈之態，卻也要求應有的尊重。她並不排斥適當的巧辯，如果措辭得當，反駁也可以忍受。我想，她不會比維多利亞女王的氣量更大。後者的祕書亨利‧龐森比爵士說她的某些想法「非常荒謬」，她反駁道：「你絕不能說『我們』荒謬」，這是斷然的否定。但是對於需要她決定的問題，如果某人之意見具有說服力，太后比歷史上的大多數君主更從諫如流。她畢竟還是有些幽默感，也常常會隨便講話，高興的時候也會自嘲一下。她的怒氣會突如其來，性格確實也有些反覆無常，但是在熟人，例如榮祿或李蓮英面前，她很容易恢復平靜。而對於不瞭解她的人，其怒火相當可怕。

太后好色，愉快地撫弄著柳挺拔美好的陰莖，說：「你別吃醋。他是毓德的，你是我的。這麼標緻的年輕人，我忍不住要摸摸。《論語》中提到一個漂亮的戲子歌者。聖人說，他對魯國的影響比自己的影響還大，聖人覺得當時道德淪喪，十分悲哀。那個人叫什麼名字？誰之美，我一時想不起來。」（她說的是《論語》中的宋朝之美。「朝」字有兩個意思：早晨或朝代。宋代建立者原來的封地在河南宋州，將其朝代稱作大宋，部分原因即此。）

天氣非常悶熱（「陰沉如同聖亞威特斯殺死莫朗日之夜」[1]，出自博努瓦特的小說《亞特蘭提斯》），但是太后的閨房中有許多電扇。李蓮英匆匆走進說，毓德求見。她是毓恒的姊妹，拳民頭子耆秀[2]的女兒。我在浴室奇特經歷那節提到過毓恒[3]。我知道她的兄弟非常迷人優雅，見到她，果然符合想像：頭髮烏黑，華貴、美麗而可愛，穿著夏布衫，眼睛又大又黑又亮，眉毛精緻，手形優美，每一個指尖都符合貴族女兒的身份，身材優雅柔軟。老佛爺叫她淑德，或者按照《紅樓夢》女主角的名字，叫她黛玉。後一個稱呼我感覺不吉利。雖然是小說的虛構人物，但是黛玉是不幸的女孩，雖有真愛，卻幾經波折，命中注定英年早逝。太后向她介紹我，說我是「外國專家」，「跟我很投緣」。毓德毫不害羞，高興地向我鞠躬：「老佛爺工作太辛苦了！一刻也不願找點樂子！」

太后說：「也並非如此。我們現在就去玩一會兒。這個可愛的孩子是花旦柳昌，你一定喜歡和他講話。我們到湖對岸的香界祠和龍王祠去。我要在那裡給彌勒佛燒香。之後我們可以隨心所欲，不拘禮儀，盡情玩樂。船馬上就到這裡。除了你們三個，我衹帶著李蓮英。」

令我高興的是，雖然太后在場，柳仍然很自如，開始愉快地與毓德交談。儘管身為一個戲子，但是他來自體面的家庭，因而很有禮數，恐怕連皇帝（尤其是鄉下人一般的光緒）都會自愧不如。我猜想，老佛爺已經告訴毓德，會有一場性愛盛宴。

生命是悲劇，這個故事亦如是。然而，我並無預見之能。我要敘述這個痛苦，悲慘難以言喻的事件。記憶如腐蝕性的酸液，已經刻入我戰慄的大腦，以至於敘述它就如同重新親歷一次。我的良心從未使我釋然。就像埃涅阿斯向迦太基女王敘述巍峨儼然的特洛伊的衰落，我不能停頓，不能半途而廢，必須勇敢地講述到底。太后和那位權傾一時的太監已經在陰間，或曰九泉，入住十年之久，我還留在世間做一個默然無語的看客，像一個過氣的可憐戲子，但無論角色多麼短暫，也堅持演完，對他而言，歡呼已不再重要。如同偉大的奧古斯都臨終之時說：「戲已演完，鼓掌吧！」男子完美無缺；女子芬芳秀麗，生來就要誘惑男人，就要為男人所愛。想到他們殞命之時，天降災禍，我感謝仁慈的主賜我眼淚。眼淚雖毫無價值，但能夠將悲傷和恐懼化為純淨的感情。兩千三百年前，生存於傲慢拜金的文明社會的斯塔吉拉特[4]就如此說（感謝上帝，這個文明已經在我們面前奄奄一息）。此語在彼時此時同樣正確。

如同保羅・布爾熱在其心理浪漫小說《André Cornélis》中所說：「回到主題。」船在岸邊等我們。老佛爺雖已七十高齡，走起路來仍是異常精神（也許是因為剛才撫摸柳昌那絕妙的**巧子**——陽物，她備感適意，精力大增）。她在船尾就座，我們坐在她腳邊。即使是在水上，亦暑熱難當。記得我當時想，在這種日子裡做愛真是罪過，等於是讓命運三女神用中暑來懲罰自己。

微風仍舊從東南吹來，此處是華北多暴雨之地。船上的侍者們在老佛爺身邊說話隨意，就好像維多利亞時代的蘇格蘭車夫和馬夫會用低沉的聲音和他們的女王談論她的子嗣都不願成為儲君。侍者說：「老佛爺，您最好還是不要上岸。風大，您會吹到的。」

太后反駁說：「吹到又怎樣？你們不知道嗎？佛家有語：**苦海無邊，回頭是岸**。」這段著名的文字說的是觀音菩薩的大慈大悲。船上的侍者們應該不會明白。但是如我所說，太后說話時開始引用，總是說明她心情很好。她繼續說：「我們會在廟裡待著。你們等到日落時分，或者稍晚，再回到船塢，和我們會合。」

在我們所要去的所謂「**行宮**」裡，太監們似乎已經準備了點心，還有老佛爺的煙槍，以及充足的大煙和飲品。我注意到毓和柳似乎已經產生了親密的感情[5]，他正滿含情欲地緊握著她的可愛小手。唉！「神有不同的判斷」（維吉爾，《埃涅伊德》二・一四八）。他們的愛未經考驗。讓我們相信，像《埃涅伊德》第六部分的蒂多和忒拉蒙一樣，他們能夠在極樂之境以愛回報愛，永恆不變。

船靠岸了。李和我扶著老佛爺，走上短短的斜坡，進入廟中。雨仍然沒有下來，但是已經可以聽見作為前驅的隆隆雷聲。太后問我：「你害怕雷聲嗎？」

「不，太后，聽到雷聲我不會害怕，但是我害怕閃電。一旦雷聲入耳，就沒什麼可怕的了。就像子彈在空中飛過，如果你聽到嘯聲，說明它已經飛過去了。」

「我能不知道嗎？二十六年七月二十一（一九〇〇年八月十五日），我們正要離開紫禁城，你們外國鬼子開始打槍，子彈嗖嗖的**正鬧得歡**。衹有得罪老天爺的人才會被閃電打到，**獲罪於天**

無所禱也（孔子）。我喜歡欣賞暴風雨，但是他們告訴我，要關掉電燈、電扇，以防被電所打。」

我自然沒有說這與環境有關或者衹是迷信。關於後一個說法，不衹是在中國有這樣的迷信，許多地方長久以來都相信，被閃電打到的都是壞人。（我記得，六十年之前，我在格勒諾布爾Grenoble和查圖士La Chartreuse之間的某地，有一次出門，電閃雷鳴，我的馬車夫一邊虔誠地劃著十字，一邊安慰我：「我們不會有事的，今天我們都聽過聖彌撒了。」至於前一說法，太后也許是忘記了，也許是不願想起一八二〇年九月今上的曾祖父嘉慶之死。天「火」擊中避暑山莊時，他正好在熱河行宮。此事眾所周知，當時住在承德的天主教遣使會的神父還將此事記入史書。我在此重提此事，是考慮到某些讀者可能（「誰知道呢？」）並不知情。嘉慶皇帝名永琰（此後，琰字被禁用，敬避廟諱）[6]。皇帝留下的畫像通常會比本人更好看。但是即使從畫像上看，他也是一個殘忍、嗜殺、報復心強的暴君。他編造了一些所謂的正義之辭，冷血地謀殺了乃父最喜歡的大學士和珅（我將其稱為謀殺，雖然在事實上，和中堂是被「賜」自盡的）。這些事導致人神共憤。神聖的儒學教導統治者，其父去世三年之內，不能將其父最喜愛的大臣解職（更不用說責罰了），嘉慶違反此訓，衹等了十天，就判處和坤死刑。下面我將要說到嘉慶之死。時人以為，他是獲罪於天，遭到報償。而我，可以批評他的野蠻和嗜殺，但是（因為我自己的情形）我沒有資格指責他的道德。他是徹底的同性戀，兩種角色都喜歡，可能做為被動的角色感覺更爽。據說，一天十個壯漢為他服務仍嫌不足。粗鄙的流言說：「當今皇帝眼兒真大，屁雖臭一聲不發」。寫到這裡，不管願意不願意，我忽然想起了正確的表達，這是關於黎塞留主教的童謠：「最傑出的主教，最骯髒的屁股」。我記得，黎塞留死於直腸的惡疾，可能是癌症。

在奧斯曼宮廷的土耳其人之中，有一個流傳很廣的笑話，如果貴族的某個客人在宴會或公共聚會時放屁（此事並非失禮），有人會說：「我很高興，我們之中仍然有『處男』。」這是說人的屁眼如果經常被外來的「刺入」擴大，放屁時就不會有聲音。

繼續說嘉慶，他有一個孌童叫做**龐韶濂**，是當時公認的安提諾烏斯[7]。據說能進入天子的直腸八寸還多。皇上喜歡帶他的寵臣去宮中的某個**亭子**，那裡林蔭茂密，與彌爾頓在義大利托斯卡尼的瓦朗布羅薩避暑勝地相似。偉大的「超人」[8]、愛國者、領袖貝尼托・墨索里尼曾下令將此地的紀念銘牌「最傑出的英國詩人彌爾頓」摘掉，因為即使是三百年前的英國人也「憎恨上帝，與上帝為敵」（但丁，《地獄》三：六三），就好像被詛咒的天使長路西弗一樣，挑起了戰爭，並曾經成功。

那一天和一九〇五年八月的這個夜晚一樣陰沉。我所講述的悲劇發生了。午後不多久，皇上和孌童（或者叫**爬山虎兒**，這是個俚語，指的是肛交時上面那個人）走到那裡做愛。此事並無目擊者，但是我想推測一下並不犯法（遣使會神父的記載會證實我的話）。兩人互換角色，盡情歡愛。嘉慶已經五十八歲，飲酒過度，主動行事的能力已經開始減弱，但是做為被動者的能力仍然昂揚，喜歡「騎小驢者」完全進入。如我所說，由於（很自然地）缺少目擊者，善良的遣使會神父當時不在，事發一百二十三年之後將之付諸文字的我也不在，事已如此，祇能儘量想像事件發生的具體過程。皇家苑囿遭遇到極其強烈的暴風雨。亭子上雕有許多花草，非常容易招來天火。

亭子被閃電擊中後著火，一直燒到地面。暴雨初歇，深受驚嚇的太監和侍從趕到這個死亡之地，在焦黑的建築中衹找到一堆發白的骨灰。（神父寫道）「一堆發白的骨灰，無法區分屬於哪一個人。」[9]他們把骨灰小心翼翼地放入白色絲綢包袱中，虔誠地置於梓宮，亦即皇上的棺木。等到某日，由一百二十八個葬禮侍從抬著，緩慢地走向京師，準備葬於西陵。西陵並未像東陵一樣在日後遭到褻瀆。但是，嘉慶之陵，即昌陵，後來被挖開，棺中殉葬的寶物被洗劫。至於其中的死者遺跡，如我之前所說，衹是一小堆骨灰。「整個世界的榮光由此逝去」（這段話直到一九六三年還被用於教宗的加冕禮）。可愛的龐韶濂卻是幸運的，他與其君主難解難分地埋在一起。「專業」（或者應該說是「我們」的專業）俗語之中，對他的功能有一個不雅的說法：下走，即下面的那一個人。此處恰如其分。

以上雖然跑題，但並非完全不相干，想必讀者可以原諒。無論如何，大清朝歷史上的這件事並不是太光榮（雖然頗發人深省），老佛爺已經輕巧地將其忘記。（不消說，）官方宣佈，天子是在勤勉地處理國事，萬機之餘死於疾病突發。好吧！我推測，法蘭西共和國總統菲力克斯・福爾（Félix Faure）去世的情形也不甚體面，法國政府不得不宣佈，在一八九九年二月的這一天，他在享用了一頓過於豐盛的早餐之後，突發中風去世。

回到主題。我們在廟裡燒了香。姿態雖然虔誠，傾聽祈禱的神卻很少有求必應。在老佛爺的臨時會客室裡，柳和毓親密地交談著。太后則在問我最近在同性愛上的「戰利品」（她是這樣稱呼那些人的），尤其是我親愛的占寶臣近況如何（請讀者參看「祕會桑樹下」一章）。享受一頓盛宴之後，太后說：「我和巴侯爺要辦一點兒私事。你們兩個年輕戀人自去旁邊房間消遣。」（廟在中間，我們緊挨在北邊，與它中間衹有一個隔山（類似屏風），但是沒有可以互通的門。）「李蓮英，你去東邊自己的房間吧。准你去盡情過癮，我想你肯定備了很多。」

李蓮英忘記把慣常所用的媚藥給我。因而，我沒能達到理想的興奮狀態。老佛爺很失望，手握著我沒有完全豎起的陽物，說：「我希望它更硬一點。（狡猾地）我能想像，如果你和毓德交換位置，巧子一定會硬起來。但是，你必須盡力，我需要你來服侍。」

此刻，暴風雨終於來臨。湖水激盪如狂。所幸船已經安全返回船塢。雷聲隆隆，整個天空被閃電撕裂。大地呻吟，如將分娩。可以看到整個西山裹在奇異的黑色之中，如同希臘神話之黑暗界[10]。天突然變得極黑，似乎大地甚至整個世界都已消失。我從未見過如此大的風雨，必須承認，老佛爺似乎把這場風雨視如巨大的笑料，比起衰老的英國人，勇氣多得多。英國人幻想自己是這個時代的驕子之一，是所有時代的傳人。（由於明顯的原因，在一九四三年，他不會這樣想。）雷鳴不停，閃電斷續，我們聽到毓德的聲音：「真好受。你還得來一次。實在要舒坦死。」

（莎士比亞：「死於玫瑰，痛也芬芳」[11]。）

接著我們聽到柳說：「我巧子上有點兒血印兒，當然你是處女。用不著騎馬布。」這種東西上如果沾上血，就說明新娘的確是「無瑕處女」，婆婆就會很高興。

太后說：「你看，他們正在玩兒。你也來吧，把你的傢伙（看起來，它比剛才更粗更大了。也許這雷聲成了助情之物）插得更深，你就能夠走身子，在最深處射精了。」

我努力滿足她的要求。突然，我所見過的最可怕的閃電打破了黑暗，卻沒有伴隨著雷聲隨後響起。李蓮英說，他看到了一個火「球」落入他們的房間。隔山很薄，我們聽到一聲尖叫，或者是兩人同時尖叫，令人震驚，毛骨悚然。這種尖叫無法描述，至少我是不能，我想但丁或莎士比亞也不會願意描述之。這是地獄中被詛咒者的嘶喊，一個或者說兩個消失的靈魂的最後哀求。已經不受可憐的人兒控制，完全出於本能，對無情命運的最後控訴。（我想）這二人是被閃電中兩股相反的電流兩次擊中。如我所說，老佛爺、李蓮英和我都沒有聽到雷聲，但是我感覺似乎有一陣風颳過後頸，太后（事後告訴我）感覺到短暫而強烈的刺痛。

旁邊的房子著火了。閃電仍在繼續。天色漆黑，衹有閃電不斷。雨下如注，中國人叫做**傾盆**或者**大雨滂沱**。小院裡面，水深已有好幾英尺。如此史無前例的猛雨還不能澆滅大火。屋頂轟然塌下。火已經燒著隔山，逼近我們。

「老佛爺，我們必須**冒雨**。**您得賞臉，准遠臣抱您吶**。不然火要燒過來，我們就沒命了！」她抱起來不重，沒穿衣服，自然更輕。（如果我要摔下她，真是不堪設想！）之前我已經扔掉了**夏布**長袍，火燒到我們房間，吞噬了它。我穿著夏布上衣和褲子，毫不費力地抱起鳳軀，到了院子裡。這裡的水幾乎已經淹沒我的大腿，所幸並未淹到她。雨水則不可避免落在她身上。李出來接我們，一句話也說不出來，如同行屍走肉。老佛爺昏了過去，這也許是幸事。我摸她的脈，幾乎感覺不到，但是我是外行，無法判斷。進了李的屋子，我把她放在炕上，強灌下一些酒。此時火在相反方向的屋子裡肆虐，人若要進這個屋子，必定會死，也於事無補，因為我們聽到那悲慘的叫喊之時，那對愛人就已經死去了。四下亮了一些——我的意思是相對於黑暗的天空。這自然是因為猛烈的大火照亮了周遭。這像是預示著地獄之火。我模糊地想到宮中人等的驚駭（除了光緒和擁護他的太監會歡呼雀躍）。宮廷衛隊還有那一大批園丁侍從必定在觀看這場大火。「隔江觀火」，此時是隔湖，而非江。無論如何，這個習語更顯得目前的困境可悲無奈。它意味著，人總是關心自己，漠視他人的境況。

雨停了，閃電逐漸遠去。很明顯，風暴已逝。湖水依然高漲，船無法過來。我們坐在那裡等了大約一個小時。太后蘇醒過來，恢復了精神：「便宜，咱們沒事了。如果咱們被雷所劈死（『死於雷電』的傳統說法是『殛』），人家該說我有了報應，便宜皇上就是啦。」

「但是，老佛爺，他們這麼倒楣，卻是為何？兩個人都死了，我們要怎麼說？」

我的淚水盈眶。太后也開始嚎啕大哭，淚水紛飛，如夏日的暴雨。「都是我的錯。我是可憐的人。誰會想到，我們出來遊玩一下，會有這種怕人的事情？」

「太后，天意難測。你敬香虔誠，至少保證了你的聖體安康，我們要感謝佛祖。我們還是順從天意吧。」

此時，三艘船靠岸了。日已西斜，紅雲刺目。幾十個太監和士兵走了過來。

他們喊道：「阿彌陀佛。大房子還在。我們看到大火，害怕老佛爺已經受傷了。太后有福。」他們奔跑進來，全部向太后跪下，「天相吉人。」他們給太后帶來了雨衣。我已經全身濕透，夜晚微寒，太后准我脫去濕衣，衹把一條毛巾裹在腰間。相反方向的屋子已經完全燒盡，衹剩下磚炕（土磚這個詞是西班牙語，指的是在陽光下曬乾而未燒製的磚），（我們從屋子裡看去）其上有兩小堆灰白的骨灰[12]。他們如此美麗優雅，卻祇餘此物。在場的每一個人都流淚了。李一向冷靜，此刻也大放悲聲。我深愛柳昌，感覺如同自己身上最好的部分也隨他逝去了。我為他傷心，也為毓德小姐悲痛，我曾與她那可愛的兄弟毓恒沉浸於同性之愛，互相滿足。他一定會為毓德傷痛。

已經無甚需要補充。事實上，即使是一個後記，也如同虎頭蛇尾。在太后要求之下，我在宮中留至清晨方去。需要指出，老佛爺沒有再召我享受性愛。她自己拿出兩萬五千兩銀子，委託我交給柳昌的家人。我知道，她對毓德女士的恩賜更加慷慨。葬儀風光，朝廷贈禮眾多，均是無價之寶。並無必要遮掩這個悲劇：一個年輕的男伶被請入宮中，為太后表演。在他到湖對岸的所在獻藝之前，太后帶他遊湖。如此聽來，似乎合理。我卻懷疑大家是否相信。是我帶柳昌入內，卻送了他性命，嗚呼，我自責至今。雖然這是我女主人的最高指示，我別無選擇。

1 本書作者所說的引文出處，即一九一九年的小說《亞特蘭提斯》，是正確的，但是他拼錯了小說作者的名字（皮耶·博努瓦 Pierre Benoit，誤為 Benoist）和其中人物聖亞威的名字（André de Saint-Avit，誤為 Saint Avitus）。

2 此處語焉不詳。有關浴室的一章（《浴室裡的不速之客》）作者談到恒虞和啟秀。二者的名字寫法與此節有所出入。

3 不清楚作者所指究竟是哪一段，在此手稿的其他地方，並未提及毓恒。

4 最具影響力的希臘哲學家亞里斯多德（前三八四—前三二二年）有時也被稱為「斯塔吉拉特」，因為他的家鄉是斯塔吉拉。

5 作者此處所寫的法語拼寫有誤。

6 例如，皇帝死後，他名字中包含的一個字成為禁忌。

7 安提諾烏斯（前一一一—前一三〇）是羅馬皇帝哈德良的漂亮情人。哈德良在安提諾烏斯死後將其神化，他的畫像廣為複製，遍佈於帝國。

8 尼采所說的「超人」，意為超越人類局限的人。

9 作者此處所寫的法語拼寫有誤。

10 希臘神話中大地和地獄之間的黑暗界。

11 其實應是教宗亞歷山大《關於人之散文》一·一·二〇〇。

12 作者註：火仍然在瘋狂燃燒，閃著致命的光芒。晚霞刺目，殘陽如血，如同靈魂迷失，常受煎熬。因為光線太強，我則滿眼淚水，因而我們都看不真切，祗是看到炕上遺物之中，有許多白色灰燼。其中明顯雜有燒焦之餘燼，顏色更深，我想乃是屋上的椽子。次日清晨，太監用一布袋裝回了這些令人傷感的遺物。我們取出檢視，其中已燒成石的骨頭片片，灰白的骨灰足有滿滿一包。老佛爺將其分作兩堆，命我將其中一堆送給柳昌的父母。自然，僅憑這些遺物，無人能夠區分柳及其愛人。

第十章

現實中的「密室」

寫作這些文字之時，我並不諱言自身的道德問題。坦白地說，我也是罪人。坦白之人少有褒獎，但在此處我並非為了贏取利益，乃是願意講述事實，在這些事實中我是旁觀者而非參與者，我既不喜歡，也很難理解，祇能忠實地記錄下我眼所見。這些祇是現象，雖有矛盾的魅力，卻難以吸引我。此話題便如男子肛交一樣，分為主動與被動；其步驟程式如果你稍作替換，基本是相似的。我在別處提到過保爾波尼科博物館的充滿色欲的山羊[1]。牠扭過頭，面向一人，其可愛而誘人的表情無與倫比，似乎他已助牠達到了高潮。已故的法官沃恩・威廉姆斯爵士告訴我（其時我在法學院讀書），在英格蘭鄉村的巡迴審判庭執法之時，他常常遇到牧羊人與羊「獸交」的案子，從未獲刑超過兩年監禁。而法律規定，其刑罰上限是二十年。不到一個世紀之前，對此通常的刑罰是絞刑。

我的所知（因我不知中國的牧羊人是否會迷戀此事）局限於宮廷、貴族和太監。我應該從後者開始，希望我有龍勃羅梭或諾爾道[2]的技巧，能夠展現此種異常之人事，並不以其為犯罪本能，而衹是做心理之研究。

假若閹割徹底，太監的性欲區在其肛門，恰在肛門口內外。親吻此處，他會感到極其滿足。尤其是，如果把舌頭伸入肛中長時間停留，滿足會更強烈。第二性欲區是膀胱口。此處雖然是性器官切除之處，但是若長時間撫摸或輕搔，亦有快感。太監們均是京巴（日語之中為「狆」）和袖珍犬的業餘愛好者，與牠們時時密不可分。通常，他們在犬（尤其是公犬）幼小之時，訓練其舔主人的外陰（或其殘餘）和肛門。他們也會愛撫小狗，將其前孔在狗肛門上磨擦，如此雙方皆有快感。訓練有素的狗，當其主人將其陽物置於口中，不會感覺不適。此時，一般不會有人吞下其精液。若是與人行事，吞精則屬正常。

我知道，在許多歐洲國家的首都，女士們的性生活臭名昭著，因為她們讓寵物接觸私處。據說一個古老的蘇格蘭家族，即斯特拉斯摩爾的鮑斯—萊昂伯爵和格萊米斯子爵（當今伊莉莎白女王的親戚）家族，其中的一位女士和她喜愛的寵物獵狗生下了一個怪獸，這卻是無稽之談，是下等人發洩對上等人的痛恨，給這個光榮、高貴的家庭帶來極其惡劣的影響。

除了利用小狗，太監們也頗喜雄鳥。他們抓了鴨子或鵝的翅膀，用力將前孔在鳥的泄殖腔上摩擦，即所謂**雞姦**（此係中國刑律之用詞）。在通商口岸中通常有傳言說，這些雞姦者在達到高潮之時，總會把雞或鴨的腦袋擰掉。我感覺此說可疑。這些鳥兒相當溫順，經過訓練，與人的合作也很順暢。我曾聽到一位法國卡斯堤拉恩街附近的作家或文藝方面的學者皮埃爾・路易士（Pierre Louys）說，中國的鴨子是不潔的，因其常被用於雞姦。「非洲以外，總有新事」[3]。英國準備進口中國的火腿和熏肉時，也有人認為這些是不潔的，這純屬主觀臆想，因一件事而誇大渲染到所有方面。如果這些確屬不潔，那也是因為其污穢的餵養條件，而非人類的性行為。這絕不會影響肉質，衹會影響吃肉者的心理！

我記得，有一次老佛爺對我說，她同意我與一位美麗的女士享受雲雨。「你要小心，不能用嘴親她的任何部位。我禁止你這麼做，因為她常常把用愛犬**黑小兒**在前面後面，還把狗鞭含在嘴裡。我不希望你被感染了。你可以『佔有』她，但是衹能用正常的方式。完事後，必須仔細洗乾淨你的傢伙。李蓮英會看著你。」太后知道，她手下有一些太監愛好此道，似乎還知道具體是誰。她讓我不要與他們有染。事實上，太后盤問過李蓮英，明確命令與我有染的十幾個人不得與動物行事。

李蓮英的習慣是，如果有人可交，就不會用動物。他甚喜與狗行事，以至於屈己從之，不過我非常確定，他從狗那裡獲得不了快感。李曾說起，他從使館區一位著名的英國夫人處買了一隻「紅」京巴，名叫**木瓜**或者溫柏。她準備回家，卻不想讓寵物遭受檢疫之苦，衹得割愛。某個夏夜，李蓮英仰臥床上，幾乎赤裸，發現木瓜興致盎然，在舔他的肛門，他稍覺吃驚。所謂**習慣成自然**，這條狗定是得到前女主人的縱容，無法抑制此慾。她肯定喜歡女同性戀之事，舔起愛人的外陰，也是熱情十足。在年輕女士中，這並不少見。

李說：皇上的一個妃子（也許是**瑾妃**，即珍妃的姊姊）有一隻大猴子。這是隻**馬猴兒**，名字很常見，叫做**三兒**，本來就生長在**東陵**旁邊的森林裡。牠性欲之強令人咋舌，會常常滿足此妃。自然這樣的一對兒無法生育。這倒是好事，若真是生出一個怪物，這一對兒必被處死。李頗為肯定地說，這個大猴子**翻臉不認人**，在行事之時，會把牠的「情人」翻轉，極其凶狠地咬她的後頸。一九二〇年，希臘國王亞歷山大即位之前，也曾不幸被猴子咬到，導致嚴重的敗血症。我想起有的人似乎也會在高潮時咬人以示喜愛。但是李蓮英說，三兒在年輕時非常馴良，但是年齡漸大，脾氣無可挽回，越來越壞。（我有一隻寵物猴，年齡大了之後，對我十分仇恨，會咬我的手。）我曾見到一隻小長尾猴為我相熟的一個滿族爵爺手淫，我並不以為奇。這小動物似乎真切地知道其人所欲，長時間地為其搔癢。此即**漸入佳境**（原義是人吃甘蔗，漸漸由不甜吃到甜）。我相熟的好幾個太監都有寵物猴。但是我從未認為，他們養動物為消遣，與他們的好色有什麼關聯。據說，滿族的大家庭中若有寵物猴，一旦被挑逗起來會狂躁不安，保姆（北方生的人從來不叫她們**阿媽**。若是有禮，則稱**姊**、妹，讀**去聲**；若是無禮，則稱**老媽子**。在滿語中，**阿瑪**的意思其實是父親！而瑪法是爺爺，所以滿族人不說**馬夫**，因其發音與之相似，更少稱阿媽，那是南方稱呼。）會鼓勵牠們玩弄其陽物以平伏牠們。

我記得是在一八八五年，法國出了一件事，吸引了眾多專家關注所謂的「性欲倒錯」。一個年輕的農場工人對一頭白色的非常漂亮的年輕公牛有了奇怪的感情。這頭牛出奇地溫順，似乎願意回應其感情，這個工人遂能夠握住其巨大的牛鞭為其搔癢，（據說）甚至親吻其尿道口，直至射精。農場（我記得是在博斯郡）的其他工人確認說，他們看到了如此不同尋常的英勇行為（如果我沒有記錯的話），此事遂成為典型的「獸交」紀錄，其結果則駭人聽聞。這個伶俐的動物習慣了如此合意的接觸。到了牠的**交尾期**，人們為其準備了一頭小母牛，衹是並未來得及帶進農場。按照這個牛倌臨死之前對當地警察的說法，他當時正在「自慰」，因而臀部赤裸。這頭牛從未被拴住，因為牠從未遠離過牠深愛的**農夫**（這是古語）。突然之間，牠滿含愛意地衝向該工人，不知怎的，就達到了所需的姿勢（我可以想像，此後發生的事情，正如《埃涅伊德》六・一二九所云：「這是工作，這是勞動。」），將其龐大的牛鞭完全穿過此人身體，進入直腸。他痛苦而大呼，其他工人聞聲進了院子，發現此牛正賣力行事。其鳴聲如吼，直似巴珊國的公牛（見《聖經》。巴珊是約書亞時代約旦河以東的一個王國，以養牛聞名，其時的國王是噩），無人敢靠近。許久之後，射精完畢，這頭發情的動物牛鞭疲軟，退出了此人的肛門。牛倌腸部穿孔，在這次（從牛的視角看來）成功的性愛之後二十四小時死去。他的證詞無人相信，人們都理所當然地認為，他是主動把肛門置於公牛的性器官之前，從其發情中享受快感。可惜的是，左拉沒有把這個真實的事件寫入他那誇張的描寫鄉村生活的小說《土地》。

我斗膽詳細記錄這個事件，是因為「**異地同情**」（如智慧的老賀瑞斯在其諷刺作品中所言。他們跨越海洋，天地已改，人心未變[4]）。我之所以要記錄這樁看似無關的發生在明媚法國的事件，是因為（據我所知）就在京師這裡，有幾乎完全一樣的情事，發生在五十多歲的**宗室奕洵**及其寵愛的小公牛之間。我並不認識此人，但是在浴室見過其子戴淙。不過在這件情事中，牛更加溫順。在動作之時，有園丁相助，他會用耙子防止其動作過度，而且，也不會傷害到牠，除非決定要把牛屠宰。不過牛鞭確實進入了奕洵的肛門，此處在雞姦時變得尺寸巨大，因此名聞遐邇。我乃是從一個目擊者而非其子處聽說此事，因為他非常孝順，不肯幹父之蠱（語出《易經》），而是他的一個近親，目睹了牛人的愛欲糾結。自然我不能確保其真實性，但這樣不能開花結果的縱慾方式，我卻從未懷疑過。

我正在拜訪溥倫的一個堂兄弟溥佶，他面貌英俊，僅有二十三歲。要不是他的愛好有些異常，讓我厭惡，我就追求他，跟他發生更親密關係了，儘管我並非貞潔烈女，很想理解他人是如何在性事中獲得快感。

應該是一九〇三年，當時我還並未和愛德華・格雷爵士所說的「難以名狀」（他用的是法語，雖然他法語知之甚少）的她發生更親密的關係。某天下午，我在他的小府（他是「不入八分公」，即次要的爵位，在朝廷中沒有職位，是最低等的公爵，康熙某個不孝——或者乃是被誣為不孝——之子的後人。這個不孝之子，我想是允禟，他後來成了天主教徒，也許是想與耶穌會的教父繼續進行政治鬥爭。我在別處已經寫到此事。他死在其兄弟雍正手中）之中。因為門者或司閽缺乏協調，我被過早帶入房間。映入眼簾的是一幅令我目瞪口呆的場景：一頭小驢和溥佶雙雙躺在地上，後者身下有張涼席，前者正處勃起時，陰莖長闊，絕不遜於阿普留斯筆下的驢子。（這故事講的是一名多情青年中了咒語變身為驢，性能力大增，為他贏得許多女子垂青；直到魔法解除，動物恢復人形，他魅力盡喪，女子便對他頗為冷淡。）溥佶此刻正忙於與驢子「品簫」，顯然雙方都甚滿意。他所用姿勢讓我感到相當不適。可他不得不半途而廢，或如《論語》中聖人所說，功虧一簣，在即將達到高潮時停下。自然，他還能怎樣？這可憐孩子囿於禮儀訓導，別無他選，祇得起身微笑迎接我，方不失滿清貴族身份，無論內心如何想，我猜我離去之後他必定要將門房好一陣數落；但他收拾起尷尬神色，鎮定自若，令我佩服：「好久不見，幸會。我正與我那驢子玩樂，見諒。」他已從墊上起身（我看到了），我們進客廳之時，那驢子洋洋灑灑射了攤精，頗為顯眼。其後我時常遇到溥佶，然而正如我所言，雖然我本性好色，但自此，所有對其潛藏的「性」趣便消失無蹤。「各有所愛」，這句話自伏爾泰之後至今依然不錯：也許我之性愛品味對於普通讀者而言也甚為奇特，正如溥佶所謂的性欲倒錯，對我而言殊難理解。

另一位滿族少年王公，慶親王之戚，與一頭公羊行那淫邪之事。那公羊之色欲直比他的猥褻同類高出許多。一羊一人常自交媾，其過程顯然如婚禮鐘聲一般歡欣鼓舞，既無冗長拖遝，又無需多餘的鋪陳，祇除了一樣：性交中起初的導引階段才是最誘人；你儂我儂，比之激情萬狀更心醉。溥儙（這是他名字）與他那迷戀驢子的姻親溥佶一樣，生得標緻（據我所見到的愛新覺羅氏，我認識的不下六十人，他們外表都十分英俊迷人，尤其是男人；但也許是我品味不同，美貌男子更能吸引我的注意）。溥儙慷慨地許我旁觀，我足感盛情，雖然對此癖無甚雅興。他們在後院書房熱烈交媾，院門用門閂插了。行事之前那動物的表情讓我想到我曾引用過的那不勒斯的油畫；雀躍期待，似一隻翹首盼食的犬。牠的陰莖如溥儙一般直立而起，真是不言自喻。後者並未因我在場而滯阻，抓了那羊的陰莖，吮吸片刻，但未令牠射精。接著他將迷人的陰莖插進山羊臀部，插到盡處方止（相當長），直接抵達高潮，其間那「好色」山羊轉頭看向情人，顯然是索要更多。在最極致時射了精（自然，我沒有計算時間，但估計過程有六七分鐘），那畜生真的便似一個做完事的人一樣，意猶未盡地舔著此時萎靡的陽具。接著牠跳將起來，彷彿請求溥儇回應牠，露出牠挑逗的臀部和肛門，擺好姿勢，便於牠接下來行事。溥儇趴在毯上，露出漂亮的臀部和碩大多毛的肛門，看似更像女子陰戶。那山羊顯然相當熟悉路數，牠歡天喜地擺好正確姿勢，毫不費力地一路直搗過去，最後高潮時，直腸射出黏稠濃厚的精液來，將溥儇的肛部塗得到處皆是。我注意到溥儇並未學那羊去舔後者陰莖：大約覺得味道不佳，抑或這加演的場景不合我挑剔的口味。在我看來，整個事件談不上什麼美術。也許我祇是凡人，正如審判王爾德時，律師弗蘭克·洛克伍德（Frank Lockwood）爵士（我的朋友，依我所見，在審判中惡毒無情，十分不光彩）在總結陳詞中激烈抨擊道：「在這些事件中我們說我們都是凡夫俗子。評審團的先生們，讓我們感謝上帝吧，我們是凡夫俗子，我們不過是品性誠實、思想純潔的凡人」諸如此類。英國的評審團多是像那次審判一樣，由見識短淺缺乏想像的小商人構成，根本無法抵抗這樣的煽動，於是乖乖地裁決王爾德犯了「反自然」罪，全然不知泰倫斯（Terence）的千古格言：「我是人，所有人性對我都不算奇異（《庸人自擾》，一·七七）。我敢做人能做的一切事。」羊和人都筋疲力盡，前者大口喝水，後者開了瓶香檳，在中國的英國人稱為「道台」牌，與我同飲。他頗為坦率，毫無愧色。他告訴我，每週都要與這畜生交媾一次（或更多），他的妻子對他們的關係頗持懷疑。「你見到她時，萬勿洩露。」他道。我不禁想，溥儀竟如此信任一個洋鬼子，隨便就將一項並無必要的任務加之於我。

坦白說，我猜這些做法老佛爺是不以為然的，儘管類似行為讓她看了很覺有趣。畢竟這衹是人類各種各樣奇異行為其中之一。某晚，大約是一九〇五年秋，我正與太后雲雨情濃之際，她突然起身，道：「我要把你帶到媛婉房中，我歡喜此人（卻為她所拒），但她對畜生的愛令我作嘔。她有隻寵物狐，大約一歲，我叫牠狐仙，因我相信牠有法力，把媛婉迷住了。我會叫她倆玩弄調情，你看看她是怎生著迷。」於是我們去了那女子閨房，太后介紹了我。「我們想看你跟狐仙玩耍，這『鬼子』頭腦死板，叫他開開眼。」媛婉不顯尷尬之色，答得甚是機智，也可說大膽：「當然，老佛爺。嗜好不同，有人歡喜鬼（指我），有人歡喜仙（指狐）。」「你在猜謎呢，孩子，一定在讀《聊齋》。此人是我的法律專家，卻對各地的聖靈有興趣。來！讓我二人看看你跟那漂亮狐狸如何作樂。」狐狸是非常危險的寵物，查理斯•戈登•來諾克斯（Charles Gordon-Lennox）列治文第五公爵，查理斯二世與心愛的內爾•格溫尼（Nell Gwynn）的後人，就是被他的寵物狐舔過（而不是咬過）之後感染狂犬病而死。

她除去身上衣衫，明豔的身體在我面前展露無遺。我向來（對女性身體）並不敏感，但此刻也深覺誘惑。那狐狸蜷在她身側，聽任老佛爺撫摸，但明顯對我這外人有敵意。她分開玉腿，牠跳上她的大腿，津津有味地添著她優美的陰蒂和陰戶。

我不知這狡猾的獸是不是一向都淫邪，不過這一隻必定是的，比老佛爺本人還要放蕩。牠姿勢準確，在她外陰部射了相當大的一攤精，然後下來，又再臥於親愛的女主人腳下，我想去拍牠，牠喉中發出威脅的咕噥聲（不知形容是否準確，或者當說「低語」）。

「謝啦，」太后道，「你這嗜好真是**一路病**；但不得已，**是天然的**。若你的未婚夫婿聽說會如何？**他會對狐仙爺吃醋**嗎？」

「男人，」媛婉相當頑皮地看著我，「是沒來由對神物吃醋的。若我未來丈夫不許，災**及其身**（古書上這樣說）。」她又轉向太后，顯然在太后面前並不拘束，事實上太后也喜歡無傷大雅的玩笑：「設若太后陛下——祇是假設，做不得真——對什麼東西發了情，您一定也會瞞著王公**百官**吧？即便怎樣，我也未必便要向他解釋我內心的糾纏隱祕。」

「不錯，不錯，」老佛爺道，「人們總喜歡猜測我，信馬由韁，胡思亂想。我就將他們的議論當**馬耳東風**，向來不屑一顧。不過倘他們強逼我，」（話語中有威脅意味）「我曉得怎麼處置，下手不會輕。來，**巴侯爺**，我們回了。晚安，狐仙，晚安，媛婉。我們去了，你好自己消遣。」

「**聖駕慈臨**，**感激無名**。**天高地厚**，**用不敢忘**。」

特殊癖好

我在文中講的多是同性戀，而非男女之間所謂的正常性交。對於許多滿清親王貴族而言，更喜歡與同性「肏屁股」得到性愉悅，因傳宗接代之故，正常性交是必要的，但我發現一個避不過的風俗，即收藏某種「聖物」，類似護身符或辟邪物，那便是**孌童**（日本人叫「**陰間**」，或**若眾**，**稚兒**）或他們親近之人的陰毛或肛毛。溥倫親王某次自豪地向我展示一只金匣子，裡面裝著幾十根這樣的性愛紀念，細心地擺放在景泰藍飾板上，整齊地標著出處和行事日期。他的一大樂事便是聞舐這愛情戰利品，便如再上戰場的人，已經垂垂老矣，把弄著當年除了自己以外再無人揮舉得動的大刀。還有些同樣狎褻的高士，酷愛保留高潮過後用以擦拭尿孔和「馬眼兒」處殘留精液的絲帕（是的，總是比留著沾有排泄物痕跡的紀念品好，品味高些，畢竟那是凡夫俗子不那麼高雅光彩的生理需求）。當然，聽說過達賴喇嘛的糞便被忠誠的信徒製成粉末，保存在小金盒中，鐫上大悲咒或佛經。但這是宗教習俗，非情愛淫邪。這等虔誠聖物被看作「稀世之寶」。我深信，一旦丟失，珍藏者會悲慟萬分。那是多麼美好的回憶，甜蜜一如死後依然銘記的親吻。甚至在歐洲也曾有（或許現在仍有）風俗，將亡親或愛人的頭髮裝在鑲金或嵌了珠寶的小盒中，戴在錶鏈上。

噫！這對於擅長諷諭後人的尤維納利斯（Juvenal）和馬提雅（Martial）而言是多好的話題。羅馬宮廷的欲望以及道德的淪喪。

1 提到那不勒斯的保爾波尼科博物館之中的「密室」（本章題目亦提及）。該館中藏有一批從龐貝城發掘出來的情色物品（有些表現了人獸交）。

2 凱撒・龍勃羅梭（Cesare Lombroso, 1835-1909），義大利醫生，相信面相和犯罪有關；諾爾道（Max Nordau, 1849-1923），匈牙利社會理論家，所著《蛻化》，研究現代社會的道德衰落。

3 老普林尼《自然史》八・一八，指的是人們可能與獅子、豹子等動物的亂交。

4《使徒書》一・一一・二七。

第十一章 危機一髮

老佛爺迅速地養成了一種習慣，讓我參與種種麻煩的，或曰光榮的瑣事。時間應是一九〇六年八月初（舊曆七月初六），她派李蓮英來，要我次日（初七）和一個名喚幸玨的戲子（幸是他的藝名，他本姓殷）同進頤和園。此人在前門外大柵欄兒（也叫大事欄兒）[1]的三慶園[2]唱旦角，就像我所鍾愛的貌美迷人的柳昌，他熱情如火，性欲強烈，得到許多清朝貴族的追捧。太后希望他來獻藝，顯然也想藉此親近。太后在手諭中命我單獨為她排演常在七月七夕上演的《貴妃醉酒》、《法門寺》和《天河配》，但是我將反串飾演皇上，與他寵愛的劉瑾。古怪的武宗（按照年號是正德）在位時，此人是臭名昭著的太監。他死後，家產被查抄，竟超過了六千萬兩銀子。這是一個花旦[3]的角色，半帶滑稽，並非他所拯救的受傷害的女性角色。我還要飾演多情的牛郎，而非織女。幸玨則飾演旦角。朝廷請堂會的傳統久已有之，無可非議，因而幸玨和我要作為戲子進宮。此事略顯滑稽。當值的侍衛和太監對我頗為熟悉，但是他們認為我是太后所謂的國際法教師，也是她的寵臣，而並非戲子。不過我的名譽也無甚值得維護，宮裡早已蜚短流長。事實上，比起我來，切薩雷・博賈或[4]昂克爾侯爵的際遇根本不值一提。幸玨和我次日下午坐大車出發。我們帶了少量型頭，還有必要的樂師和劇中雜役，他們單獨進宮。演出地點不是朝廷堂會通常的皇家劇院，而是太后的小舞臺，祇為太后表演。若是朝廷堂會，通常會正式邀請諸親王和重臣。幸玨之美異乎尋常，皮膚是可愛的橄欖色，眼神單純，充滿渴望，嘴唇可愛，世上無雙，臥蠶眉，鼻子精緻，略微翹起，嗓音悅耳，引得人愛欲交加。

我相信老佛爺必會喜歡幸玨。她心目中的美男之標準，我當時已十分熟悉。她喜愛我，並非因為我美貌，而是能夠令她心情愉快。我們進入太后的外會客室——其後，就在此處，岑春烜被憤怒的太后責罵，渾身顫抖。她向幸玨問了許多關於演戲的問題，顯見對此分外熟悉。接著，她摒退李蓮英，卻讓我留下，她讓幸玨除去衣衫，滿懷期待地欣賞他動人的裸體。「巴侯，你留下，以防他緊張。」在性愛關係之中，此種欲為人知的願望似乎與人之常態相反。至少這並未使幸玨難堪，他很快勃起，其狀異於常人。他把她希望把玩的那誘人優美之物自豪地展示給太后。她准他隨意行事，問他：「哪一種順你心？」恰似妓女與嫖客安排性愛方式。如同在回答自己的問題，她拍拍他的寬臀，把陰蒂貼上摩擦。此事對我自然並不新鮮，但是性愛將近結束之時，我問太后，我是否應該退下，讓他們自己享受。

她說：「不必，無所拘泥，不必不安。」確實無人拘泥。幸玨的動作緩慢有致，表現完美，正是太后渴望那些被她寵幸之人所做的。

我已經告訴幸玨，此種寵幸少為人知，他不可有一絲不安。現在他表現鎮定，確係可教之材，我非常讚賞。他把高潮的時間控制得相當精準。老佛爺大呼：「痛快極啦。」

她對我說：「你果然有識人之能。他這個門人相當不錯。好啦，現在暫時我知足了。我要品一會兒煙。召蓮英吧。」她命他帶我們去舞臺，開始準備排戲，並承諾她不會令我二人失望。

幸玨是專業人士，而我祇是票友。然而與他合作，令人萬分心悅誠服，且大有收穫。一開始演練《貴妃醉酒》，我即發覺，雖然我有明顯不足，但他的戲劇才能可部分掩蓋之。也許做為票友，我的水準尚可，而與專業人士相比，自然不夠出色。

太后和維多利亞女王一樣，是理想的觀眾。她於此道知之甚多，對劇情瞭若指掌，喝采也絕不吝嗇。臺下祇是若干宮中貴婦及太監。但是我們並不感覺觀眾太少。我扮演的劉瑾語帶譏諷詼諧，太后讚賞有加。

演過三齣戲之後，有人恭維太后，於是她宣佈，想要扮演《天河配》之中的織女，而我扮演牛郎，這令我大為高興。隨後她向下面的觀眾致歉，因為她的水準無法勝任。這讓我想起瑪麗・安托瓦內特在凡爾賽宮奇觀廳演戲，向觀眾優雅地承認她的不足。

那個曾與我交談的侍女媛婉也在觀眾之中。太后為戲子們賞宴，職業戲子更大大有賞。幸玨此刻已脫去難看的戲服，卸下油妝。太后讓他上前，和急切等待的宮女見面。太后在施恩與人之時，眼神總是淡漠，就像那時我偷偷把可愛的占寶臣帶入宮中，她對我無法原諒的神情。「媛婉，你一向孤寂。我有一個漂亮的人兒給你，共度良宵。我已允他在你那裡過夜。」媛婉絕無半點不願，謝過太后，二人高興地叩頭離去。太后則帶我遊湖，此時湖面平整如鏡。

那個時候，由於弗拉馬里翁和小說家威爾斯的預言[5]，朝廷和京師的知識圈對於火星人是否可能攻擊地球相當有興趣。我想以太后之精明，會是一個例外，但是她對於此種狂想卻十分認真。她說：「你知道，我對你真心崇拜。請告訴我，如果火星人的飛船進攻中國，國際公法將如何應對？」

「尊敬的太后，我向您保證，此事不可能發生。這是我的同胞在小說裡『醉中說夢話』。假若真有入侵者，也是海盜，就像大約一千五百年之前，羅馬人撤退之後，盎格魯人進攻我的祖國。但是，盎格魯人海盜能夠達到目的，外星強盜卻因為大氣條件而絕不可能在空間中航行。」

於是太后轉變話題，說起幸玨和媛婉：「我想此刻他們正在共度良宵。他這孩子相當可愛。你不要嫉妒，你這樣有口才的人，我必須有幾個常『用』的（『用』這個詞不甚禮貌，卻正合她意）。對了，」她轉向跪在腳邊的李蓮英，「讓那兩個情人好好吃些東西。媛婉喜歡香檳，你給他們多要些，再多要些煙。巴侯，我想今夜與你照舊。七月七夕，我們正好尋些樂子開心。」

我問太后，媛婉要嫁的那家人如果發現其並非處女，會否不滿。

太后說：「婆婆自然會按照常例，用騎馬布試她。初夜之後，發現布上無血，當然生氣。不過我會告訴她，此事定是誤會。深宮之事，你還不知道麼，試問，男子怎麼會入內肏我這兒的宮女？」

太后問我，歐洲人是否允許已經訂婚的人婚前行性事。

我回答，依傳統自然不可，但是，如梅菲斯特所說：「傳統不傳統，這事總要發生。」

「確實是的，」太后說，「我們叫做『探道』。」

太后又換了話題，問我將來人們能否飛翔。（此時，已經有人進行了一些成功的實驗性飛行。但是僅此而已，整個前景仍然渺茫。）說到此事，假設我跪在懺悔室中，明白我有責任在神父面前坦白我的種種違犯神諭的罪惡，我也不會否認，我缺少想法，衹是一個蹩腳的先知。於是我對老佛爺說，我想飛翔衹是一個狂野的夢想，不會變成現實！

太后踩在略嫌搖晃的船上，請我詳細描述「被動者」的快感從哪裡來（老佛爺對於此事的品味，我自然知曉，故而可以明確回答她。但是出於尊敬，我並未這樣做）。她說：「後面的緊能讓進入者無比滿意，這個我能夠理解。但是用後面接受別人者，為何會感覺滿意？」

「太后，我想，各人感受不同，就像有人喜歡魚子醬，有人喜歡滿是細菌的乳酪。」（老佛爺大聲說：「我討厭乳酪。」）「某人的毒藥是他人的蜜糖。但是，如六爺（恭親王）所說，用後面接受別人的男人，其歡樂如鳥兒飛翔，如魚游海中，即聖人所言，各得其所。這甚至像是花朵為其美麗感謝種花者，寶石為其光澤感謝礦工，船感謝其上之風其下之水，他也感謝那個給予他如此隱密歡樂的人。」

「恭忠親王奕訢果然如此說嗎？（忠是他的謚號）就多年之可靠經驗，我深知他對此道比老巴你更為迷戀！」太后和李蓮英都笑起來，我直言不諱，向來令他們輕鬆，有時也並不當真。不過李蓮英對畸形情感甚為同情。周圍侍衛睜大眼聽著，面帶笑容，品味著每句話，不知道聽懂了多少。老佛爺問我，她從出使漢城的公使處聽來，英國駐韓國使節現已調至北京的約翰·喬丹爵士，是一位瘋狂的同性戀者。[6]

「關於他的謠傳眾說紛紜，老佛爺；不過在漢城之時，衹要看到女子，他就好似一匹**朝中飽馬**，和太后陛下的總稅務司赫德[7]一樣，無數次被當場捉到。」

「汝等洋人似是毫無廉恥。我聽聞一名傳教士與一位三流娼妓『**肏屁股**』，感染血毒症而亡。好吧，要回了。我要用晚膳，抽一管鴉片，再小睡片刻，接著……接著……」

湖面折射著落日最後的餘暉，我不由想到去年一場致命災難。叉形閃電瞬間照亮如冥界一樣黑沉沉的水面，（一瞬間）變得白亮，彷彿陰間騷亂，幽靈一層層打開了它的裹屍布。我們到達岸邊，本以為幸玨與其女伴會在此迎接。「**他們忙，辦理私事，不必驚動他們。**」老佛爺道。

於是君臣作別。我回到房間，很高興在那裡又見到太監**連子延**，他相貌俊美，與其名不甚相符，陽具甚大，睪丸卻略顯萎縮。我曾寫道我們在**碧默岩**寺有過一夜魚水之歡。他告假來的，見到我也異常喜歡。太后不知他來，在李蓮英的好意幫助下，我們度過一個快樂的時辰，他那話兒堅硬無比（引自西塞羅 Cicero 致阿提格斯 Atticus 的信）[8]，著實讓我歡喜，那男性的力量一次次來襲，實在享用無盡。他告訴我老佛爺令他撫弄她的「小雲雀」（西塞羅之謂「**陰蒂**」），老佛爺發現他的陽物能漲得巨大，在宮裡實在不可多得，甚能安撫她的無邊性欲。我深知在這澎湃纏綿中我不需要任何身外物來刺激。祇是時間太短暫，太后又一次召見我去她房中侍寢。

我無需再排練傳說中七月初七的愛情悲劇，就好似演員排練告別演出之時，樂此不疲。因我必須講述一樁更悲傷之事，發生在媛婉的睡房，距老佛爺寢宮西邊不過隔了一個院子。大約凌晨三點；太后與我正耳廝鬢摩，她的花樣總是層出不窮。突然，傳來一聲可怕尖叫，繼而又是一聲。太后震驚，而後怒道：「豈有此理，聽起來是撤囈症。我去看看何事，你隨我去。」一聲音從西傳來，但我當時並未意識到是可憐的幸玨痛苦的狂叫。太后耳力比我強：「我猜尖叫是媛婉屋裡傳來的，但不是她的聲音。一定是你的朋友。」（這指責對我相當不公平，畢竟幸玨之被引薦入深宮內院，我祇不過負間接責任）「的確過分，是你找來的麻煩。」老佛爺勃然大怒，令我恐懼的是，我聽出這可憐的閹人聲音減弱，似乎痛楚難當，幾近昏厥。「究竟怎麼回事？」老佛爺喊道，「你們把我嚇死，這成什麼局面，深更天兒還要那麼嚷嚷？」

「哦，太后陛下恕罪！是狐仙，一口咬中寶善（幸玨的字）的陽物，近馬眼處，他正淌血呢。所以痛得叫起來，老佛爺您看，他昏過去了！我猜他不行了。哦，老佛爺慈悲，我那麼愛他。」

狐仙縮在角落，牠那眼光相當異常，目光炯炯，泛著不健康的紅，喉嚨發出怪異之聲。可憐的幸玨不省人事，鮮血從他尿孔汩汩而出。李蓮英及時趕來相助我（他聽到叫聲匆匆趕來查看），用一塊媛婉的方巾笨拙地包紮起來止血。自然，此刻找不到高超的醫生或受過外科培訓之人，我乍見急病，如初生嬰孩般束手無策。

媛婉啼哭不止，解釋詳情。他們整晚昏天黑地，連幹幾次事兒之後，幸玨在她屄旁「晾巧子」。她道她已經全然忘了狐仙，牠從前晚開始便水食不進，整夜趴在角落的墊子上。突然，牠疾衝過來，躍向幸玨垂著的陽物，狠狠撕扯。（傷口呈鋸齒形，令我想到兩年前我被一隻寵物猴咬到手腕，迄今傷疤宛然。）

老佛爺道：「拿燒酒來，我把他巧子洗洗，被你狐仙咬到的地方一定有毒。」

她依言而行，可憐的幸玨跳起來大叫：「太后，我要死了，受不了啦！」

太后拍著他頭道：「可憐的孩子，放鬆點。我會將你送到鬼子醫院去治。」她指（我知道）位於從前的克林德紀念（Ketteler Memorial）牌樓附近的雒魏林醫院（Lockhart Hospital）。「你要至少休養一個月，我會給你三千兩銀子，除了醫資，還償你的時間損失。這會兒，我要用煤油浸濕的方巾，包在你的巧子上，昨兒這地方我還把玩呢。」在中國，煤油常被用來專治蠍毒；似乎沒有焦油，我記得我當時被猴子咬傷後，塗上兌稀的焦油，痛楚略減。

那傷口讓我很不安，因為以我有限的知識，我猜到狐仙患了狂犬病，吞咽艱難的症狀驗證了我外行的診斷。媛婉將愛人靠在長椅上。他喝了杯香檳，又服了李蓮英拿來的藥，看似振作許多。太后吩咐我將他帶到城裡，找一個太監送他去醫院，並傳諭旨所有費用一概由私人開銷。

老佛爺與我離開，免得擾他休息，祇不知傷口痛得怎麼樣。到太后寢宮，我跪下求她原宥。彷彿有一樣無情的詛咒與我相連：柳昌被閃電擊中，同樣俊美的幸玨被狐狸咬傷，我告訴老佛爺，我相信這狐是瘋的。我談到，戈登・來諾克斯（Gordon-Lennox）家族的首領，英國列治文的戈登公爵，便是死於一隻罹患狂犬病的狐狸的唾液，他祇是被舔了一下，並沒有被咬。她問我是否就此不治，我答道巴斯德療法是有效的，但在中國北方應該無人會實施。我指出，患狂犬病的動物一旦咬人，足以致命，這動物的唾液也是有毒的，因此牠喜歡舔媛婉的私處，則她私處也要謹慎處理。老佛爺驚駭了。

「懇請太后，」我一片真心天日可表，含淚續道，「不要再命我帶任何伶人或美貌少年來宮中了。」

「等等，」老佛爺打斷我，「誰把占偉帶到頤和園的？」

「我指的是您興致來時，通過總管太監安排的人。我對占也心存內疚，但太后，請原諒，我發現祇要我為中介人，災難便接踵而至。我本性迷信，我初度之時土星上有異象，因此我身上有種『邪惡力量』（我誕生之時是申時——猴，預示了我將來被封為侯爵）。」

太后陛下同意了我的請求，但認為我之恐懼十分無稽。她要我在軍機處拜見之後再返回城裡，因她不願我被大臣們看到。我疲憊不堪，而她之動作並無絲毫收斂；因此我不得不強打精神與她做愛，滿足她的淫欲。

本文的結尾令人欣慰，幸玨順利入院，被撕裂的可怖傷口逐漸癒合。儘管我建議鎖住狐仙，牠還是咬傷了兩名太監，一名男僕。我所料不虛，瞎貓撞死耗子，撞上啦。這下是撞楣運，這東西的確患了狂犬症，然而牠是聖物，祇能任其自生自滅，數日後死去。牠咬到的人——其中一名太監和另一名男僕也感染狂犬症，死得極慘。另一名太監、幸玨以及牠經常舔舐的媛婉，卻逃過一劫。

幸玨出院後（他並不知這病症潛伏期可能是一年或更久，不過的確未發現徵兆）來拜訪我，懊惱不已：「我那話兒已經變形了，傷疤也是終生難癒。從事我這樣生計之人，私處損了，便如歌者失了聲，琴手或藝人斷了臂。」

「然而，」我答，「你算幸運，胳膊沒受傷，手臂可是有用得多！」

「巧子同樣有用！」他辯道，「我的生意全靠它來點綴裝飾，現在傷痕累累，望而生畏，俱往矣。**不勝今昔之感**。」

當時我們站在內院，我**不遠送**。天上有一輪亮麗月暈，我望著他，歎道：「你立於月華之下，**比任何時候都秀美**。有失必有得。感謝菩薩，你的魅力經年不衰。你在醫院的每一天對我便似一年。**一日不見儼若三秋**。」

「好吧，」幸玨道，「我不會再令客人看到或觸到我從前的魅惑之處，除非是像你這樣知曉我當年風姿的人。畢竟，雖經**萬壽山**狐仙之變，我那地方用起來並無妨礙。但你應知，**介者撤畫外非譽也**。（《**莊子**》）」

他一九〇七年移居**武昌**，在**湖北**頗有名氣。

1 前門外的一個商業區。明朝的永樂年間（1403-1424）即已非常繁榮。

2 三慶園始建於乾隆五十五年（西元一七九〇年），是浙江鹽務大臣為給乾隆籌辦八旬「萬壽」，邀集徽班「三慶班」晉京祝壽而建。十九世紀初，三慶園與廣德樓、廣和樓等齊名，為著名的京城大戲院。

3 中國戲劇中的女性角色，通常活潑大膽。

4 切薩雷・博賈（Cesare Borgia, 1475-1507），教皇亞歷山大十一世之子，天主教紅衣主教，後來成為軍人、政治家。昂克爾侯爵（Marquis d'Ancre）也即康西諾・孔奇尼（Concino Concini, 1575-1617），法國路易十三朝廷中著名的義大利政治家，後來被路易十三謀殺。這兩個人都被稱為叛徒，死後仍被唾罵。

5 卡米耶・弗拉馬里翁（Camille Flammarion, 1842-1925），法國天文學家。他在作品《火星的條件與可居住性》（*La planète Mars et ses conditions d'habitabilité*）之中表示，火星上存在比人類更高級的生命形式。「威爾斯的預言」指的是H・G・威爾斯的《世界大戰》，書中講到火星人攻擊地球。

6 作者常在文章中抨擊他諸多的生意合作人。第一次世界大戰期間，外事大臣喬丹曾不幸地將英國政府捲入到一場複雜的軍火交易中，他讓巴恪思作中間人與中國合作。武器始終沒有見到，喬丹懷疑巴恪思偽造了整個計畫，包括所謂的中國商人，不過後者也未從中謀得任何利益。

7 羅伯特・赫德爵士（Sir Robert Hart, 1835-1911），北愛爾蘭人，遊走於英國和清朝的官場之間，擔任清朝海關總稅務司多年。巴恪思曾為赫德主持的海關署做過翻譯。

8 此話並不出自西塞羅，很有可能引自卡圖盧斯（Catullus 56）：「請求你，迪昂，我沒有武器，衹能用我的堅硬將他擊斃。」

第十二章
術士之能

一九〇六年（光緒三十二年）夏，道長張天師從江西至北京。天師之位為世襲，因其神位尊貴，故得到老佛爺特別接見。其隨從中有一來自臨邛（四川）名喚幸玄的雲遊道士（當時「玄」在書寫時須略去最後一筆，或改寫為「元」，因這是康熙之名，必須廟諱敬避。不知為何，這天師有時也被喚為「星玄」，「幸」是本姓，但此處暗含「幸運」，是人人想要的好彩頭！但他也用父姓「任」，我也不知為何），一副苦行僧婆羅門之面相，我猜他是印度後裔。他精通梵語，講尼泊爾語比漢語更流利。太后已經習慣於交由我各式各樣的光榮任務[1]（提到光榮，她總是會補償我所佔用的時間，不是以金錢而是以豐厚禮品，同時重賞我的扈從），因此當我被授命安排一場私會，我絲毫不覺詫異，此會祇有她、李蓮英、崔德隆、任玄及我參與。她對預言占卜深信不疑，就像法國查理一世之妻海麗葉・瑪麗亞（Henriette Marie）問之於埃莉諾・萊諾克斯夫人（Elinor Lennox），或更似凱薩琳・梅迪奇（Catherine de Médicis）問於親愛的露基莉（Ruggieri，即凱西莫Cosimo）[2]，她對未來憂心忡忡，決意在齊化門外的東嶽道觀求教於他。太后很少盛裝參拜東陵（我記得咸豐駕崩後衹去過五次），她習慣在此廟中小坐休憩。但為此密會她命人決不可透漏身份，計畫深夜前往，城門專為她打開，衹帶一名侍衛。在我看來，像她這樣活躍好奇的年長婦人深夜出行，不是沒有風險的。她的照片隨處可見，其面容近年來對於京城人而言，便如凱撒・威廉之於柏林人一樣知名。我也不甚歡喜加諸我肩上的新任務。

無論怎樣，太后有命，我不能不從，立刻找到留宿白雲觀（此處之後我會再提及）的幸玄。他知我來意後，自然熱情接待，當得知我懂得梵語及尼泊爾語（對後者我衹略知一二），更為熱心。

他承認能夠通曉未來，那些來這裡虔誠求卜之人，他也數得出其一生所歷之大事，不過他對自己的道行卻甚為謙虛，令人驚奇。對於未來，他以行船打了個比方，大意如下（原文是打油詩，我衹能大致援引）：「兩隻快船各西東，疾風吹向夕陽紅。舟行全憑一帆懸，任爾東西南北風。」（意思是，命運能夠通過人為努力改變：沒有什麼像偉人拿破崙說的那樣，是「注定的。」）他看了我的星象，說到我出生時土星運道的致命影響，預言若干，都奇蹟般靈驗了，衹有一條（現在想來，我猜他是指死亡。正如史賓塞所說「死亡是不幸的結束」）我至今不解：「禍兮福所倚，福兮禍所伏」，伯格教堂（Bourg Cathedral）鐫著一位勃根地公爵夫人的墓誌銘，有類似意思：「幸運，不幸，幸運」，這位美麗的婦人並無子嗣[3]（此處我認為拼寫有省略）。「對於勇者，無謂幸與不幸」[4]。他準確指出我之前的若干冒險經歷，尤其是某次在俄國（他錯指成波斯），至今記憶猶新，堪稱離奇，我就好似死裡逃生，重見天日。

太后選了接見的日子。他道，已經有幾個高明的占星士曾算過太后的星象，他擅長以水晶球占卜，若太后允許，便用此法。我想她不會反對。

會面於是議定下來，我即刻前往頤和園稟報消息。老佛爺命我午夜十一點鐘候在正門，但莫要乘轎來。屆時兩乘紅托泥布（太后選紅色而不是皇家的黃色，以避人耳目）驢車前來，正如我所料，此次出訪未能微服潛行，至少有一隊清軍將寺廟團團圍住。當時京城常聽聞革命起義事件，實際上僅在九個月前有名安徽學生吳樾，投炸藥於出洋考察憲政的專員列車上，未遂喪生，讓老佛爺大為驚怖，朝臣更是惶恐。眼見官方如此警戒，我也欣然，同時寬慰，自己的重任解了一大半。

看到我老佛爺慈祥地點頭示意，免我跪拜，讓我攙扶她拾級而上，走進幽靜庭院，星士在一間小室中，房內僅點著一盞油綠光芒的舊式燈籠。我四人進了門，任玄向太后叩拜，但依然保持靜默凝思姿態，即「禪那」，我以為這是預言家應有之義，他堪破未來天機，又洞察過去，那些祕密他若不揭示，連自己也不可知。太后在屋中唯一的一張椅上落座，我們跪在她旁邊的蒲團上。她面前桌上，正在燈下，擺著一只大小如塞維利亞柑橘的水晶球。令我想到瑪麗•安托瓦內特（Marie Antoinette）一七七〇年嫁給太子路易士•奧古斯特（Louis Auguste），踏上法國土地，首次見到卡里奧斯特伯爵（Cagliostro）；房內也是同樣幽暗，祇是未有旁人在側，直到她看到水晶球內的情形，看到自己的首級從斷頭臺落入籃中，當日不知法國是何日期，但義大利歷史上有記載。隨從進來，扶起已經昏暈的公主。

我希望幸玄在占卜預測時不要受神感召，提及閃電，因為太后對此頗有忌諱，尤其是大約一年前的夏日，我二人親眼目睹，驚駭萬分。過去幾年中天壇的祈年殿（北面大廳，皇上在年初黃道吉日祈求當年五穀豐登之地）以及紫禁城太和殿都曾被雷電擊中損毀，此為聖上觸犯天威的凶兆。我猜太后並不認為是自己德行有虧，這在乎個人觀點，衹要不引發醜聞，她之私隱不干他人事。不巧的是，現今謠言紛紛，我自慚也逃不了干係，人們談起我二人之曖昧毫無顧忌。當政者的愛寵（有時是得到一生寵幸，就好像艾科塞斯）或佞臣，在帝王駕崩後必然失勢，下場常常是死在斷頭臺上，儘管我隱在幕後，也不像莊士敦（Reginald Johnston）爵士一樣，以蘇格蘭身份自傲，誇耀自己的外國經歷，其實不過是在宣統的虛幻統治下，教皇帝一些壞習氣，以及做作的拖長腔的牛津口音，就好像普羅旺斯人或波爾多人模仿巴黎口音一樣。

我所要記述之事看似匪夷所思，正如《論語》所言：然乎，豈其然乎？（有些人是絕不信鬼神之說的，即使是從鬼門關走出來的人。）一旦閻王召我，我也同樣這麼說。衹怕讀者會認為我受了障眼術之騙。並非如此，我知道我之記錄屬實，倘有虛言，雖伏天誅亦屬所願。我相信崔德隆仍健在，他能夠印證我的敘述。不過，他未讀過什麼書，自然不如我印象深刻，那日的細節就好像硫酸一樣深深烙在我敏銳（我就不假作謙虛了）的頭腦中。我猜幸玄用了什麼心理方法，使得老佛爺回憶到過去一些特別事情。但他對於未來的預測，讓我遙想中不禁歎為觀止。「天地之間有許多事情，是你的睿智所無法想像。」[5] 我參詳不透，就好像我作為唯一一個白人，在印度看「繩索把戲」，也不明所以。同樣還有，一位邁索爾（Mysore）瑜珈行者預測了我父親的去世日期。他是一九〇九年某日在邁索爾的班加羅爾寺以巴厘語寫就，密封起來，要我一聽說父親亡故就打開。他預測的時間是一九一八年七月二十七日，如果算上印度和英國的時差，精確到分鐘：下午一點四十五分。

這僅是個人事件，若是歷史偉人，事無大小，都會引起興趣，我則不行。但此行者預言道，我的兄弟羅傑・巴恪思（Roger Backhouse），當時衹是一名海軍小將領，某日會擢升為海軍上將，海軍部部長，羅傑・巴恪思爵士，獲巴斯大十字勳章、維多利亞大十字勳章，青雲直上而成為大英君主海軍第一號人物，統管整個海域。還有我的妹夫，將會成為陸軍中尉，大英帝國從男爵，但在得到上述兩項榮譽後，去世較早（六十四歲）。至於我提到的謎語「幸運，不幸，幸運」，正如荷馬所言，「衹有諸神能解釋」，對我將永遠成為謎團。但我猜，意思是死亡帶來極樂；如下所言：

和平在戰爭之後，港口在風雨之後
安逸在勞碌之後，死亡在生命之後
達觀才長久。

《仙后》（*Faery Queene*）

（若死亡並不是謎底）。或許，此語指當前發生之事，否極泰來：**塞翁失馬，未嘗非福**，如諺語所說。日語中有同樣的說法。**人間萬事，塞翁之馬**。

這情景十分怪異陰森，就像迪倫（Dürer）樂於描摹的畫面：昏暗而神祕的燈光（我和太監們都覺得我們正在進行佛家儀式，儘管我們幾人，尤其是李和崔都不信神的，還是感覺敬畏。）映出太后的輪廓，她充滿期待，幾乎是懇求的，我知道她是為求吉言而來，雙手合十，沉思祈禱直到最後一分鐘，顯然希望能夠欺騙無情的「命運姊妹」[6]，挽留時光。道士顯然無視於太后的存在，更不消說我們，他漸漸癲狂起來，讓我想到在邁索爾見到的行者，眼睛張開但木然，像癲癇病人一樣口泛白沫，喃喃念咒，召喚神靈，就像另一名死靈師因達爾（Endor）一樣，萬物來自世間，卻未能如他的預言一般和諧共存；我們三個凡夫俗子在這樣神祕莊重的氣氛中顯得格格不入，增添一種歐里庇得斯式的悲劇氣氛，更加深了那雖虛幻卻不朽的莊嚴境界。

我聽到老佛爺一遍遍低念道：「**南無**」，好像天主教徒數念珠。她比平日更蒼白，但可能是因為在這半明半暗的燈光下，她孀居需塗的粉比平時更為明顯，看上去異樣慘白。

我們靜候著，祇聽得老佛爺和道士的低聲喃喃。過了一會兒，道士用中文對太后道：「老佛爺，您看看水晶球，您看到了什麼？」

她激動地凝視著，一副難以置信的表情：「我看到一少女跪在一間莊重院落之中，向一名使者叩頭，使者手持杏黃色紙箋。她再拜起身。這女子是我，那院子便是我父母宅邸所在的**錫拉胡**同（近**東安門**）。球中影像恰恰讓我想到受封**咸豐**帝妃那天，當時十六歲，我記憶猶新，**恭奉文**

宗顯皇帝冊命備位宮闈。」

影像隱去，但慈禧驚疑不定，全身發抖。她越發虔誠地禱告起來，我承認我也為她向天帝祈禱，儘管是出於私心，因她之歡欣關乎我之幸福，但我供奉之心卻是真實無私的。

李和崔議論道：「變戲法兒。」

不知法師是否聽到這不合時機的插口。他正傾力祈禱，渾若無物，除了盯著眼前的水晶球，其餘他不聞不見。此刻就好像舞臺變換場景時有片刻停頓。他再次顫聲問：「老佛爺，再看看水晶球，看到什麼？」

她表情迷惑，原本生氣勃勃的眼睛此刻顯得恐懼，我看得出埋葬的往事全都從墳墓中跳出來。（「你已經入土為安的屍骨，重又掙脫壽衣束縛。」哈姆雷特對父親的鬼魂說）：「我看見一間金碧輝煌的大殿，中有一張龍床；殿內陳列著玉飾金器，織錦陶瓷。一男子輾轉榻上，奄奄一息；他聲音嘶啞，兩名身穿官服的親王跪在床前（我聽不清他的話，但他的手勢比言語更明瞭）：『處死葉赫那拉，大清律例禁止其姓氏成為皇后或太后。我朕任你二人為攝政王。傳肅順：寫下遺詔。』太后（之後成為東宮太后）哭啼入內：躺在床上之人仙去。」太后不似對幸玄說，更似自語：「這是咸豐十一年（辛酉年，一八六一）皇帝死於熱河，兩名親王是怡和鄭。他們受皇帝遺命，但我兩太后挫敗其奸計，得攬大權。我下令將肅順在北京砍頭。」

「再看看球裡，太后，您看到什麼？」

「我看到一名年輕的御林軍官，與一美貌佳人脈脈含情，女子臉塗白粉，顯是孀婦。男子表情狂喜，但無人講話。」

「你能否識得周圍環境，老佛爺？」

「是的，軍官是榮祿，與我關係最密，地點仍在熱河。他保證助我穩守王位，保護幼主，現在的皇帝，我子載湉（在位時以此字代替「淳」字，所謂御名敬避。）」

老佛爺一向鎮定的手在顫抖，她道：「過去這些影響令我痛苦，我需要借你道法，看到未來。」

「老佛爺，要洞察先機我必須令您先回看過往。若這球給你看的都是過去真實事情，你才會相信我的預示，受我指點。命相已注定，但人力可以修補，甚或調整將來之事。」

「就算如此，繼續招引幻象吧。如果所示非虛，我自然聽你指點。」

他等了很久，似乎內心糾結交戰，阻他講話。「老佛爺，再看水晶球，告訴我您之所見。」

「我看到一個沉迷酒色，面上長滿痘疹的十九歲青年，流連於下等妓院。我認出了，這就已故皇帝，我子同治。儘管我從未去過那骯髒地方，他死於臟症候卻是事實。此子不孝不義，但畢竟是天子。你的宣示又對了：他的死我該負責。善佛，不要怪罪我！」

道士臉龐瘦削，身體有氣無力，彷彿行將就木，眼睛卻炯炯有神。他聽著老佛爺的虔誠禱告，看似已經超脫進入另一世界，被一團看不見的火點燃起來似的。「是的，太后，無論他人有什麼過錯，您寬宏大量，必得天佑（注意：對國王王后來說，此真可謂「忠言順耳」（哈姆雷特）。無怪乎「最愛王」路易十五自信聖路易斯的美德會傳至他所有子孫後代，無論他們犯何過錯，都將受到太陽神的庇佑。）治國之道，國君須得忘卻罪惡二字；何謂仁慈公平，不過是寫在詔書敕令中的陳詞濫調罷了。就算是孔聖人自己，不亦以政論為名，拜見臭名昭彰的衛國夫人？他弟子**子路**不悅，質問其師，**孔子**對天賭咒，若有他心，願受天譴。老佛爺便如**泥中蓮**，出淤泥而不染。太后不必再為過去自責，留待圖謀日後。江山社稷才是您第一要務。**失之東隅，收之桑榆**。現在您再看看，告訴貧道你看到什麼。」

太后盯著圓球，慘淡燈光映在其上，如虛如幻。「我看到一年輕女子身穿喪服，新寡，面色慘白，容貌絕美，跪在我面前，她指著**子宮**內的遺腹子，哀哭懇請暫緩處罰，待孩子產下之後。但我並未留情，因為一旦她誕了男嬰（胎兒已有八個月，太后處死阿祿德之後命人剖開她子宮），他就會成為皇帝（取代光緒），而**阿祿德**也就是後來的**嘉順皇后**，品嘉德韶，必然會成為攝政王，而我和東太后則會打入冷宮，再無權力。為了社稷，她非死不可。憐憫無益，我不能有婦人之仁。我賜她上吊，她猶豫不肯，我命**安德海**和另一太監行刑。這幻象說的是真的。」

又是長時間靜默。這場參拜我們已經侍奉了兩個半小時多。我屈膝在地，還有那些太監，比我更慣於長跪，此刻膝蓋也都已**麻木不仁**。我大腿已經劇烈抽筋了。在我們的痛苦中，那隱士又道：「太后，您再看看，看到什麼了？」太后不需他勸，已經看得出神。「我看到一名美貌青年，像是為愛而生，身穿五爪龍袍，便似天子一般，他在一艘飄著龍旗的駁船上，被一干工人拖至岸邊。我認出了，引人愛憐的五官，是我實難忘懷的至愛，安德海，被**孝貞**（東太后）和賊子**恭親王**設奸計所害。」

「場景要變了。再看看，老佛爺，告訴我你之所見。」

「我看到自己的臉，怒發如狂，以鄉下人的粗語痛斥東太后，她殺我情人，背叛於我，我要降她死罪。恭親王羞悔交加，跪在我面前，但我轉過頭去，不聽他哀求。你的法術又讓我重見過去不堪的年月。春來秋往，代代更迭。這太可怕了，但對你的法力我十分佩服，衷心稱讚，讓我入迷了。」

「稍等，太后，我給你看另一幅幻象，其實是事實，或許能令您重新回憶起重要大事。」他再將方才的話重複一遍：「太后，看看這水晶球，告訴我你之所見。」

她答道：「我看到一名身材苗條臉型圓潤的婦人，約三十八歲，在長椅上苦苦掙扎，五官扭曲，一臉驚恐。這是痛苦就死的東太后。我給了她**砒霜**。她害我心愛之人，終於得以報仇。她奄奄一息，不，已經死去。感謝菩薩。」太后回想起復仇的輝煌，振作起來，之前沉悶懊悔的表情消失不見，眼中臉上皆是愉悅。李蓮英想到那樁事件，當時他還年輕，他劇烈顫抖，眼巴巴看著老佛爺，似乎求她不要再提此事，太過悲慘。

水晶球中繼而顯示的往事是**陰劉**之死（陰字有兩重含義，一指他寡言神祕的個性，一指他碩大的陰莖）。法師問老佛爺能否認出這滿面痛苦的美貌男子是誰，她面色不變，回到：「這是陰劉。我花了力氣封他的口。他俊美淫蕩，著實讓我難忘。任玄法師，你何時參詳未來之事？我願聞其詳。」

「太后稍安勿躁。這球還要讓您回想三樁事體。請您再看看，看到了什麼？」

「我看到我自己在萬壽山寢宮下象棋。我已將政務轉交皇帝，全無案牘勞形。突然一名年約三十六歲的青年闖進來，在我面前興奮不安，他求我接見。當時我未認出他，現在我知道他便是袁世凱，皇帝剛會見過他，要他將我立捕，再即刻趕往天津，處死總督榮祿。他給我看加蓋玉璽的詔書，奉天承運之寶。我謝他對我忠心，告他我會立時行動，刻不容緩。（這是戊戌年八月，一八九八年戊戌政變之時。）」

「再看看水晶球，老佛爺，告訴我其中是何事。」

「我看到自己身著村婦衣衫，一名年輕女子辱罵我是娼妓。我命人處死。她被兩名太監推進我宮後的一口井中。這是珍妃，她罪該萬死。蓮英，你說是不是？」

「啊，太后：確乎如此。」（他還能說什麼！）

「老佛爺，」道士道，「過去之事這就看完，如您所願，水晶球即將昭顯將來。但之前還是請老佛爺再看看，說說你之所見。」

太后神色狂怒：「我不告你；你這球冒犯我。」

「但太后，你若不講，我難保將來老佛爺聖體周全。」

「好吧，我看到已故大學士，我的忠臣（榮祿，但她未提其名）與我交合。我不否認，但也不承認這球所言為實。」

「無妨，」道士說，「隨您之意。您再看看水晶球，告訴我您聖目所見。」

「我看到一群惡棍闖入進攻，但所為何事卻不得而知。」

「則老佛爺須得親手掌控，將一切謀反扼殺於萌芽。提示：太后皇宮內院，便有不少仇敵。再看看我的水晶球，您看到什麼？」

「我看到一名太監跑至我面前送信，該是大好消息；他滿面歡喜，但我不知他說什麼。」

「凝神注意球上，你會看到更多。」

「我看到自己坐在龍椅上，滿朝文武聽我指令。龍椅空了，我在立新帝。情形模糊，消失不見了。」

「再看看，您看到什麼？」

「啊，我看到自己依然坐在寶座上，兩人迫切求我。我譴責威嚇他們。其中一人以手槍對我，他傷了我嗎？我看不出。」

「你能看清這兩人的相貌嗎，老佛爺？」

「若我認得不錯，其一是**袁世凱**，另一人太模糊無法辨認。」

「作法即將結束，太后，請耐心，再看看水晶球。」

「我看到浩浩蕩蕩的隨從正從這個寺門出來。一口石棺由一百二十八名挑夫抬著，隊伍宛如長龍，蜿蜒數里。難道這是我的葬禮？」

「氣數天定，」任玄道，我們幾人像希臘合唱隊一樣異口同聲：「您一定比奴才長壽！」

「**萬物自然之理**，但法師請告訴我，這些事將何時發生？」

「太后對一人須得謹慎堅決，毫不容情，此人不姓**俞任柳**（《**百家姓**》第十三句是『**俞任袁柳**』，即便目不識丁，衹要熟悉百家姓的漢人滿人，都能想到他指的是『袁』姓。他隱晦不提，是怕隔牆有耳，袁耳目眾多，就如英國愛德華四世時，密傳『愛德華之子嗣中G會是凶手』。G指邪惡的叔叔格羅西斯特Gloucester，後來成為理查三世，但也指代克拉倫斯公爵Clarence喬治，他被疑為叛國，溺死在一大桶馬姆齊甜酒中）[7]，如此這般，預言才能得以逆轉。命道運勢，皆在個人掌握。祇不知，太后才智過人，可否能快刀斬亂麻，處決最致命之仇敵？此人狼子野心，您賜他高官厚祿，他卻忘恩棄義。此刻，我請太后再看看水晶球，告訴我們你之所見。」

老佛爺專注凝視，面色大變，倒在椅上昏厥過去。我們儘管已經雙腿麻木，迅速衝過去將她扶坐到椅上。她起初說不出話，終於驚呼出聲：「實在可怖，切勿問我，作夢也夢不到的死相！」

「太后無需講述這情景，但懇請您抓緊時辰，否則就遲了。」

「你退下之前，我再問你，我百年之後，大清可能延續？」

「太后，天機不可洩露。但太后若能借鑒前朝之興衰，或可順天而行。殷鑒不遠，覆車在前。」

老佛爺全身顫動，我將她扶上轎子時，察覺她雙手冰冷。她以太后之儀謝了道士，賜他五千兩賞銀，又留了五千兩要寺裡每日禱祝，保佑她長壽，一旦歸天，也祈禱她在天之靈安息。佛祖慈悲！世事如塵埃！

天將明未明，露重曉寒，約是清晨四時。我們徹夜守護，都十分疲倦。道士向我恭敬行禮，說道：「你會發現我對你的占卜句句成真。關於太后未來情形，祇盼水晶球中的神仙撒了謊兒。」他對太后三叩，告退，預備在東嶽廟小憩片刻，再隨張天師回程。

太后親密地拉緊我手：「某日我或可告你我之所見：真比死還可怕，我倒不怕死，該如何便如何。」我並未發問，也再未從她可愛的口中聽說水晶球裡的影像到底是什麼。或許是她被踐踏的屍身躺在巨大的陵墓中央，或許是地獄裡被折磨的惡鬼！誰知道呢？我祇能來生來世瞭解。此刻，生命繼續！

請你暫時犧牲一下天堂上的幸福，
留在這一個冷酷的人間，
替我傳述我的故事吧。

哈姆雷特，最後一場

「天堂是可能，地獄是必然。」同時，我們牢騷埋怨，汗流浹背地捱過每一刻，辛苦度日。「皆是虛幻」，正如別人問及拜倫爵士是否熱愛他的生活，他答：「當然，除了一點：我根本不想活著！」

附言

美麗的阿祿德諡號孝哲嘉順毅皇后，同治帝遺孀，關於她之死，李蓮英有說法，但當時他既未進宮又未出家，因此未必屬實，他說是被砒霜毒死的。同樣，後文提到的匿名信（金芝泉所書）也指責老佛爺毒死她以防同治的遺腹子繼位，光緒登基不能名正言順（他與同治平輩），必定導致朝廷大亂。但道士任玄主持的降神會中，太后看到水晶球，自己聲稱阿祿德是吊死的。自然她之說法更可信，因此通常所謂以信（砷）下毒的說法便不可取。我確信老佛爺承認說道叫安德海和另一名太監將繩索套在阿祿德頸中縊死了她。這也就能解釋為什麼侍衛來入殮時她的面孔浮腫發青。**翁同龢**在日記中也提到此間情形，尤其說到她舌頭外吐，眼球凸出。砒霜（我猜）不會如此。或許太后本想下毒但用了更佳之法；如此她便能對外宣稱，阿祿德上吊自盡，並砌詞褒獎她對先皇忠貞節烈，就如一九〇一年她讚揚珍妃殉節一樣。剖取胎兒是祕密進行的，翁並未提到，或許是被燒掉了，誰知道呢，談及此事可是犯欺君之罪的。

1 作者註：有時我想到，她或許以此玩笑的方式，報復我某次大膽將年輕俊美的占寶臣帶入宮中與宮女幽會，後來老佛爺慷慨拴婚，但將我笞打一頓，以掃我顏面（並非是傷我身體）。

2 「我親愛的凱西莫」，指義大利星象家、占卜家凱西莫．露基莉，被凱薩琳召至法國宮廷，作為顧問及間諜。

3 指約克的瑪格麗特（Margaret of York, 1446-1503），愛德華四世和理查三世的姊姊，都鐸國王亨利七世的宿敵。

4 亞歷山大．仲馬（Alexandre Dumas），《雙雄記》（*The Companions of Jehu*）。

5 莎士比亞，《哈姆雷特》一．五。

6 命運姊妹，希臘神話的三姊妹，分別負責紡織、計算和剪斷生命線。

7 英國國王理查三世（1452-1485）和金雀花家族（Plantagenet）的克拉倫斯公爵喬治（1449-1478）是愛德華四世（1442-1483）的兩個弟弟。克拉倫斯公爵協助迫愛德華四世下位，但祗是暫時的，後者再次奪取王位後，將公爵收監處死。傳說（莎士比亞也寫到）克拉倫斯是在一大桶（將近五百升）馬姆齊葡萄酒中淹死的。

第十三章
處置匿名信

我接下來要談到一封信，我曾留一份底稿，但一九三九年八月，在抵制英國的運動中我遺失了所有的私人資料，因此無法記得信的確切時間：我應該是一九〇七年六月十五日收到，寄信人是英國外務大臣愛德華・格雷（Edward Grey）爵士，他後來成為格雷子爵、嘉德爵士，寫信日期是五月初，上面標明：「機密：閱後即毀。」具體內容如下（我歷歷在目）：

親愛的巴恪思，你我既為世交，又兼鄰居，於公於私，我都要寫此信給你。我任外務大臣已十六個月，此間，我對你所撰的清朝機密報告十分讚賞，你人在其間，故而洞悉透徹，又感同身受。但恕我直言，你與那神祕人物的密切關係令我擔憂，在此最好不提她的名字。你對你的家庭及我們而言甚為珍貴，務必保重，切勿多生是非！我不願說你被人玩弄；但你身為洋人而備受恩寵，就像當年的阿克賽爾•費森公爵（Axel Fersen），那些與那不便提及之人為敵的人，必視你為罪大惡極。一旦風雲突變，往往是最親密之人最先受到株連。末了我要向你表達謝意（贅述至此），法羅頓去世（一九〇六年一月他的妻子死於車禍）後，你曾善意寬慰，我當時祇回了致謝信。令尊亦慨致唁信。

此信文筆正式，尤其是其中所運用的比喻。信中寫到（在附言中）英國在中國的影響與聲望，我想與本文關係不大。我公佈此信內容，儘管信上標明「機密」，但是因為格雷爵士已經去世十餘年，於他身後名譽無損。否則我不會將寫著「機密」的文字公諸於眾。

巧合的是，近來有一些滿人和漢人，是我私交，在朝中也多少有些地位，他們告誡我慈禧與我的祕密的——毋寧說公開的——關係，已經廣為人知，但我其時是騎虎難下。祇能順其自然；我怎能對太后說：「我再也不會來你這裡」，這是相當困難的事，因太后雖然常說「我是你的」「屬於你」，但實際卻常常新人換舊人，正如克麗奧佩特拉，自龐培而至凱撒，自希律王而至安東尼，情人不斷更迭。

多少次我在腦海中重念格雷的信，體會到言不勝意。他長我十歲，同是溫徹斯特校友，他是其家族的佼佼者。一九一四年戰事中，他被德國人認為是權謀政客，媒體對他大加貶斥。其實他不過是個缺乏想像力的英國人，輝格黨派成員，其發起人「對國家頗有建樹」（克里奧蘭納斯之語），他思路清晰，演講富有煽動力，畢生未離開英國，深以為傲，不通世故，熱愛遛鳥釣魚。他出生在風起雲湧的時代，但他在歷史上卻不是風雲人物，也絕不是力挽狂瀾的角色。我心知英國使團向來後知後覺，卻總認為自己無所不能，他們絕不會提到我，因為外務大臣和各部門官員向來勢同水火。我猜倫敦的中國大臣也許曾聽聞關於老佛爺和她那洋侯爺的風言風語。我雇了城中幾名最好的探子，頻頻出入於茶寮、妓館、浴室及劇院，試圖找到蛛絲馬跡。太后照例慷慨承擔我的巨額開支。調查並無太多收穫，但其中一人名叫馬玉麟，因善於盤查而頗有名氣，他帶來消息說人們現今正談論一場即將到來的密謀，其中談到岑春烜的名字，此人任郵傳部尚書時，得罪了朝中的廣東勢力團體，尤其是財神爺梁士詒，因提出要「清君側」。我知道他與李蓮英交惡，我猜想是因為沒有付給李事前約定的例錢。

這巧合一直延續到一週之後。我又再收到一封匿名信，言辭相當粗魯激烈。信中稱我與老佛爺「逆倫」，指責她的話能令武則天或阿格麗皮娜（Agrippina）[1]臉紅羞慚。文中列舉一長串慈禧情人的名單，似名人錄一般，另附備考：「毒死」，次日「被殺」，「在宮中暴斃」，上溯到多年前，其中許多名字（譬如榮祿）都是李蓮英未向我提到的。結尾道：「汝在劫難逃，即便賊后赦你，他人難饒，你二人死在一道，便如火炎崑崗，玉石俱焚（《書經》）。」

若不是有格雷的手書在先，這樣的威脅我會拋之腦後，此刻我仔細衡量，決定寫信給李蓮英約他一見。他此時與老佛爺在萬壽山，他歷來都是（我在其他地方談到）我的仲介。他如約而至。我還未涉及主題，他看上去已頗為不安，拿出一封太后收到的相似的信，也是以工整楷書寫就，和我的一模一樣，祇除了此處太后是第二人稱，我是第三人稱。文筆甚好，似乎出自內閣官員之手，不過自然，臣子上書祇能通過官方渠道遞達，此信卻是和太后愛吃的食物一起夾帶進入頤和園。廚房也未盤問出所以然，大家對信的來歷茫然無知，老佛爺對他們並不追究。她很快認定，不是革命黨所為，便是那小妖怪光緒指示親信做的。我告訴李，馬玉麟從茶坊聽來岑春烜之事，他十分震驚，他與岑是死對頭。

李說他會安排他自己的私人偵探去調查。因為他從前就識得馬玉麟，我也沒有反對他與其接觸，聯手追查。他叫我不要再自己出錢介入此事，因老佛爺必然樂意承擔此項用費。同時他建議我靜候回音，除非老佛爺傳召，勿再來頤和園。聽了此話我便離開了，我知道我之所為有限，不知整個事件是否是虛言恫嚇，不過這始作俑者當知道慈禧絕非膽小之輩，更不會輕易善罷甘休，更況且是抨擊她作風不端，最令她反感，就好像在「太陽王」[2]之前提及天花，試想怎能暗示他的龍顏為天花所累，當時的藝術家費盡心機，也無法在表現他威嚴高貴的同時遮擋這缺陷，不像奧利佛・克倫威爾（Oliver Cromwell），命畫師忠實地畫出他前額並不雅觀的疣。

一干探子十分得力，很快帶來極有價值的消息。不錯，此次犯亂首領是岑春烜，但老大學士孫家鼐無疑也參與其中。他曾任太傅，向來同情光緒，品行端方，像加圖（Cato）一樣堅定不移，任爾東西南北風，他對麥瑟琳娜的操守向來不齒，因此參與策劃此次政變，成為他一生清譽唯一的污點。計畫如下：下次老佛爺與我「同餐共寢」之時，某個作亂太監——李蓮英說他能猜到是哪個（不過我始終不知）——將通知同夥。不知道他們如何混入園中，但一定是花了大價錢買通護衛。孫不願讓外人知道他的名字，但岑顯然膽大無畏，言道他會在日出之前親自拿了加蓋印章的請願書到軍機處。他隨身帶的皆是僱傭刺客，屆時會包圍太后的鳳榻，將她當場拿獲，就像《聖經》中那個通姦的女子一般。既捉了她的姦夫（正是區區在下），又是事實俱在，下一步便是逼她這麥瑟琳娜簽下認罪書，還位於光緒帝，皇帝會逼她自盡。至於對我的處置，移交給使館，驅逐出中國。若有必要，謀反者將使用武力；會把李蓮英活捉送審，之後砍頭，我猜還有太監**崔德隆**。

李顯得比我冷靜得多。他道：「我們會再次挫敗他們的欺君叛國之罪。我現在直接去回老佛爺，她何時傳召你，我會告知具體時辰。你不需帶武器，該做的我們會做。你無須擔心，由我來料理。」

我的家僕忠心有餘，膽量不足，預感到有怪事發生，卻作出置身事外的神氣。李說待召見我的日子確定後他會早早通知我（不是他一貫做派）。我記得清楚，那是一九〇七年七月十日，但忘記具體的農曆日期。顯然光緒帝深知正在謀劃之事，但對婆婆忠心耿耿的皇后茫然不明。我被祕密告知不要再為雲雨之事而來。一旦除掉刺客，太后自會召我留宿，那時我二人就會**泰然自若**，也能安然**塌實**，衹要那愛神能幹得踏實。我想：「那就不需要媚藥了，最好在如此炎夏不需太過費力。」我必須坦白，我相當緊張。岑是一介勇夫，我也不能確認宮中侍衛，就像古時的執政官，是否已經被拉至皇帝陣營，而除掉皇后。

刺客顯然不會得手，除非御前侍衛聽任不管。岑春烜必然是已經審時度勢的，太后毫無體統地與一名歐洲人私通，厚顏無恥地召上鳳床，兩人在最曖昧之時被當場捉到，如此荒唐，值得薩爾度和小仲馬大書特書。排外情緒在任何國家皆能引起共鳴（善良如亞伯丁郡之居民，得知維多利亞女王與一滿洲貴族被捉姦在床，他們作何想法？）本就有小部分人對可憐的皇帝深表同情，朝廷內部及京城之內（中國其他地方衹怕更甚）心懷強烈不滿者是存在的，即使並不宣之於口。他們不滿葉赫那拉氏明目張膽，將一夷人引入深宮禁地（她喜歡在詔書中如是說），太令大清王朝蒙羞，罪大惡極，「臭氣熏天」，必要懲之而後快。刺客到底有多高強無關緊要，岑仰仗的是聲勢，一星之火，勢成燎原，又或是一場新病，在患者不自知時頓成排山倒海之勢。我自問，不知老佛爺是否能夠勉抑淫懷，因在我看來，倘她不加約束情欲，再召我侍寢，那可確實無法減輕罪名，抑或解釋清楚這在鹿苑[3]的「過夜情人」，女神愛上「鬼子」，就像傳說中的月神愛上凡人！

作為情人她熱烈如克麗奧佩特拉。但作為國君她絕不輸於英國的都鐸女王。她就像偉大的紅衣主教——實際上衹要稍作代換，十分相像——但挫敗陰謀之時更果斷迅速。我無需多慮，但我承認，若一八六一年（咸豐十一年九月）的篡位謀反中鄭親王和怡親王與其同謀肅順——此人機敏如馬薩林、狡猾如伯利[4]——若能如此處置，又或恭親王奕訢或者榮祿擁護皇帝對抗太后，則此政變必告成功。「如果假設能變成可能，那麼就天下太平」[5]。對歷史的假設想起來令人神往，卻是毫無意義，就像不可知論者唱給不朽者的頌歌，或是像耄耋老朽暗送秋波。

此次召我入頤和園的懿旨之遣詞用句與從前頗為不同：「欽奉懿旨，著忠毅侯巴恪思立時入諰，有所垂問，並著攜帶關於憲政書籍數種。欽此。」（太后曾在去年秋天宣佈了準備期為九年的「準備立憲」）。

李蓮英也授信於我，讓我穿了夏天的官袍戴涼帽，務必帶侍從乘軟轎而來。這程式很新奇，從前刻意微服潛行，這次一切都要做得體體面面，我是以國際公法顧問身份被接見。因此，我轎子行至頤和園門時，當值侍衛通傳道：「外國學士到！老佛爺廢寢忘食，昕旰之勞！」我聽令攜了十幾卷法律憲令書籍，寫作者如格林（Grimm）、戴西（Dicey）、布萊斯（Bryce）、賀蘭德（Holland）、安森（Anson）以及其他人。李出來迎接我，叫一名俊俏太監把這些笨重書籍扛到太后寢宮，直抬得大汗淋漓。我的任務是詳釋其中內容，這工作並不讓我慶幸，尤其對太后而言是全新領域，在一般人聽來索然無味。但我知太后善於不懂裝懂，常自口若懸河，卻是言而無物。

李蓮英告訴我，刺客共約三十人左右，皆喬裝為工匠模樣，在身份牌牒上標明「匠」的字樣。宮門以及宮內的護衛都對太后忠心耿耿（李看上去不似十分確信）。但事實上，就如其他地方一樣，在中國，勝者王侯敗者寇。逆者必敗，其故何在？逆而成功，孰敢曰逆？我還是以為政變有可能成功，倘老佛爺和我（便似演戲一般）一絲不掛，姿勢奇特地被捕獲於鳳床，必不亞於圖密善時期的馬提雅僭登在凱撒的寶座之上。倘此時被擒獲，我猜無論是她之所為，還是我之國籍，都足以讓她身敗名裂。

我此刻被帶至太后尊前。她見我十分熱情，但有兩名美貌侍女在側，也顯得高貴矜持。「好吧，這次你來為我解釋立法政府的初級階段，頓開茅塞。」她向來是臨大節而不變初志，在此一點，她可以與歷史上許多偉人相提並論，就像莫斯科一役後的拿破崙，或是在伊夫瑞（Ivry）的亨利・世嘉（Henry Quatre）：「在我的白帽下集結，你會走上無上光榮的道路。」繼而她姿勢優雅地摒退侍女，對我道：「這次，你恐怕不能盡情享受『玫瑰花瓣』、『桃汁兒』、『繫（或『紀』）扣兒』（術語，指男女之間纏在一起的性交姿勢）、『老和尚抱磬』（指性交時女子在上）。這些下三濫膽大包天，浪費你我時間。但我保證你會再見到一場大挫敗，便如蹩腳戲子最後一次走場。愛情終會回來。」

「好吧，此刻無需多想，我賜你一盞茶。不要總跪著，好像你從來沒盯著我看過。我知你不吃鴉片，賜你也無用，不過你可以抽你喜歡的俄羅斯金牌雪茄。我會到湖上巡遊，乘涼半個時辰。你和李蓮英陪我，其他人不要了。關於今晚李會交代你些環節，你就知如何適時適地講話。」

繼而我們遊憩水上，老佛爺的冷靜沉著感染了我。「我提醒你，你今夜是不能多睡了，你要留在此處細解法律條文，從午夜而至直到大事發生。或許在黎明前。」我請太后放心，我帶了足夠的文書，衹要她有興致，我能長篇大論地講下去。

「這法律，」她道，「對大清毫無用處，但日本神權統治（她用的是這個詞）已久，在代理政府和所謂民意之前，似乎也維持很好。」她又問起那封匿名信，對於那情人的長名單，恥笑不已。「此人知道的太多，他的末日也到了。」

「太后猜出寫信人是誰嗎？」

「沒有，我衹確定他是內閣大臣。這筆記措辭都是中規中矩的大學士風格。不過我會查清這作亂者的姓名，他衹活得到明日此時。」（西塞羅向羅馬人民宣佈參與喀提林謀反之人的死訊時，也說過此話「他們衹能活到此時」[6]。）

我問太后為何岑春烜如此忘恩。

「因為他愛出風頭。你知道他做兩廣總督時不得人心。廣東人確實對相鄰接壤語言卻迥異的廣西人十分厭恨，比恨我們大清更甚。他為人嗜血好殺，但平定地方叛亂確實能幹。我對他的兄弟岑毓英施恩，把春烜召至京城，我知郵傳部為廣東人所控，其時已腐敗不堪，我放他十足權力，任他以自己的方式清整吏治。他出身翰林，但卻不像張之洞和李鴻章是真正的學士。他責我操守不端，然我之私密生活干他何事，於公對外之時，全世界都承認我是中國需要的君主，那便是了。我既不冰清也不玉潔，但我做便做了。」

「太后，我們有句俗語，貪者污蔑加拉哈德（Galahad）不潔，小人斥責蘭斯洛特（Lancelot）不勇，儘管前者如聖人般純潔後者簡直是關帝化身。」

「拿你們的維多利亞女王作比：若她最寵的僕人布朗死了——她還為其立了像——人們會譴責她是凶手嗎？」

「不會，太后，眾所周知那是自然死亡。」

「對啊，同樣，我說瓦倫（Wallon）亦是自然死亡，人知媚藥有時或導致血管爆裂。但我不承認，此非抵賴。要我宣佈我行凶作惡嗎？不可能!!至於光緒，願他遭三千萬次劫，孤魂野鬼，永不超生！」

「太后將如何處置刺客？」

「看情況。你知道好奇折壽。等著瞧！但我可告你，就像一八六一或一八九八年一樣，不會有什麼折中之計。至於首犯岑，將以人身及財產之代價，後悔此次叛國大罪。」

談到其他君主之私生活，太后問了些關於愛德華七世的尖銳問題。她曾聽過一則發生於丹麥的醜聞，愛德華國王玩撲克贏了一名海軍上將一大筆錢，後者付不起，在他面前羞憤開槍自盡。我再次與她講起威廉・哥頓・庫寧（William Gordon Cunning）爵士，他被誣為在牌局中作弊，阿爾伯特・愛德華（Albert Edward）——一八九〇至一八九一年的威爾斯王子——建議他飲彈自盡，但出身高貴的蘇格蘭從男爵（和王子不同，是個絕對紳士），以滑鐵盧之戰的卡布羅納（Cambronne）那樣的經典語氣，回應他：「狗屎！」我擔心老佛爺會認為我不忠，但像愛德華那樣的小人，根本不配得到忠誠。多年以後，成為國王的愛德華要求和解之時，哥頓・庫寧道：「我臣服於你的王位，但我鄙視你的人格。」

夕陽西下，我們結束了愉悅的閒談。太后去享受她的鴉片，還要與一名頗有才氣的太監下一局棋。李蓮英和我難得地去享用一頓精美餐點。李提點我，午夜時分他會在我先前待過的更衣室召我。太后將在客廳候我；所有燈都將熄掉，祇餘一盞閱燈，於案几上投射綠色光影，我們將相對而坐。文房四寶會為太后備齊，以便她像在上朝時一樣做記錄。我們誰也不會踏進通向她寢房的小間。

岑春烜看來自以為勝券在握，他已經借皇帝之口，下令於次晨卯時（五至七點）上朝，並通過總管太監呈送一份請願書，痛斥太后，不巧（後來我看到了此文）也提到我，言辭十分不客氣：「**下三濫，形同無賴，無職業之投機者，身無長物，包藏禍心，冶容召淫，慢藏誨盜**」（冶容未必，召淫則我心有愧焉）。

說來慚愧，竊以為卿卿我我（**肏屁股或挨肏**）可比讀無趣的書要愉快得多。我確實對法律鑽研頗深，也曾出庭辯護，但此刻這話題的確讓我乏味，同樣我猜太后也深感無聊。

堪堪在午夜子時，李蓮英奉太后命進來：「好了，來吧。」我走進昏黑的寢宮，看到太后已然就坐，命人留了和她並排的位置（於禮法不合），本是大不敬的。我們清醒而嚴肅地開始上課；她不斷提問，但這些問題與假設不可能在中國或任一其他地方發生。我解答，她再滔滔發問，直至我口乾舌燥。我衹休息了片刻，喝茶抽菸，這齣戲直演了近四個鐘頭。至天近破曉時，我聽到腳步匆匆，一陣騷亂，喊聲陣陣傳來：「**拿那兩個色鬼；殺這個淫亂太后，揪走這個強姦的鬼子；他們正在熱鬧中間，現在捉拿他們正是時候；大概他正在肏她，好熱鬧！**」十幾個身負長刀的惡人闖進門來，那門根本沒有上鎖，甚至沒有關牢，屋裡昏暗，因我關了枱燈，他們一個個興奮萬狀，看樣子對宮中佈局異常熟悉，爭搶著衝到鳳榻前，去捉苟合的姦夫淫婦。我們坐在黑暗處，寢宮內無數燈盞突然大放光明。老佛爺從椅子上起身，她一字一句利如刀鋒。「我從不接見烏合之眾，但是——」（此時鑾殿中所有燈都大亮，衛兵衝了進來，顯然某處有一祕密通道），「我現命你們速速就捕，判你們在這皇宮院內，**立斃杖下**。」

有一兩人妄圖抵抗，但很快被奪了武器，他們懇求太后饒命。

「如我寬恕你們才叫怪。叫侍衛把他們都拿下，聽候判審。」侍衛們見老佛爺已經完全控制局面，不遺餘力表忠心。「刺客已束手就擒，押至刑場，這就去瞧瞧岑春烜，他這會兒正忙著跟皇帝商談要事呢。」（她高貴動聽的話音語帶譏誚）「立時逮捕。」

岑的情報探子實在失職，當時我們聽到一人以帶了濃重廣西口音的官話興奮地道：「你們拿下他們了嗎？皇上已發佈了我草擬的檄文，將這自封太后的娼婦賜帛自盡。」

無人應答，岑衝了進來，臉上一副志得意滿勝券在握的表情。「把他們兩個國賊捆起來。」他喊道。我們坐在正對門稍偏的位置，他沒有立時看清情形。我依禮下跪。太后望著他，面部神情我非常陌生，對於她精緻的面容，我十分熟悉其變化，喜怒雜揉，恰似約書亞・雷諾茲爵士（Joshua Reynolds）所畫的大衛・加里克（David Garrick）[7]，描繪了這位偉大演員對矛盾衝突的展現。但我見過與此一模一樣的表情。在何處？是九〇年代中期義大利在阿比西尼亞的災難之年（就在「黃金時代的國土」試圖以絕對獨裁統治世界之前）[8]：我當時住在坎帕尼亞（Campagna）群山環繞的馬力那塔（Marinata）地區，教皇曾在那裡有一所別墅，從彼處眺望聖彼得大教堂，視野極好。當地人視該教堂為他們的生命、夢想和希望所繫。我去了內米湖（Lake Nemi），即使在義大利也找不到與之匹敵的迷人景色，現在呢，嗚呼！為了法西斯事業，人們將湖水抽乾，尋找卡利古拉（Caligula）的雙子艦，美景破壞殆盡，一代人也難恢復。一名潛水者從其中一艘船上——這船是瘋狂淫亂的國王尋歡作樂之處——撈上來一尊小雕像，大概來自塔倫圖姆（Tarentum）或者南部義大利「偉大的希臘」時期的錫巴里斯（Sybaris），刻著「美杜莎」。我看見一名農婦虔誠地在這異教的石像前劃著十字，「聖美杜莎，」她說道，將她歸於天主教派！此刻老佛爺便是這樣的形象，一向靈動熱切的目光，此時變得冷漠嚴酷，執掌生殺予奪，岑已經嚇得呆了，連跪下叩頭也失去氣力。他那樣子就像忒修斯（Theseus）得知希波呂托斯（Hippolytus）之死的真相以及費德爾（Phaedra）亂倫的事實[9]。片刻之後，這好惡鬥狠的「廣東猛虎」，曾飲下一名被砍頭的土匪之血，以增其匱乏之勇（「九月屠殺」中一名拉夫斯監獄（La Force）女囚也曾為救其父飲下一杯鮮血）[10]，此時驚魂甫定，全身戰慄，癱軟在地，口中喃喃不知所云，老佛爺便如貓戲老鼠或蟒蛇捉弄野兔或豚鼠一般，冷酷無情地直盯著他。

「岑春烜，過來，」熟悉的假音喚道：「皇上賜我的布帛我待會兒再用，之前有話與你說。你犯上欺君，罪該萬死。說，你給我以及你未曾謀面的我這大英法律顧問的匿名信出自誰手？」

「我該死，太后。這都是大學士孫家鼐的詭計，非我本意。信是內閣大臣金芝泉寫的。」

「一派胡言。孫學士已經老糊塗了（他當年已經八十八歲）。我知道他是保皇派，但平生從未犯科。命人（對李蓮英）捉拿金芝泉，午後凌遲（剮罪）處死。至於你岑春烜，我不賜你死，」——聽到此處岑連連叩頭——「但罰銀兩百萬兩，限四十日付清於我。期滿後解了你郵傳部尚書之職，我對你從輕寬大，任你為兩廣總督，如果我情報不錯，你為人好貨，很快便能中飽私囊。但，我要使你憨蠢為眾目所睹，李蓮英會命兩個撲戶（滿語，指摔跤手，特指他們強健的胳膊）當眾除去你褲子，以輕杖責打四十，責罰之後，你隨時可回京城，為所欲為。」

杖責是當了老佛爺的面，正如我所料，岑的表現著實怯懦。打了三十幾下時他已經暈厥過去，醒過來後又挨了剩下的杖擊，大腿腫得像變形的果凍。此消息傳出後我聽聞，儘管老佛爺一再禁止，朝中與他敵對的廣東人彈冠相慶，便如賀瑞斯所寫，亞克興戰役之後，克麗奧佩特拉自盡，羅馬人的情形，「是舉杯相慶的時候」[11]。岑再沒有出現在朝中，籌得兩百萬元的罰款也讓他頗花一番力氣（儘管他家業豐厚），因他為了謀得朝中職位，已經花費了五十萬兩銀子。但廣東的錢莊幫了他的忙，如果所聽非虛，香港和上海銀行協會為他提供了一筆特殊貸款。他九月初前往廣東。倘軍機大臣上朝的時候看見他們的同事當眾除了褲子受杖刑，一定吃驚不小。當日老佛爺和皇上都沒有聽朝，大臣們返回海甸的別業。

那一日犯人們一個個受刑，花了不少功夫。行刑的兵士饒是強壯，打到最後也十分疲累，據說重杖百下足以致命。頤和園一片血腥，等候我的轎夫祇看了片刻就目瞪口呆，直抽冷氣，畢竟**惻隱之心**人皆有之。我當然是避開越遠越好，但那些受刑者的慘叫將永生縈繞在我耳邊。我不知道他們是不是都被處死，但我知此情形下，砍頭之後，首級懸在海甸，屍身拋入陰溝。清朝凌遲之刑是於日落之前在**菜市口**執行，犯人一路走向刑場之時，雙手被縛，手裡拿一長條麻布（**招子**），上書其罪行供人觀瞻：「**謀害皇太后之犯**。」

太后看上去「虛弱但堅定」（引用《聖經》之言），將我留下談話，要我留下用午膳。她離去之前說道：「這一夜你我都累了，我倆本該得償所願的。不過無妨，我會儘早召見你，你叫得出的你熟悉的那些名堂，我們都可以做。不必擔心，我想最近我們不會再收到匿名來信或無理彈勀。你幹得不錯，再次感謝。至於李蓮英，他可以從岑的罰款中拿一筆，以彌補之前因此人之故給他造成的損失。我會命憲兵隊看著，禁止報刊提及這等無稽小事。關於憲法政府，感謝你的授課，希望你認為我這學生還算機敏。但下次我們不談國際法，祇談性愛，還有無盡的交合方式，直至筋疲力竭方止，你意下如何？」

「意下如何，老佛爺，我能如何，祇能說你是我阿芙羅黛蒂，我的愛神。昨天，今日，永遠。永遠，祇有你！」

本人在此書中如實記載所見所聞，「所著即所見，並非道聽塗說」，因此我避免記錄一些似是而非，缺乏可信度的言談，不像雅典人修希德狄斯（Thucydides），所記述之談話演講，都附一則不負責任的導言：「大意是如此如此」，推測他所編著之內容，大都是個人創造，並非真實言語。在此處我將打破本人慣例，我將在此處記錄數日後我從李蓮英處聽說的，事發當日老佛爺與皇上的對話，因我認為讀者會極感興趣。因李在當場，我想還是準確可信的。對話如下：（我未有機會直接問老佛爺此言是否逐字不差）。

光緒入內，叩拜三次，下跪：「太后，我來**負荊請罪**。」

太后：「我的耐心是到了頭啦。**傻小子**，你幾時能辨菽麥？又是老一套，不忠不孝，徒勞無功。**你太不開竅，千篇一律**。」

光緒：「岑春烜給我看您與『鬼子』相交的證據。他逼我在老學士孫家鼐起草的敕令上蓋章。我幾乎看也未看。確是實情。他威嚴恫嚇，直至我默許為止。」

太后：「不錯：我該謝你**賜帛**與我自絕以保顏面。你所說的鬼子，是我通過**學部**聘來定期來此教我法律與憲令革新[12]。相交！**放他們屁!!!**我召他深夜來見是因為朝中事務占了白天所有時間，你退朝之後我才得閒。我警告你，皇上，下次你再對我不敬，便是最後一次。**勿謂言之不預也！滾開這兒。**」（大力揮手）。

光緒倉皇不安，叩頭退出。

1 武則天（西元六二五至七〇五年）是中國第一個女統治者。阿格麗皮娜（西元十五至五九年）是克勞迪亞斯國王之妻，極有勢力，尼祿之母。這兩女子都被認為殘暴無情，道德值得質疑。

2 法國路易十四。

3 鹿苑：指凡爾賽宮中一棟宅邸，路易十五在此與情人幽會。

4 紅衣主教朱爾斯·馬薩林（Jules Mazarin, 1602-1661），黎塞留（Richelieu）主教的被保護者及繼承人，效命於法國國王路易十三和路易十四的天才政治家。W·塞西爾·伯利（Cecil Burleigh, 1520-1598），伊莉莎白一世時期最具權力的政治家。欲知關於此政變的詳細描述，參看巴恪思和布蘭德所著的《太后統治下的中國》。

5 原文是法文，原意是「有了『如果』和『但是』，能把巴黎裝進瓶子」。

6 《普魯塔克》，西塞羅二二·二。

7 大衛·加里克（1717-1779）是英國傑出的演員、劇作家。

8 「黃金時代的國土」是羅馬對義大利的舊稱，引自維吉爾。一八九六年義大利對埃塞俄比亞第一次大戰中義大利敗於阿比西尼亞（埃塞俄比亞）。獨裁者指本尼托·墨索里尼。

9 希波呂托斯（容易混淆，他的法文名字是希波呂忒，正是他母親的英文名字）是忒修斯之子，拒絕了他繼母費德爾的挑逗，被費德爾誣指為試圖強姦她，忒修斯信以為真，將希波呂托斯詛咒至死。

10 九月屠殺（一七九二年九月二至七日），法國革命中發動了一系列對巴黎保皇黨囚犯的襲擊，逾千人被暴力殺害。

11 賀瑞斯：《讚美詩》，一·三七·一。

12 巴恪斯一九〇三年被聘請為京師大學堂（一八九八年戊戌變法經光緒皇帝下詔創，一九一二後稱北京大學）法律及文學教授，曾任教十年。

第十四章
魔鬼伏身的太監

引子

福樓拜曾說：「當我寫小說時，我想要描繪一種色彩，一種筆調。比如，在我的迦太基小說（《薩朗波》）中，我想寫成紫色。在《包法利夫人》中，我唯一的念頭就是情調，是一種像潮蟲一樣的陳舊色彩。歷史，還有情節，我不在乎。」

我之所著並非韻文，亦非小說，即使我想寫，也力不能及。但在接下來的章節（如同本書的所有章節），我始終想描述一種陳舊的筆調，潮蟲在其間繁衍生殖。我記得龔固爾兄弟[1]其中一個說道：「對我，天性是敵人。沒有比自然天性更缺乏詩意的。正是人類將這所有的悲慘、功利和憤世嫉俗，披上一層面紗，使之顯得崇高。」（最後兩字我不苟同）。龔固爾兄弟寧可去思考人性，因天性太過可怖。但波特萊爾（Baudelaire）轉而研究現實以外的反差，研究超現實（普通人的想法）現象，看似杜撰（實則並非如此）。對高堤耶（Gautier）、波特萊爾、龔固爾和福樓拜而言，人性都是邪惡的，他們認為自然機能（通常作為代表）是生活中痛苦憂鬱的根源。福樓拜有癲癇；波特萊爾死於失語症；居爾死於精神失常引起的癱瘓。

尼祿說，「人類在古代達到巔峰」，福樓拜對此大加讚賞。他認為，藝術家寫作的目的就是為了讓後人質疑自己的存在。他之勤奮難以匹敵，但他寫道：「所有的工作，對人類何益？」這是每天工作十四小時的人所言！福樓拜還在其書信中寫道：「昨日我因患砂眼臉部做了手術；被紗布包起來，狀甚怪異；似乎我們生前身後所遭的腐朽潰爛根本不夠。生命本身就是腐朽，不停被侵蝕，次第交替。不止如此，還有胼胝、自然界難聞的氣息，各種分泌物各種滋味，都令人類呈現出如此興奮的模樣。但是，我們承認我們熱愛這一切！我們熱愛自己！」

伏爾泰寫道：「憨第德說：再也沒有摩尼教徒了。馬丁答道：還有我。」我能想像這「智慧化身」（勃朗寧語）荷馬式的戲謔。但即便如此，我斗膽直言，本書深受福樓拜而非伏爾泰之影響（潛移默化），儘是關於墮落人性，於常人難容，但卻絕非杜撰，皆為事實。這之間貫穿始終的，有一條緊密聯繫，是同一種諧和基調，無論個中角色是老佛爺、**李蓮英**、親王、貴族、伶人、男妓、算命者、占星師、太監，還是本章的主角、被鬼伏身的**李定國**，他差點就了結了我的性命！

英國駐中國公使喬治・朱爾典（John Jordan）爵士，是個膽大包天的浪蕩子，他為了自己手下，還有手下的內人，把領事辦公處都售賣出去，他就像（在這一方面）偉大的朱利斯・凱撒一樣，凡入了他眼的，無論男女，都必得之而後快，好色放蕩，可稱第一。一九〇八年他致信格雷（E. Grey）爵士（後者告訴我，且將信出示於我）[2]，謂我才華橫溢，決斷過人，離經叛道，對此有句格言可以形容，取自《莊子》：燕雀安知鴻鵠之志。朱爾典任性暴躁，容易記恨，對我有幸專供的服務，他十分惱恨。老佛爺對我的眷顧他到底知道多少，我不清楚，但他所知的已足以讓他憤恨不平。我亟盼龔固爾兄弟、波特萊爾、福樓拜，甚至高堤耶，能略微被我的描述所吸引（不得而知），並非因為其中有何文學技巧，文采來自寫實，那事實足以令我自豪。

本性招致罪惡。動物殺死同類，或出於妒忌，或由於飢餓。螞蟻暴怒時十分可怕。母兔和公兔一樣，會吃掉自己的崽。狼吞噬同伴；猿和猩猩殺死對手。人類構建正義，因此暴力和罪惡被視為違逆。今天毒害生命的變異病菌，曾經是人類先祖的守護屏障，正如陀思妥耶夫斯基在《罪與罰》中指出的。巴黎聖母院有位天主教牧師因為想到猶大在最底層地獄所遭受的懲罰，而致瘋癲。耶穌被背叛是注定的，這才能使《聖經》得以完結，才能有神祕的救贖。因此善良的神父在神壇上祈禱猶大被寬恕，祈禱神跡出現。上帝聽到禱詞，讓猶大在謝恩禱時，以溫暖柔軟的手觸碰這牧師的前額！神父愉悅而至熱淚盈眶。但次日他向聖教堂職位更高的神父報告這一神跡時，令他意想不到的是，他竟被逐出教會。嗚呼！我們凡人是何等愚蠢！

*

我記得大概是一九〇七年，光緒三十三年七月，我再次被太后召至頤和園。其中細節不值一提，也算輕車熟路，除了結局不同尋常。太后平日便是慾壑難填，那晚尤其放蕩，八月的夜晚，即便在相對涼爽的湖邊，依然潮濕悶熱，我無法打起精神做事。我相信，滿人通常在三伏天不行房事。老佛爺卻非如此，她在炎炎夏日比在冬天更享受性事。自然她的臥室涼風習習，頭上電扇隆隆，鳳榻之上還有臺小電扇。

當此之時，儘管服下大量李蓮英的特效媚藥，接連四次性交，最後一次是肛交，完全擊垮了我。最後一次我高潮時——確切說，不算高潮——根本就無精可射。馬眼上不過沾了點黏稠的紅色液體，總體說來，我幹得就如同非洲熱風——這是羅馬人的說法，指從利比亞沙漠吹來的炎熱難忍的風——因此，老佛爺大為不滿，這回甚慘，做愛徹底失敗，我開始性交[3]。一句話，我不行了，老佛爺一向慣會體貼的，那會子不巧，突然想到將我的陰莖放進她口中，用她舌頭來回摩擦，使力甚大。「有鮮血的滋味。」她道；我答：「請別再吮了，太后陛下，這樣我痛得很。」

「啊，我知道啦。你又跟你寵愛的太監鬼混了。你要是再不聽我，我還會抽你的。你還記得上次在中海嗎？不過此刻你最好休息一下，今晚（現在已近黎明）我要好點的，今兒你別回城裡了。」

「老佛爺，」我道，「我一向盡心盡力，明知不可為而為之，但我做愛實是不在行。」

「全歸你眼兒左右，前頭不易成功。」

繼而我們聊了幾句，老佛爺準備遣我退下，已經近早朝的時辰。李蓮英進來了，一副受了驚嚇失魂落魄的模樣，幾乎說不出話，開口的力氣都沒有了。

「怎麼啦？」老佛爺問：「你見鬼啦？若是沒見過，此間倒有一個。」（指的是我；她語帶雙關，我是洋鬼子。）

「哦！太后陛下，求您別再玩笑了。四平台的獅子窩來了絕壞的消息，您知道那地方，我那瘋子親戚李定國，二十幾年前是伺候您起居的太監，他在那有別業。這幾年他瘋了，實際上拳亂那會兒，老佛爺您也記得，他就是赫赫有名的大師兄，拳黨敗後他一蹶不振。但我侄子（以英國人的稱呼）從山上來，說定國現在癲狂得厲害，是長爺伏[4]體，長爺就是長蟲，驅之不去，他一個勁大喊，喊聲一里地外都聽得到：『肏老佛爺，肏他屁股，殺鬼子，殺姦夫，滅清朝，打鬼子，革命萬萬歲』！」（此處需指出，革命又於京城抬頭；老佛爺聽聞這二字，滿臉陰沉，那是她畢生防患之事，正如神靈所喻。）

蓮英續道：「唉，太后，救我一命吧。老祖宗不會疑我不忠，但百姓們聽了這瘋子大逆不道的胡言亂語，會說我們李家參與謀劃，意欲對太后不利。再有，太后您知道有諸多鬼子在大熱天喜歡去四平台避暑。朱爾典就住在龍王堂，他肯定會聽到定國的妄語。」

「好，好，」太后慍怒地道：「你要的我怎樣？你想我去那裡，治好你那瘋子叔伯兒？大熱天，路跟沼澤也似，我怎麼走？天發粘，我嫌他。」

「老佛爺恕罪，奴才正想這麼求老佛爺。你就救我，救救我全家。我們不去，謠言若散佈出去，革命之語廣播民間，就連鬼子也會報告給各自政府。定國會害我們滿門不幸。我侄兒說，一夥兒莊稼漢已經在門口集結了。」

「你真不走運，面皮也薄。不過既然如此，我決定朝會之後還是去你侄兒家走一趟。**巴侯爺**陪我。我知道你愛欲過度不勝疲憊，不過無妨，我們去遊逛一下，你就好多了，出發前喝點香檳。別拒絕我！準備去吧，大約一個時辰。備好我跟他的轎子，告訴他的轎夫我給他們雙倍酬勞。」聽了她的話我簡直呆住了，但因太過乏力，根本無暇嘲笑這「諺語中所說的可憐的貓」[5]，我壓根無法想像，無論喝不喝香檳，我如何撐得住這段勞累的旅程，別的且不說，單其中的爬山就讓我這幾乎陽痿的浪蕩子吃不消。不過老佛爺既這麼想，我縱然想勸服也不可得。**奉命自天，安敢或違**？

我等著老佛爺退朝，盼她一時善心，收回成命。等待的功夫有必要解釋一下**五大門兒**，這是中國迷信供奉的五通神，日本也有一些。從科學的角度，我本應保持理智，但我所目睹之些許事實令我多少相信他們的存在。這五大門兒是：1**刺蝟**，**白爺**；2**黃爺**，**黃鼠狼**；3**狐爺**，日本也尊崇的「狐」，專附在女子身上，**蒲松齡**的《**聊齋**》中常有提及，實際上是仙；常化身年輕美貌女子蠱惑男子，誘他們墮入愛河；4**長爺**，**長蟲**，蛇，本文描述的主題；5**青爺**，龍，居於**戒臺寺**的洞穴，**乾隆**大帝為此親手書寫一塊匾額。

關於此題我要記述一樁親身經歷。大約十年前一位朋友，也可說鄰居，因為住在我的大宅子裡，那宅子曾是一位親王在西城的府邸。此人娶了第四房妻子，是內務府一位何姓滿人，家宅在錫拉胡同，離老佛爺出生的小房子不遠。何家家境殷實，因是皇族姻親，世代襲官，但一九一六年張勳復辟時被抄家，查封了不少家產。我友畢生閱美無數，也經歷過多次（確切說是三次）婚姻之喜（？），很難被何大小姐迷住，因為她不但不美貌，簡直醜得怕人，身材矮胖可怖，偌大的眼睛目光炯炯，打眼看去頗為癲狂，走路搖擺蹣跚，甚為奇特不雅，像一隻鴨子而不似婦人。不過我很肯定，他是迷上了她的豐厚嫁奩，黃銅床架，昂貴的巴黎傢俱，精緻的瓷器，從康熙及其後的兩位皇帝傳下來的。

她剛踏進夫家們，就顯出瘋相來。媒人是呂祠裡一名雲遊道士，在琉璃廠附近。她的寡母是已故內務府郎中何浩然的遺孀，對此道人非常感激，因知小女容貌鄙陋，注定嫁不出去，何況准夫婿——我那朋友，應該是富裕人家。不幸的是，讀者也不奇怪，他的前妻聯合家人，反對這新岳母，一場「家庭革命」隨之而來。過門當天，她驚恐激動地喊道，她從大青爺（神物，屬於二青）處得了授令，要為他建一處祠堂，存放最珍貴的寶物（就像所羅門王在錫安動工興建寺廟）。當下就叫了工頭估價，按時建成後，單這祠堂就足足花費了四五百兩銀子，當時相當於五百英鎊。花費重金修建祠堂還算理所應當，但不幸的是大青爺對此並不滿意，要求推倒重修。他借他的信徒之口，宣佈了一系列「命令」，責令夷平許多新建的廳兒。這魔鬼上身的新娘發現宅院裡到處風水不佳，甚至包括我自己的居室。她胡言亂語，指著好端端的房子破口大罵，要拆除它們，對「家神」大放厥詞，還搗毀了祖先影像，她那穢語，也衹有老佛爺或者擅長粗俗言辭的女子說得出口。對於她的夫婿及婆家人來說，生活成了修羅場或者「血田」（殺戮之地，猶大自殺處。使徒行傳Ⅰ・一九），日本稱為「修羅城」，即死亡之地。她甚至把貴重瓷器和花瓶都摔碎。我曾以為她的「附體」不過是歇斯底里或者臆想症。但我們發現，一旦她癲狂發作，使勁擊打她，甚至狠狠地不停地在屁股上（赤裸的）鞭笞，她也恍如不覺，在身上潑冷水也毫無用處。每次發作約半個小時或更長時間；平靜時她會說幾句話，儼然教皇訓令一般。「謹奉大青爺旨意，你，」對丈夫道，「奉旨去將院子北面那棵槐樹砍掉，把養的鴿子都殺了。」（我們馴養了許多鴿子，裝了鴿哨，飛起來簌簌有聲。）令我欣慰的是這指令都未執行，那要多虧我發了最後通牒，說我要報官，將她這危險的瘋婦抓起來。我同情惡魔入侵之人，耶穌曾在加利利「治癒」了他們，他將邪魔驅逐出來，把蓋達拉不幸的豬沉入湖底（此舉可不配「上帝之子」的身份）。我沒有足夠證據，但我總相信，數年後她的丈夫被謀殺，就是這惡魔附體引起的，或者說，她不得不聽命於附身的惡徒，正確行使大青爺的旨意。以她的視野，對好色之徒必會感覺欲望和誘惑，所謂附體和這一節也不無關係。

李接著道：「他看到誰就想肏誰，哪怕無甚關係。他口出大不敬之語，諸如：『打倒老佛爺，滅大清；大革命萬萬歲。』我真憨蠢；人人都知他是我姻親，譴責我有犯上作亂之心，要加害老祖宗您本人。老佛爺，我再一次求您，您施恩，救我；簡直的我要瘋啦。」接著他便大哭起來，甚是癲狂，好像本人也被五聖上身了似的，不管是龍、蛇、刺蝟、黃鼠狼或者狐。（此處我要提一下，正如阿納托爾・法郎士在《藍鬍子的七個妻子》中所說，我從來不會因為傳奇故事缺乏可信度而嗤之以鼻，既不信任也不懷疑，因為我自己所遭際的超常事件已是足夠離奇。亞瑟劍（太阿）可能是傳說，傳說未必就是「憑空杜撰」，梅林也許曾經指引亞瑟乘其神祕寶船到達阿瓦隆島（莎士比亞《暴風雨》）療傷，聽來似乎不像確有其事，但卻容易取信。甚至於，我在外行走或在自己的私宅之時，若遇到刺蝟或黃鼠狼（我從沒看到過漂亮的狐狸，除了在頤和園，那隻狐死於狂犬病），我都會恭恭敬敬地給他（或牠）作揖或鞠躬。我的滿族友人對此表示讚許。我熟識的「鬼子」平心而論，認為我太過古怪，不祇古怪，簡直失常，豈不知，號稱到達圓心之前，總要先找到這個圓！他們認為，如果誰聽到別人聽不到的，看到別人看不到的，這人准是瘋了。可是，蘇格拉底曾說他看到守護神，貞德也曾聽到說話聲。）

退朝之後，我再次祈求太后看在我的情分上，如果真愛我，就不要去；但蓮英更是難以自已，哭得不可收拾。「罷了罷了，」老佛爺道，「你說的是實話，瘋瘋癲癲的，喪心病狂，活該，什麼東西，這還了得，不許你哭！拒絕你是不成的了！可憐巴侯爺太累，我也一晚不安寧，」（玩笑地說）「拜他的淫欲所賜（!!）興致勃勃讓我不得安生。話說回來，我知道你還是想讓我這會兒就起程，走那麼一段討厭的路，把釘子釘死啦。」

「太后，我知道老巴累了一晚上，我現在跪下來再求求老祖宗，讓他陪您一起，這就趕去獅子窩吧。老祖宗法力無邊，必能驅走可怕的蛇妖。我侄子說他瘋喊瘋叫，老遠都聽得到：（我說了）他在罵太后您淫蕩，說您跟好多人私通，連鬼子（外國人）也有，你施法迷住了他！」

「我還以為你說他是蛇妖附身，卻原來是太后纏身！」

「不是的，太后。我是說，長爺現在迷了他的心竅，他才會滿口大糞，對太后不敬。」

「好吧。你怎麼樣，老巴？你堅持不去呢，還是我們一起同他去瞧瞧這一門子親戚？我想你陪，你不會真的拒絕我吧？」

自然，我也不能強求她，衹好裝作歡喜地答應了，雖然滿心不高興。於是太后再下令（適才我求她撤了令）叫杏黃御轎，但交代李蓮英要**輕車減從**。我始終覺得這一行太過冒險。因我手無寸鐵，而我們是去面對一名瘋子，無論真瘋假瘋，總是自稱革命者。我可不願看到有人襲擊老佛爺，最終由外國軍隊介入進來，因我知道英國領館是有一小隊保鏢的，我猜是從高地警衛隊調來，駐紮在**獅子窩**附近的**八大處**：如此便給了朱爾典在國內大大露臉的機會，也為薩克森—科堡（Saxe-Coboug）王朝錦上添花！[6]

門外停著我的綠轎子，幾個騎馬侍從和八個轎夫，轎門打開了等我。現在已無路可走，衹能泰然面對，聽天由命。老佛爺已經準備好了，速度對於一個女子而言快得驚人。李蓮英僅在大門租了匹小驢子，我們當天下午就出發，是一天中最熱的時候。老佛爺拚命扇扇子，這是她的慣例，她向來沉著，雖然顯得憔悴，但依然鎮定自若。最後我們終於到了離**翠薇山**二里左右的一個小村莊，我問太后要不要叫李蓮英找三頂**爬山虎**（山轎）抬上獅子窩。她拒絕了，說道：「我們最好走路，**不願過於聲張**。」

這山路實在是長，我真無法想像她，還有李蓮英和我如何在這炎炎酷日之下來回爬相當六或七英里路，儘管李有驢子，但在她面前也不敢騎。不一會兒，太后叫停，讓她和我的轎夫歇息片刻，我們進了一間小茶館休息。如我所料，太后和李勞累半天，要找個小偏房午睡，接著過了一會兒癮。她帶了許多俄國香菸，還有一瓶尼爾施泰因白葡萄酒。自然，那頂杏黃轎子叫她無法隱瞞身份。太后道：「聽聽那些鄉下人到底怎麼說，有趣得很。」

一名農夫說的話，老佛爺沒聽到：「那綠轎子裡的鬼子是誰？」

「你不知道？真是不長腦筋，這是鬼子皇上。」

「他怎不坐黃轎子？」

「你今兒真是蠢得很，你不知道老佛爺辦事嗎？」

「他們看似很親熟。」

「那是自然，誰離不開誰。」

我們歇息了好一會兒，左近並未出現「惡人」，我萬分欣慰。應該是四時，太后示意我們開始長途跋涉。看著長路，李懊悔地看我，我們交換同情的眼神。但老佛爺相當堅決，甚至覺得能讓我二人尤其是李邁腿步行，相當得意。最後是太后騎著驢子走了一小段路，她不停對我道：「你一定累了，巴侯。」我答道：「是，老佛爺，我實在是筋疲力竭。」我們沒有碰到外人，衹有幾個和尚，沒認出太后，因為沒有依禮叩頭。我們過了半山腰，走上一條通往東去的平路，獅子窩便能望見全貌了。剛走出不遠，就聽見一陣半人半鬼（像是從 Charenton 瘋人院或 Bicêtre 精神病院出來的）的呼喊傳來；叫的都是她最覺敏感的話題，令她深感不快，諸如：「肏老佛爺，肏他屁股，殺姦夫的鬼子，掃滅清朝，大興革命。」

老佛爺回頭陰著臉對騎在驢上艱難爬上來的李蓮英說道：「貴府親戚的話可是越來越奇怪啦，你怎麼說？」

「我不敢說什麼，老祖宗。他的言辭讓我嚇得呆了。不過這不是他說的，是附上他身的蛇妖說的。」

「我明白。不過聽起來像人的聲音，你這大青爺學當地話學得真好。說不定他老人家曾遊學外國。還有一點奇了，竟然想滅我清朝，大興革命。好吧，我這就去勸說你這『有學問』的親戚。巴侯你陪我，蓮英天生膽小，我們密談時你就在外面院子等著吧。」

蓮英看上去又羞慚又欣慰；我實在不願面對一個瘋子，況且我知道，必是帶了武器，要刺殺老佛爺的。我想像著大禍臨頭時我是如何田地，希望這不算自私。仇人必然會說是我引誘太后，害了她，我是受革命黨唆使的。然而，怕也無益，我順從地攙扶太后前行大約二百碼，走到相當精緻堂皇的大門前（李定國本是蓮英近親，家業豐厚）。我們到得近前，尖叫喊聲更大。這瘋子大約耳力聰敏，聽到不速之客的腳步聲；他繼續叫罵，口出惡言：肏老佛爺等等。

太后悄聲對我說：「言過百遍，辱罵不鮮。好似老太太罵街，誰偷我小貓？」（我常聽北京巷子裡有人叫罵類似的嘲弄話，這不指名道姓的謾罵讓有錯的一方失顏面。）

「這太監要是帶了凶器怎麼辦，老佛爺？您想過沒有？太后你知道瘋子們的力氣總是大得異乎尋常，即使老佛爺仰承天佑，我也擔心我們這兩個奴才，雖粉身碎骨尚屬所願，但畢竟不過血肉之軀，怕心有餘而力不足。」

老佛爺道：「我知道如何制服瘋子，咳，還有他那了不得的『青爺』。看著吧，我管教制住他，讓他不得輕慢。哼，脔老佛爺！」

能聽到婦孺的哭聲從後院傳來。他們逃到外屋去避難，顯然用門閂上了門。我聽到定國叫道：「誰敢踏進門我就殺。嚴遵青爺之令。」令我驚喜的是，蓮英的忠心勝過膽怯，在我們踏進大廳時他趕上我們，那廳堂高峨通暢，顯示著富貴和品位。那瘋子坐在一張太師椅上，他那樣子頗似我見過的一條患了狂犬病的狗，眼睛紅腫，吐著舌頭，口泛白沫，顯然吞咽困難，喉嚨發出含糊的低嗚。

「哈，原來是老佛爺親臨，還有她的姦夫！我先脔了他們，女的先來，鬼子其後；再照青爺吩咐殺了他們。看，我有把菜刀，要將他們的心肝挖出來生吃。」

「且慢，定國。我記得你在養性殿侍奉我時還是孩子，那時我剛當政。如果你真要脔我，還有你尊稱的『鬼子姦夫』，請便。不過要幹的話，首先你要掏出肌巴，少了那傢伙可不能成。你若起性，我隨時，等你在我這裡遂了心之後，我這朋友很願拿他屁股接待你。至於你親戚蓮英，我敢說如果你脔他屁股他才高興，祇要你不累，而大青爺也不反對。我記得清楚，你跟我年輕時候，你已經沒了那要緊物事，不能隨心所欲。不過可能大青爺能補你所缺。」

定國此刻朝老佛爺和我揮著菜刀，作出恐嚇之態。在我看來，要是太后繼續嘲諷，他必定會刺她，尤其是在他不停辱罵清朝基業之時。老佛爺一定也想到此節，不再取笑，轉成嚴令口吻，呵斥所謂的妖魔：「大青爺，我令你快從這伏體的人身上出來。你可降到門口拴著的驢子上，隨你所欲。」

我又想到蓋達拉的傳說，「寫下來專為教化我們」，邪魔進入豬身，殘忍地把他們淹死在太巴列湖中。然而，她的法力不如耶穌驅魔之快，定國的瘋相絲毫不減，拉開褲子，露出被割了一截的東西，也不管自己有心無力，開始用那缺陷地方往太后的夏布長衫上蹭。他繼續大罵滿人，罵太后，更罵我：「二十六年前（一九〇〇）你就該跟所有的鬼子一起被殺了，那會兒我們有機會。趕走鬼子，殺得雞犬不留。」

他舉起凶器作勢砍殺，但太后凜然大喝：「**夜叉傳令於我，命你速速投降，向我九叩，用你的刀剖開自己的肚子。至於青爺，他如果真機警，就該快快依我方才所說，侵入那驢子的身體內。**」

太后遏制了他的氣焰，他從大喊大叫變成低沉嗚咽。但他持刀向我而來：「我殺了這鬼子，還有我親戚，**終然賺一個**。」

以我所見，太后對「青爺」的符咒及夜叉的召喚此刻都不派用場。至於那無辜的驢子，太平地拴在門口，安靜地吃草，顯然沒有被青爺上身的跡象。夜叉也沒能讓定國聽令向太后叩頭然後自盡或者剖腹。相反，瘋子現在的注意力十分堅決地轉向鬼子，令我頗不安。定國念起義和團常念的咒語，做著莫名其妙的手勢，重複著顯然毫無意義的數字，類似《啟示錄》約翰福音中預兆性的數字六六六，祇有尼祿•凱撒能夠明白。「面南跪拜，焚香。殺洋人。」這些都是口令。（他尤其重複一首童謠：「**這時不算苦，二四加一五，紅燈照滿街，那時才算苦**。」二四指閏四月。

意思並不大明朗。去年一九〇六年是有閏四月的。或許指當年有人密謀革命，成為清朝覆亡的先兆。但當時北京並無騷亂。）這些口號對我來說並不陌生，庚子年（一九〇〇）也有相當的經歷。接著他將那把嚇人的刀在我倒楣的腦袋前面揮舞來去，我感覺自己就像（我猜）可憐的法蒂瑪，丈夫藍鬍子——沒有被安那托爾•法郎士粉飾——旅行回來，要殺了這倒楣的妻子，好在她的兄弟及時趕到。讓我略感寬慰的是，我想當我被砍成肉泥時，老佛爺（更不用說李蓮英）不會乖乖地袖手旁觀。此時需要當機立斷，正如中國人所說，千鈞一髮之際，太子與庶民不敢或延。這話用在此處十分恰當。除了仰仗老佛爺最終干涉之外，我最大的安慰來自以前的經驗：我曾目睹義和團神祕的訓練場面，知道其儀式冗長細緻。要一遍遍念咒語，向菩薩參拜，令犯人上香，無論是天主教徒、疑似天主教徒、伊斯蘭教徒，實際上，任何人甚至是佛教徒，祇要義和團壇主（類似納粹地方頭目）看不順眼。倘香燒了一半就滅或根本沒有燃著（遞給犯人之前將香頭浸濕），則時辰已到，犯人即被凌遲。

蓮英正盡力勸說他的親戚，但言語簡單無甚說服力：「他是我朋友，老佛爺愛他，饒他一命吧」諸如此類。但這話對於一個紅了眼又向來排外的瘋子而言毫無作用。不過我並不覺得自己末日已到，因為——雖然我不敢避開我的敵人（或稱法官）的正臉，但還是看到老佛爺面上露出堅定嚴峻之色，似乎決定橫了心一試。

我所料不遠。太后聲音突然變了，聽來更加威嚴強硬。她屈膝跪下，開始禱告（她令我想到曼托瓦諾 Mantovano 預言家〔《埃涅伊德》六•四六〕，那位庫邁 Cumae 的女預言家感覺自己被阿波羅的預言力量穿透：「上帝，上帝在此！」）「玉皇大帝，汝降大義於義和團，拳民皆信徒。六年前反洋之義舉經您授意未得成事。祇因您的教義全被那欺世盜名之徒、爭權奪利之輩濫用。我求玉帝顯靈，懲治這凶惡瘋人，他『罪過如此醜惡，臭氣熏天』（《哈姆雷特》），污濁天庭。玉帝顯靈吧，降這惡人死罪。我必當每日在您神像前晨午晚九叩，誠心禱祝。我身為一國太后，在您不過乃一介子民。玉帝在上，信徒葉赫那拉氏誠禱。」

定國顯然被這祈靈架勢驚呆了，但他的刀依然不令我放心地舉在我倒楣的頭上。突然有個聲音響起，彷彿從大殿橫樑上傳來，威儀凜然，令人不敢不從：「定國，你這卑劣小人，我玉帝命你跪下，將手中武器刺向你要害，直沒刀柄，至死為止。」

顯而易見大樑上並未藏身任何神祇，《大學》亦有云：「神之格思不可度思」，顯然老佛爺在此用了她精湛的口技，一種模仿技巧，天庭傳來的聲音渾厚近在耳邊，大異於她平時的假音。太后著實偉大，多才多能。許多人否認她的能力，但歷史會還她清白。她治國有道，善於（幾乎如此）多方制衡，收服人心，長於重振旗鼓，扶大廈之將傾，她的清朝本來氣數已盡，靠她鐵腕支持，才苟延殘喘半個世紀。

於是定國恭順地跪下，求玉帝原諒，他以巨掌將刀向腹外側插進肚臍右方，我猜是學了乃木將軍或其他日本殉國者切腹的手法。他痛苦地伏在地上，口中喃喃莫名，並未立時斃命，但顯然已經奄奄一息。

老佛爺鎮定自若，有如觀戲：「廢物，下人，無賴！罪有應得。肏我，真的，現在看你怎麼侖！蓮英，你的親戚們真對你沒任何用處，對此我不能褒獎。別讓他們再搞出什麼事來啦，下次連你也不饒。記住。」

李恭敬磕頭：「太后知道我對您的忠心。帝禹尚有惡爺（鯀），孔聖兄長也犯重罪。但我會將太后聖訓寫下來，叫人燙了金，懸在床前。日夜誦讀，不敢或怠。」

「罷了。去將你的族人都叫出來吧，我猜他們都藏在這院內：讓他們立刻來見我，就說我不會因為一個瘋子，株連無辜。」

李急忙去傳達好消息，我拜謝老佛爺救命之恩。她笑道：「是我帶你到此，倘李定國將你殺了，你們洋鬼子可該怎麼說了？他們會怪罪我帶你去見義和團要犯，誘你至死。我才不會理會他們對我毫無來由的誹謗，我歡喜的是你能脫險，因為我疼愛你。」（她曖昧地捏了捏我的手，吻了我的唇。）

定國此時已經斷氣，他的家人像受驚的兔子一般，來到太后尊前。「太后救了我們性命。他威脅我們，我們無可抵抗。要不是太后駕到，他會將一家男女老少都殺死了。太后萬歲！」

「定國從前侍奉過我，那時對我忠心耿耿：微功不可無祿，我賜你們三千兩銀子做殮葬費用。鄉民對不相干的事體也會好奇刺探；你們祇說定國發瘋的時候自殺了。附近的莊稼漢和洋鬼子們一定會知道我來過：你們就答（如果盤問起來）我掛念舊僕人病情，來探視他，還帶了藥療他的瘋癲。」

蓮英和我們其他人拜倒在地，李蓮英乖覺地答謝太后：「老佛爺大量，真是長江不擇細流，故能就其深；泰山不讓坏土，故能成其大。您的恩德正如天降甘霖，普度眾生。」

「休得奉承。正是孟子說的，讒諂面諛。可該去了。日頭偏西，要趕緊回了。再見！」

我們走進院子，一大家人在後跟著，對老佛爺的恩德依然道謝不迭。驢子仍在門口吃草，太后道：「看來青爺不肯聽我之令，不願暫棲在這可憐的驢子身上。或者這神靈已經回到他的修煉之所橝柘寺（這寺廟十分出名，傳說山後的洞中盤踞著一條神蛇，乾隆親提御筆寫匾加以稱頌）。可你瞧，這驢子正發情了。看著有沒有叫你起性？不過自然你的『玉莖』也要相形見絀了。至於你，蓮英，看了你那眼會流的。你沒巧子，是以巧子不易饞，乃當然的：可是有的是眼兒！可容外來的陰根戳入門中。好啦，我要騎上驢子了。問問鄉下人下山有沒有小道，我不想撞上可能會出來納涼的鬼子。」一名砍柴樵夫給我們指了條近道。我牽著驢子，老佛爺沒有放下話題。

「今晚你要在頤和園過夜，我要你比昨晚和今晨更活躍。」

「哦，太后陛下，四次啦，對不對？您叫我陪你來這裡時我已經筋疲力盡了。」

「很好，你和蓮英一起喝一大杯香檳，他負責幫你找至少兩劑媚藥。我希望你那話兒就跟方才那驢子一樣。」

我們到達村子，太后的黃色御轎就在茶館候著。掌櫃的跪下說，許多洋鬼子和大群中國人已經將他這小茶亭當成西洋景了，喋喋不休地問他那綠轎子中的外國皇上是誰！太后不理會，叫李蓮英賞了一百兩銀子給這老實掌櫃。她把正在轎旁踱步的我那轎夫班頭兒叫來：「這是賞給巴侯爺侍從的二百五十兩銀子。他這一下午十分勞累，因了他，你們也該比平時多拿犒賞。」（從前確有過「銀子在所羅門時代一文不值」的日子。今日寫下這幾句話的人，已是耄耋老朽，不知可有辦法多掙五十分小錢買一瓶當地普通的葡萄酒（更不消說費勒年山葡萄酒）！逝去了，那無情的命運裁決。**樂極生悲！**）

接著她喚我過來，以祇我聽得到的聲音道：「你今晚可願來我處？我孤枕寂寞，需要陪伴。你不會太累吧？此次出行很讓你辛苦，不過，那**下三濫**在你這可愛腦袋上揮舞刀子時，我真佩服你的鎮靜沉著！」

「太后，是您在旁邊，我才會有自己也沒想到的勇氣。老佛爺，您一直便是暗夜寂寥處的明燈，我白夜的光亮。」

「我們不要再花工夫聊天了。蓮英，你騎了驢子走在前頭，讓門口的人知道我和巴侯隨後就到。我不想一隊人馬出動來尋我，招人耳目，尤其今晚沒有月亮。雨後這路像沼澤一般。告訴轎夫避開車轍走到路邊，儘量沿著**高粱**和莊稼地旁邊走，會平穩些，我還能睡一小會兒。」

我們繼續走，抵達園子時已是繁星滿天。老佛爺特准我的轎子直接抬到我房門之前。我先下轎，跪接太后。

「我要去用晚膳和煙了。你好好吃東西。子時（晚上十一點）來找我。勿忘，我要今日勝過昨晚。」

「哦，太后，我那陽物如同您的戈壁灘一樣乾燥了。」

「好吧，我們就當場檢驗一下。我會向你悉數『雲雨』中二十一種『潛水』姿勢，輪到你，你之幽默口才無與倫比，便跟我細談你最擅長之話題；我指的是你所喜愛的同性戀情，以及奧妙多端的諸多術語。」

1 龔固爾兄弟（Goncourt brothers），艾德蒙（Edmond, 1822-1896）和居爾（Jules, 1830-1870），作家，批評家。為了紀念居爾，艾德蒙立下遺囑將所有財產捐獻，建立龔固爾學院，現在該學院負責發放法國文學界最高獎，龔固爾文學獎。

2 作者註：格雷爵士告我，朱爾典向倫敦外交部彙報此變故時，言道北京西部一場革命正處醞釀中，但後來清軍及時出兵鎮壓了。歷史正是這樣寫的。

3 這聽來似乎上下文互相矛盾，不知道此處是錯誤還是另有所指。

4 作者註：「伏」，拳黨作亂之年首領們都聲稱是玉皇大帝伏體。

5「諺語中所說的可憐的貓」（莎士比亞，《馬克白》一．七）。諺語指「貓愛魚卻討厭弄濕爪子」。

6 薩克森—科堡王朝（又稱薩克森—科堡—哥達王朝）是皇族日爾曼系的一支。一八四〇年，薩克森—科堡的阿爾伯特王子娶了英國在位君主維多利亞女王。他們的兒子愛德華二世成為英國及其家族的第一個薩克森—科堡統治者，第一次世界大戰後改名為溫莎，直到今天仍在王位。

第十五章

白雲觀

光緒三十四年（一九〇八年）暮春。老佛爺依舊想著水晶球占卜之時星玄所作的預言。但是卻不得不罔顧他的警告，對袁世凱敬而遠之。去年，她已經把袁世凱調入京師，進入軍機。如此，雖然剝奪了他的軍權，卻使他完全有機會行使陰謀。近來，上述預言讓她日夜不安，把袁引入京師，正可證實或證偽（最好是後者）此預言。以後再有降神會，她似乎總會找我參加。因此，當崔德隆（他曾與我們同往東嶽廟）來訪，送上太后的緊急懿旨時，我毫不吃驚。這次是她手書的：「著巴侯即時來將赴白雲觀一行，欽此。」

她當時住在中海。因為彼時革命迫近，故而出城的路途雖不遠，仍需特殊戒備。我到了中海，感覺太后表面上心情不錯。但是在我看來（事後證明我判斷錯誤），她對於生活的熱情已經減退。她命我即刻去見**高仁嗣**[1]道長。他是李蓮英、俄國公使雷薩爾及其繼任波科蒂洛夫的朋友。我要和他準備扶乩字板[2]，安排一次降神會，日本稱為請「銀仙」，狐、犬、貓，占卜板。他在道士之中地位較高，因而被敬稱為**高仙長**。他向我保證說，最近從**成都**來了一個行乞雲遊的**史老道**，做靈媒無可匹敵。如果老佛爺和蓮英（這是他特別邀請的，衹待太后恩准）、崔德隆、還有我今晚前來，一切都可以準備停當。但是他希望太后能微服來訪，且明天天亮才能回城。

他已經知道了老佛爺出生時的星位，但是並不知道星玄對太后所提警告的細節（至少他是如此宣稱）。他和為凱薩琳・德・美第奇占卜的寇姆（或寇斯莫）・拉吉瑞以及路易十一時代的葛里奧蒂[3]一樣，經過研究，他已經預言，太后將活到八十三歲（或者按照西方演算法，八十二歲），也就是直到一九一七年。但是他也預言，太后的星座（就像亨利四世的星座在他遠征卡奧爾之前的情形。此行最後以勝利告終）[4]會短暫地光芒暗淡。我匆忙回到**儀鸞殿**，在那裡午餐。等太后午休享用大煙之後，我陪她過了一個下午，跟她閒聊情愛之事，然後為她排練一齣戲，我扮演**楊貴妃**。我們定於晚上九點出發。在此之前，我照常與老佛爺簡短而快意地性愛一次（至少太后看來是如此。就我個人而言，我也許更喜歡與我可愛的太監**連子延**虐戀一場。他的眼神動人，再一次激起了我的欲望）。

即使與自己的水準相比，她當天的性欲也非常之強。當我到達最高潮，「那個敗壞的名人」（彌爾頓），情欲澎湃放蕩無羈，對於我這樣性取向異於常人的人來說，實在難以掌控（雙性之愛）。愛欲燃燒，無論男女，如同林火，無人知所從來，無人曉往何處，造成無可挽回的浩劫破壞，方達目的。與她的日夜歡愛，我一向及時記錄，看來，性事共發生了一百五十到二百次。

此時太后下令起駕，我們一行人坐兩輛紅托泥布車，或稱「官」車。已經下令西便門兒[5]不得關閉。我坐在她的車轅上，太監們跟著第二輛車。儘管高道長希望太后微服來訪，他仍然（按照朝廷儀式的要求）在廟門口黃沙墊道，迎接她的到來。他和靈媒在大門等候，車駕近時，雙雙跪下。我們毫不耽擱，在這寬廣的廟中穿過幾重院子，直達後面的行宮[6]。太后在門外下車，以示對邱祖[7]的尊敬。邱祖是這個道觀的創建人。和在東嶽廟一樣，太后坐在寶座上，在用於儀式的桌子之北。靈媒史老道在右側。我們三人得太后恩准，坐（或者，不如說是蹲）在小長桌邊的矮凳上。據說史老道出四川之後，曾在五臺山小住。達賴喇嘛赴京師途中，亦在此駐錫。雖然彼此信仰不同，史老道仍然被請去給活佛占星。因為精確地預言到，他即將被滿族朝廷廢黜（一九一〇年一月的事實可證），後者頗為憤怒。這次廢黜幾乎無人知曉，因為無人能夠把活佛或呼圖克圖（喇嘛教大活佛）「解職」。他祇有圓寂或進入圓寂（涅槃）時，才是暫時的消失，直到在隨後的轉世過程中，他通過再一次的降凡（梵語，降生之意）重生。

太后恩准「仙長」坐在她左邊。但是整個晚上，他幾乎都在老佛爺身邊走動。不過他並未參與降神的神祕活動。關於未來事件的可能性，他的言語大多陳腐。沒有這些話，無論是聖人還是罪人，同樣可以做出預言，祇是事實證明他們的預言同樣錯得離譜。

第一個步驟是燃香，我想這在扶乩中很常見。我們所有人，包括老佛爺都默禱叩頭，雖然我並不十分清楚，我們在向誰祈禱。「心想事成！」接下來，史進入了精神上的迷狂。大約二十分鐘之後，桌子確實開始自發地移動。也就是說，我可以保證，我們任何人沒有以任何方式觸摸它。顯然，與神靈世界的溝通已經實現。史跪在地上，手勢極輕地握著一支飽蘸墨水的毛筆，（似乎）他並不知道自己所寫的內容。下面是神諭的內容：

1 紀元更新，
2 喜慶大來，
3 運籌勝算，
4 天意挽回，
5 不難成功，
6 先除大懟，
7 奸賊不除，
8 生靈塗炭，
9 謹慎從事，
10 免有後患，
11 統固仍存，
12 天命可昌，
13 （漢代末期）董卓篡位（其實很難稱為篡位，但是他成為獨裁者，後來被暗殺），
14 足為殷鑒，

15仍事姑息，
16大災將臨，
17濤天之禍，
18同歸於盡，
19手段必毒，
20眾生得救，
21天意如此，
22孰敢或違，
23皇天后土，
24均聞斯言。

我們從阿波羅神諭的先例即可知道，與戰爭期間戰俘的信件一樣，神諭通常神祕而模糊。我感覺，第十一條即意義曖昧。「統」確實意味著「血統」，尤其有「繼承」之意（例如，「宣統」是宣宗道光的繼承人）。但是，不幸的是，「總統」這個詞也含「統」字，意為最高領袖。老佛爺的想法也一樣，她凝視這些字跡：「他（或者她）說的統是什麼意思？」她問的既是靈媒也是道士，得到的回答是：「太后，一定是皇統之意。」

太后說：「我要弄清楚這一點。」她把神諭遞給我。這是非常拙劣的行書，但是相當清晰。無論如何，不應指望神諭或任何靈媒之作會是書法作品。尤其是，史老道是在架子頂上用拇指和其他手指極輕地握著毛筆。筆桿並不垂直，與書法的要求完全不符。

回京師之後，老佛爺找人把神諭抄了一份，原件則恩賜於我。在一九三九年八月的抵制事件中，（主要是因為自己的過錯）我失去了所有財物，包括這件神諭，太后親筆簽名的許多短箋等等所有文件。不過我對於這個神諭的記憶始終一字不差，我可以確定，上面記錄的文字絕對準確。文風考究，四字對偶句，從修辭上說無太多隱喻，也沒有旁徵博引，但相當有文體。相當於大學生之作文，若沒有神靈之助，我不相信那個靈媒有這樣的學問。

老佛爺還問到第一條：「新紀元」意味著一個新的皇上，還是國體的改變？求諸事實，這句話其實指的是統治形式的變化，也即一九一二年滿族人的退位。「還有，」太后說，「神諭中說到『喜慶大來』，在我面前推翻我的朝廷可不能算是好事。就算我『謹慎從事』，對付奸賊，我想，『新紀元』所說的皇位改變，」（她沉重地說）「可能已經不遠了。」

沒有人，包括太后，說出他的名字。但是我們都知道，大懟即指袁世凱。兩宮皇太后慈禧和慈安（孝貞顯皇后）在一八六一年攝政之時，曾經用過相同的詞句。當時她們剛平定了第一次政變，迅速除去了鄭親王、怡親王和大懟，即戶部尚書肅順。後來的事實證明，將袁與董卓比較，實在恰當不過（他一九一二年背叛了愛新覺羅氏的朝廷）。後者可能正是由於被暗殺，及時地退出歷史舞臺，未能在一千七百多年之前奪位。

桌子繼續咯咯作響，顯然，又出來了一個神諭。史再次拿起筆，極慢極細緻地描出如下字跡：「丁巳年閏三月痛遭國喪仙駕升遐。」還有「全世行將干戈相見，一國不免，勝敗不定」（這個預言相當玄妙）。

看來太后十分滿意：「高仙長，這個預言和你的占星結果一樣，除了我的大去之期測得更詳細。我還有十年壽命，應該好好利用。至於戰爭，無意冒犯，但我還是感覺你的神諭不對。這是杞人憂天。除去其中的空話和顯眼的口號，第一個神諭指示我：一、指定一個新君；二、把袁世凱撤職（或許應該處死）；三、不必心急；四、不要蔑視也不要拒絕專權行事。很好，謝謝你，史老道。你讀出這些文字，語言中並無絲毫諂媚。我們現在一起再次燃香。這些鼓舞人心之言，天命之詞，如果是閻王所賜，我們要謙恭感恩。」儀式結束了，老佛爺要了茶水和香菸。在此充滿宗教氣氛之地，這些東西相當不合宜。

靈媒（或稱巫）行過降神術之後，似乎非常疲憊，如老人一般，流汗不止。他自言自語，聲音清晰：「我的任務之中，最嚴重最困難的部分尚未達成。與冥界特定的人物交流，總是困難之極。誰能知道，太后會要我找尋何人？」

此刻依然有靈魂活動的跡象出現，因為雖然我們都坐在幾英尺之外，桌子仍還在不停地咯咯作響，上下移動。老佛爺有種能力，即使在最緊急的情況之下，衹要她願意，依然能入睡。她休息了一會兒，問兩個太監和我的心靈是否純淨，能夠接受來自神靈的資訊。出於好奇，我們自然向太后保證，我們的心思相對清醒（或者說是柏拉圖所謂的「節制」）。所謂純淨是相對而言。我和老佛爺在前一天的下午有性愛之事（此時已過午夜），所以不能說是純淨，或者說，無法自以為達到了「心地潔淨，以一當十」的理想境界。

「那好吧，你們再去坐下。史老道，我命你與先大學士文忠公（這是他的官方諡號）榮祿交通。他是年長之人，會有老成之議，可以助我。」

史立即開始召引某人或某事。但是在我聽來，其語言全無意義，衹是佛家謁語和藏人咒語之混雜（後者我認為是深奧卻少為人知，雖然我瞭解其發音）。這些語言出自一個道士之口，似乎相當奇怪。後一種信仰基本屬於佛教，是「大乘」佛教之喇嘛信仰中的等而下之者。停頓許久，他請示太后：「聲音相當混亂。有一神靈試圖與我應答，但是我無法翻譯『它』的語言。」良久之後，我聽又道：「你如何證明？」接著他對老佛爺說：「現在有一神靈，在世時叫做陳石菴。他說榮中堂正通過他講話。」

太后興奮地插話說：「我知道陳，他是大學士的管家。拳民之亂以前，他在金魚胡同[8]有一個大飯館，叫做福壽堂。讓他講。」

史老道轉達了太后的命令。言語之間，大力拍擊桌子。此神靈說：「卑職榮祿叩見太后，每日祈願太后長壽。」

太后說：「讓陳問他，榮仲華（對榮祿的尊稱）怎麼向我證明他的身份。讓他說幾個衹有我和他知道的事情。」

片刻之後，回答如下：「他提到兩件事，想必太后記得：一、您（一九〇一年）暫居西安衙門，有人送來大約六百盒銀元寶，每個元寶五十三兩。奴才（滿人向君主自稱奴才。漢人則自稱臣或僕）榮祿為太后清點盒子之數目，並無他人參與。我打開一盒，總計其數字是二五〇，在運輸之前，這個數字會寫在盒蓋上。同時，太后下令，其他盒子不必打開，所有貨物妥善鎖存。二、太后在西安到汴梁（開封府）的途中度過您的萬壽之日（一九〇一年十一月），在潼關附近，您從所乘的轎子上面下來。叫奴才到您身邊，在路邊採集野花。您說：『我想起了熱河，想起了四十年之前。』您接著說：『到今天，我們已經在一起超過四十五年了，你的建議總是非常明智，希望我能永遠受益於此。』」

太后非常興奮：「是的，是的。真是我親愛的榮祿。他說的每一個字都讓我想起那些日子。現在讓陳石庵問榮祿下面的問題：一、他是否知道，我還能活多少年？二、我是否應該處死他以前的把兄弟袁世凱？三、我是不是該廢黜光緒？或者處死他？四、誰應該做新皇帝？」

問題被轉達給了神靈世界。又是長長的停頓，然後有了答案：一、祝太后萬年！（此語有些模糊）二、袁世凱狼心未死，所謀難測，包藏禍心，清君側乃明智之舉。三、太后應廢黜皇帝，給他「昏德公」之類尊號，貸其一死。四、溥倫應為新帝，他是道光之長嗣。

太后說：「問問他，我們別離之後，狀況如何？」

這次降神會雖然沒有水晶球占卜帶來的驚悚，卻相當有趣。對於老佛爺而言，它不包含痛苦的回憶，卻展現出非常幸福的未來景象。現在已將天亮，我知道中國占卜者所說的雞鳴鬼離。非常長的停頓之後，陳石庵替他先前的主人回答道：「何勞您問，老佛爺？我無時不想到您，無時不為您祈禱，願太后永遠幸福安寧。我與您分別，已經超過五年。能夠再次沐浴聖澤，我和當年一樣，由衷感恩。此處之生活變化不大，仍恰似身在陽間，天光滿眼。我得到冥界閻王之尊重，在黃泉度日，保有珍貴之記憶。在未來之陰間，奴才將有幸與太后重逢。我願頂禮膜拜，聆聽您令人難忘之慈愛之音，雖日以繼夜，敬意難盡。我已永違宮闈，而神馳左右。奴才榮祿含淚向太后恭行敬禮。痛，痛，痛，痛。謹奏。」

「感謝你的這些話。但是，可歎啊，聽不到我最親愛的大學士的聲音。史老道，謝謝你這麼快就讓我與他們交流。已經快到早晨了，但是再幫我找找，我要問候安德海。我最喜歡他，可惜他被人所殺。」

史老道再三嘗試，但是很明顯（現在我們應該說是）有所中斷，或者氣氛上有干擾——假如冥界有氣氛可言。此次桌子似乎已有生命，動作極多。史老道的嘗試終於失敗。已近天亮，桌子逐漸停止動作。老佛爺下令，降神會延遲（李蓮英的日誌上簡要地記載了第二次降神會，而我並未參加。通過史老道，安德海與老佛爺神靈交流，告訴她自己的境況不錯。）到更方便的時候進行。其後，對史老道和整個道觀都大加賞賜佈施。高仁嗣道長送上簡單的飲食。老佛爺小睡之後，日已高升。我們起程回宮。不出所料，觀門之外已有大量人等。這次老佛爺命車子進入內院，放下前面的簾子，（我想她是要在車上午睡）祇有車夫與我坐在車轅之前，路人可見。如此，旁觀者自然無法滿足好奇心。但是，我們出門時，每個人仍然老實遵守朝廷之規，跪拜如儀。

1 此處有誤。一是高仁嗣應為高仁峒（1841-1907），光緒三年（1877）任白雲觀監院。付海晏著《北京白雲觀與晚清社會》一文中道：「白雲觀確與內廷關係密切，有學者強調高仁峒同慈禧的勾結一直延續到他們去世」；二是高仁峒死於一九〇七年。

2 降神會上所用的小板，作用是與神靈溝通。最常見的是通靈板。

3 寇斯莫・拉吉瑞（Cosimo Ruggieri，一六一五年去世）和馬吉奧・葛里奧蒂（Marzio Galeotti, 1440-1494）是義大利占星家和占卜師。

4 一五八〇年，在所謂的「情人之戰」中，法國的亨利四世圍攻了法國西南部的卡奧爾。

5 京師舊城西南角的門。

6 皇帝旅行時的居所。

7「邱祖」（1148-1227）是道教全真派的仙長。應皇帝忽必烈的要求，他建起了白雲觀。

8 離紫禁城東南角非常近的一個胡同。

第十六章
太后最後的秋日野餐

太后慣於在每年秋天的最後一月，九月九日重陽節時，帶文武百官在香山圍場爬一段山。在圓明園之前，那曾是康熙的行宮，康熙六十一年十一月（一七二二年）冬至，他便是在此身患重症。康熙命其子胤禛代他祭天。他重病的消息經由一名貼身太監傳到齋宮。胤禛卻並未參與慶典，他既未祈禱，也未主持次晨日出之前的儀式，而是馬不停蹄趕到垂危的父皇床前，不是盡孝道，而是關心皇位繼承權。許多人都知，最初的遺命是傳位於康熙最寵的兒子怡親王，但太監們被雍親王買通，康熙剛咽氣，他們便打開朱匣，毀掉原來的手書，放入另一封：「著雍親王胤禛去」，指讓他去天壇祭祀，確是康熙筆跡。但提名皇位繼承人，此措辭並不尋常，不用「承繼」而用「去」，文法不通。然而，該手書已被匆匆交給大學士，由其擬好詔書，張告天下，宣佈雍正為新帝。詔書陳列在京城午門的歷史博物館（或許今天仍在）。

一九〇七年十月我陪慈禧登高（我想是她最後一次——我猜她次年沒有再爬山），路上我們在碧雲寺停留，此寺一六二八年由魏忠賢（其名「忠」被崇禎帝下令改為「逆」）管轄天津時所建，這個權傾朝野的太監本來選了此處做自己陵墓，可惜遭際不巧，被崇禎處死。我們在釋迦牟尼像前上香，老佛爺陷入沉思：「人生在世，去日苦多。我有子生於皇宮，長在高牆內院，終老於此，渾不知民間疾苦。而佛祖釋迦牟尼則視後宮嬪妃如墓地枯骨。他離開皇宮，便如我今日一樣，見一老人，感受瀕死之相；見一病人，感受病痛侵襲；見一死者，感受死亡；見一聖人，發覺後者靈魂平靜，決心自己也修煉此境界。如你所知，他離開王室，遁入叢林，在尼連禪湖畔若不是一位少女以牛乳和蜜供養，便已飢餓而死。就在那裡他坐在菩提樹下，冥思一夜，心智便如白蓮花般舒展。他悟到人生悲苦皆源於欲望，若我們獲得真知，便明白世上皆無所戀，則脫離悲苦。我們必須拋除欲念，像大象傾覆屋舍；欲壑難填，海不止渴。」

接著慈禧給我講了個故事，孟加拉的摩突羅城（Mathura）有一名叫做瓦薩瓦達塔（Vasavadatta）的妓女，愛上富家青年優波鞠多（Upagupta），她命人請他來與自己相會。但青年拒絕了。後來瓦薩瓦達塔因放蕩被判斬斷四肢，割掉鼻耳而死。臨死前被丟棄在刑場上，有位忠心的侍者陪在身邊。突然侍者看到曾經在女主人最風光之時拒絕她的優波鞠多走過來。他順從而傾慕地站在面目全非的瓦薩瓦達塔身邊。她認出他，奄奄一息地說：「當初我如白蓮花般美麗，愛火如焚，你卻從不靠近。為何現在來看我殘缺的身軀？」

「你貌美之時我知你心，我看到即將降臨你身的墮落。你此刻一無所失，將快樂死去。生即是苦，無需遺憾。凡世享樂，不過是鏡花水月。你從前欲望太多，無欲無求，則比神更快樂。勿求多壽，生即是惡。我愛你。相信我，你將樂而往生。」於是妓女欣然而逝，無欲無求離開這虛幻凡世。

對於老佛爺的博聞廣識，我已經習慣，但今日她的敬慕虔誠，又令我大開眼界。我知道她熟讀佛學。也知若無人冒犯時她天性慈善，同情疾苦，喜愛孩子和動物，行事低調，心地仁善，就如亞歷山卓女王或者瑪麗•安托瓦內特王后。她一生苦心經營，但此刻寺廟的氣氛還有她在菩薩前上的香火的氣味，令她忘卻世間欲望。我們一起上山，李蓮英爬得氣喘吁吁，著實勉強。她似乎很願意講這些尋常話題，她問我一個問題，很代表她的想法，聽得出些許嫉妒的意味：「你我一直十分愉悅親密。你實話告我，你的女王據說很貌美，或者說曾經很貌美（確是女子心理），假如她像我這樣常常召你前來，你會聽從，還是會因鍾情於我而避之不見？」

「太后，這絕不可能發生。除非是寫在小說話本最後一頁。對於根本不會發佈的懿旨，無所謂從還是不從。」

「你指國王會嫉恨？」

「非也。我想像愛德華七世這樣的人不會反對妻子自己作樂。但確實此事不會發生。太后青睞我是我的福分，我想大概因為我是洋人，卻深受滿人影響，因此才吸引太后。但在英格蘭，我不過是千分之一，不過家教良好，可能志趣略高於普通人而已。但亞歷山卓，我們膩稱為亞歷，如果她要擇伴，必然在海軍或陸軍中找。太后您有所不知，我們女王雖仁善，卻像貓頭鷹般愚鈍（如果貓頭鷹確實愚鈍），不似太后您這樣淵博淳厚，眼界寬廣。」

「罷了，」老佛爺繼續說，「我要你答應我兩件事：其一，再不許跟其他女人廝混。我知你所好，因此關於同性，不用你保證什麼；我知你也難保證。另外，你身邊有無數親王、戲子、太監、男妓，我不反對，也毫不妒忌。但若你與另一外國女子或者與一滿族小姐結婚，更不消說性交，我將永不寬恕你。」

這一點我不假思索答應。

「其二，我猜我還有十年壽命，一旦哪日西去，你還不到五十歲。我要你以陪侍身份守靈，無需一整年，祇消我**陰壽**、新年及其他節日時便可。」（這一點聽來不難，但其實我是洋人，很難有幸榮當此任。當年**嘉慶**帝將先皇寵臣**和珅**賜死，他允許其黨羽**福康安**在乾隆大帝墓內守陵，但有一則苛刻條件：若嘉慶本人到**裕陵**參拜時，福康安不得出現在皇帝視線之內〔他不願看到自己所憎惡之人〕）。

太后看似急切盼我回答。自然，我謝她信任，承諾祇要她仙去時我還在世，就一定如此。

她續道：「我願任命你為**守陵大臣**，新帝就是我告訴過你的**溥倫**，他會宣佈我的遺命，但此事卻是絕無先例，祇怕你會招惹嫉恨，有性命危險。」我承認，在荒涼的**東陵**來回奔波實非我所好，且那樣一來我也無法與我之諸友幽會。與一幫太監朝夕相伴也不是什麼趣事——陵墓**淨地**，凡人禁入，更不許有七情六慾。「請從腳上除去鞋履，因你所踏的是一片聖地。」

老佛爺仙去十分突然，攝政王脾氣與我甚不相投，儘管我有特權拜祭她的陵墓（實際上新后**隆裕**在葬禮上看到我，叫我到她轎前，褒揚我的忠心），但在他執掌下，我很難實現太后所願，在一九〇七至一九一一年間定期拜祭。革命之後局勢大變，洋人更不可能靠近被顛覆的舊王朝的皇陵。不僅如此，當我提出時，連我的長官格雷爵士都不贊成，我要為外交部效力，唯一的辦法就是繼續留在北京。我會在其他著作中記述多年之後的一九二八年，我得拜老佛爺陵墓的悲慘經歷以及所見所聞。如果我真的忠實遵照她的願望始終在墓地守靈，當一群暴徒在此聖地胡作非為之時，我決難阻擋，最後必然被他們殺害，則我欲守衛太后之靈也不可得，祇能以性命作為永久的祭奠。

「好吧，」老佛爺繼續說，「我知道你將我當成永遠的愛人，始終銘記。且不說將來，**今日有酒今日醉**。我們很快就要到我平時爬山中間歇息的亭子，我叫太監準備了**點心**茶酒、香菸在那裡候著，還有鴉片，如果要用。」太后便如丟棄一件袍子，丟掉那些佛家思考，不再想如何摒棄名利欲望，如何解脫凡間痛苦。講述那個印度妓女的故事之時她竟然顯出蒼老之態（我想起非凡的杜絲[1]在某場戲中，凝望鏡中，審視自己的老相，繼而用激昂華麗的表演向觀眾展現出一個滿面皺紋、雞皮鶴髮的老婦的心情），自我識得她，這是第一次她看來不勝歲月重荷。她便如歷史上少數偉大女子一樣，縱慾好色，但她個性中又有另一面：國事勞頓，但她靠一種信念振奮，即：來日方長，此信念在次年（一九〇八年）春天白雲寺的降神會中得到驗證。嗚呼，我們都是拙劣的預言家！

我們到達目的地時，老佛爺顯得輕鬆詼諧、氣色抖擻。「我有個驚喜給你，定投你所好。」

李蓮英已走在前頭，我聽見他喊道：「仁善功德太后殿下駕到。」所有人等跪下恭迎。

對於好美之人，這實在是一幅賞心悅目之景。至少二十名嬪妃，二十餘名美貌戲子，還有幾個熟人，跪伏在通往涼亭的一小段階梯下，向太后請安。太后示意平身：「今日不拘禮數，我們先在香山隨喜，再去萬壽山。韶光正好，直可盡情盡興，回去後我們玩個痛快徹夜。」我想到瑪麗·安托瓦內特與拉巴雷（Lamballe）公主以及她寵愛的百利那（Polignac）在特里亞農（Trianon）「回歸自然」之旅途中，在盧梭的導演下排演《鄉村卜師》（*Le Devin du Village*），阿圖瓦（Comte d'Artois）伯爵靈感頻現[2]。除了李蓮英和不久進來的崔德隆，所有太監都按各自相貌被選中服侍，太后命我們盡情玩樂，勿以她為慮，老佛爺向來大量，祗要不觸及她的禁忌，好似光緒和榮祿之女醇王妃一樣，冒犯鳳嚴，永無可恕。

我猜左近有大內侍衛，但我還是覺得，現今革命之議沸沸揚揚，老佛爺頻繁郊遊，委實冒險。我在別章提及，我們曾涉險去見一名妖鬼附身的太監，那次我寧可將太后的凶險誇大一些，周圍畢竟有衛兵駐紮以便隨時鎮壓革命。就連老佛爺自己也未想到，蓮英的近親，曾服侍太后多年的太監，竟敢威脅太后，更不用說我。

無論怎樣，在這喜慶的節氣中，在我們狂歡之時，並無士兵把守。我們目光短淺，無人相信會有革命，我們未能看到凶兆，幻想舊江山能千秋萬代。香山廣袤，實在是安靜怡人的休憩之地，戲子、妓人、太監和嬪妃在太后的仁懷之下（應該是默許），盡情縱樂。

我在「私會」一章中的情愛主角占寶臣，得老佛爺之恩受邀來朝共度佳節。他妻子占房[3]，不能赴約，就像維多利亞女王逢宮廷禮事，樂於登報邀請，不少受邀客人因意外或找藉口不赴約。於是寶臣與我商議回宮之後幽會一番，自然，要老佛爺寬宏許可才行：不過我擔心我倆此刻柔情蜜意，到頭來祇剩下一方火熱——我知道老佛爺是不到筋疲力竭不甘休。若不計時間地點，我們的「鄉野狂歡」直可匹敵福凱大臣在沃子爵城堡接待太陽王的隆重場面，那一次，流光溢彩，窮奢極慾，反倒加速了這一心巴結的大臣鋃鐺入獄，一生囚禁的命數[4]。戲子與妃子們共飲，太監們淫相畢露，自我取悅。太后和我下了盤象棋，我贏了她，太后可不像我們已故的國王愛德華七世，她輸也不惱，即使輸給朝臣嬪妃，也不記恨。她叫我們許多人與她划拳猜酒，香檳如水般被狂飲。接著她叫了一名最俊美的戲子不化裝，即興唱戲，要我加入，扮演龐太師，受白玉堂戲弄，殺了兩名小妾。老佛爺自己演受冤枉的李太后，拿出御賜珍珠，才證實了她一直隱藏的身份，與仁宗相認。

對於老佛爺的脾氣，除了李蓮英、已故的安德海和榮祿之外，大約無人比我更清楚，我看得出她已經春心動盪，我猜想哪個會被她挑中侍寢，我知道絕不會落在我身上，因為我已經排在後半夜，而且為顧全顏面，老佛爺也不願朝臣得知她與一洋人野地苟合——即使這洋人已經被同化。我所料不錯：太后讓我們退下，對我說「聽傳」，留下了一名迷人青年，名喚印祖武，在伶界另有藝名，我忘記了。「我要你留下」，她道。我們都離開，令他二人便宜行事。

這一日還有許多雜耍可看。猴、狗和羊在山東藝人的訓練下耍馬戲，水準絕不遜於西方的魔術，還有說相聲，這一次，其中的詼諧諷諭令我擊節。

「你最想得的榮耀是什麼？」逗角兒問捧角兒說。

「你問著我啦，白日吃兩頓好飯，晚上和婆娘睡個好覺？」

「不是，沒猜著。最大的榮耀就是生來是鬼，後來成神，這人就正到極點啦，能活一千年。」他意思是，我這鬼子得到了普天下最大的榮耀，幾乎像天神一樣。這指代相當明顯，聽眾有我在內都大樂。李蓮英擅長察言觀色，他看出我心意，對那逗角道：「這鬼子被你一抬就上了天啦，他要賞你一百兩銀子。」

人群中有瞎子算命先生，也有明眼占卜者，其中一人為我算命，預言我一生有吉有凶，錢財有失有得——正如大多數人一樣——後來我發現此人是高人，他預測寶臣有朝一日將在滿洲里謀得高位，當然他沒有說滿洲國，但我在別處提到，可愛的寶臣在新京得康德皇帝擢升[5]。有高超的樂師彈奏各種想像得到的樂器（我記得已故的樊國梁先生告訴我他能夠演奏四十餘種不同樂器，而蒙他不棄，專門為我演示了一些）。小販推車叫賣花生、甜點、杏兒茶，氣味芬芳，美味異常。客人任意取用，皆由老佛爺付賬。有些戲子與妃子們調笑，就像亨麗葉•德•安格勒特熱（Henriette d'Angleterre）和瓦利葉公爵夫人（La Vallière）在福凱著名的盛會上，那一次路易十四為避急雨，將以後成為自己愛寵的女子引至樹下[6]。總之，我們享受了完美的北京金秋，沐浴在燦爛無比的北方陽光之下，真是人間天堂。我想，從調笑間，二人能完全展示彼此魅力。真是一副無拘無束的歡樂場景，即便不能超越，也完全能夠匹敵於中世紀時代弗朗索瓦一世

（François I）或者西班牙裔英格蘭女王統治下的假面舞會。

老佛爺還沉迷於喜劇中。李蓮英湊到我們身邊，問寶臣為什麼我二人不乘機快活一番，以填欲壑。他看向我笑道：「你知道怎麼將老巴挑逗起來：我給你拿根『令鞭』，你在他屁股上抽二十下，他就會像頭公羊一般放蕩了。」

「多謝好意，」我兩人道，「不過如果老佛爺恩准的話，我們想晚上再玩兒個夠，此刻不想多花力氣。」我們當時的決心值得褒獎，但我承認我們的確告退片刻，擁抱彼此多次。啊！懷念那美好的日子。正如維吉爾所說：「我們如此幸福，我們明白自己如此幸福。」不過短短一年多以後，一切都歸於塵土。「哦，記憶，美好記憶，一切都已消失，我們衹餘回憶。」

一個多小時過去，鑒於我十分清楚老佛爺每次縱情大約的程度和時間，她會暫時滿足，但不止息，稍停片刻便又有新的熱情，我猜這時她與印的「會晤」可能結束，於是我們過去，卻發現簾幕依然垂著，我和蓮英都很喜歡，知道她已經滿意，尤其是清晨徒步心情抑鬱之後。於是蓮英、寶臣（我倆柔情一番之後他容光煥發）和我在附近一個臨時搭建的茶寮飲茶，蓮英善弈，和我的寶臣下了一局象棋。

不久（我們就在太后行宮咫尺之遙）便聽到太后聲音：「**恪思**，蓮英，即刻過來：**我們這兒完啦！**」與此同時，印走出來，像太陽神一般俊美。他後來告訴我他連續「取悅」太后四次，不消他細述我也能憑一己經驗想像箇中細節。但他還是詳陳全部過程，自上、自後性交，相互口交，以陰蒂摩擦他肛部，很有快感，太后還長吻那一地方，這是她的嗜好，吞下他射的一大攤精。她命他脫得赤條條的，親吻他芬芳的下體每一處，她命他搔弄她大張的陰戶，同時露出肛門讓他插進去。這次她之縱欲前所未有，我猜想不知今晚她會不會免我侍寢，准我和那天使般的寶臣度過美好長夜，愛戀無盡。

我們參見聖嚴，太后看起來心滿意足，興致高昂，她命蓮英準備一劑鴉片，再小睡片刻。繼而對我道：「今晚我跟平常一樣召你，但之前我先叫印祖武來。你隨後到。」看到老佛爺心情愉悅，精神飽滿，我認為正是機會，求她開恩允許占寶臣在她特賜於我的房中過夜。「那他妻子呢？」太后道。

「她正待產，老佛爺。」

「嗯，好吧。但教她不介意，我也允了。加恩，他可以與你過夜，但不要疲累過度，你歡喜被玩兒，祇消被動便好了。」

我謝過老佛爺，告退，令她安享鴉片：她睡覺時，蓮英、印祖武和占寶臣在一家專為此次出遊搭建的茶肆用午膳。印十分坦率，言無不盡，告訴我們老佛爺盛讚其性器，還大方地供我們欣賞。如此長久勞動之後，他那話兒自然無半分昂揚之態，但蓮英評道：「仍不失為美物。」我略感妒忌，因為占看來很是被吸引，我猜（誰曉得）蓮英也很樂得他在自己的「命根子」上長久挑逗一番，祇可惜印此刻已經無力戀戰。

用過美點，蓮英以為我二人最好到太后亭前候著，隨傳隨到。我們留占印二人自便。太后醒來，看到我們跪在門口，很喜歡。

「幹麼多禮？不在此虛禮末節。好吧，我歇好了，想遊園一番。最好叫頂爬山虎備著，但若能支撐下來，我還是歡喜走。」李不善徒步，但既然太后堅持，他也不得不跟。如果她願意乘轎，也不會反對他騎驢子。但我猜太后喜歡惡作劇，想讓他邁腿，這也是長壽之道。於是太后、蓮英和我（還有崔德隆，出去幫主子跑腿兒了）開始漫長的散步。我們在每個攤販貨郎前駐足，太后屈尊俯就，慈和地詢問那些販夫走卒、雜耍藝人、算命先生和琴師生計如何，問了不少貨品價格，跟她十幾歲時作了番比較。她告訴我們物價漲了一倍。不知如今一九四三年，她若健在，又會如何說？

我向來佩服老佛爺沉著，比如此時，我們遇到早上剛得她寵的印祖武，見我們經過，跪下參拜：「你覺得怎樣？」她問，「一定累吧。」

「臣敬沐老佛的恩，至死不忘。」答得很合體。

我可以想像在倫敦或巴黎，必然會假意遮掩或道貌岸然——尤其是倫敦，那曾是世界文明中心，此刻不過是個搖搖欲墜的帝國的沒落都城——但她卻沒有。

那個下午相當愉快，老佛爺帶我們一路遊歷。她與每一個遊人或江湖藝人聊天，拍拍一隻猴子，後者試圖咬她的手，觀賞尾巴上繫了哨子的鴿子，受了訓練能在天上如畫一般成圈翱翔，太后示意便會停止。她誇讚那雜耍人（也賞了錢），又讓算命瞎子算了命，但未告知自己身份。後者一摸她的手便說：「此非常人，活神降世。」或許他隱約猜到面前此人是誰。無論如何，他令太后十分喜歡，厚賞了他。她饒有興致地聽了一齣藝人講的相聲。但我注意到他們避免提及聖躬，就像維多利亞女王不允許牧師在神壇提到她。

我自己深覺疲倦，看到太后如此精力充沛，實在訝異，可憐蓮英幾乎躺倒，於是太后發善心，賞他騎驢。

豔陽高照，溫暖宜人，雖然陰處還是秋涼襲人。太后在臨時搭的戲臺前坐下，也賜我們坐。我們興致勃勃聽了幾齣三國時代的戲，捉放曹操，孔明的空城計，等等。美餐為太后的每一位客人奉上，連戲子都不例外，出身寒微的江湖藝人都可得享帝王級別的豐盛大宴。太后堅持由她會賬，她說了一番話，令我們折服於她的境界高廣：「我小時候嘗過世道艱難，經常囊中羞澀，去市場為家人買吃食。在某些方面，我那時比現今還快活，此刻不過是你們想像我應該快活罷了。」我能想像拿破崙說同樣的話，但衹有極其偉大之人才會坦然講述他們過去的卑微生活。

沒等我們一個一個攤點涼亭訪談完畢，太陽已經西斜。「該回萬壽山了，」太后道，「但恪思和蓮英陪我再去碧雲寺一趟，我想上炷香。接著我們在玉泉山少坐一會兒，我想到龍王祠恭奉一下。大傢伙不用都陪我，你們願意繼續在這兒待著吧。天變冷的，但肯定今晚月色很好。」

「你們一些人，」她再說道，「可能晚些時候要找樂子，盡情享樂吧。」太后和我二人離開一干跪送老佛的人；她上了鄉間的爬山虎，蓮英和我騎驢。她還是沒有侍衛，雖然我曾說過，附近就有衛兵把守以防不測。我們按計畫行路，不時有香茶奉上，是用甘甜的玉泉水所泡。我們在日落之前趕到萬壽山，看似晚上月色怡人。

直到此處，對耐心的讀者而言，我的記述不過是些雞毛蒜皮，陳年舊事。但值得慶幸發生了一樁實情，令我能在此加個堪稱不尋常的高潮，不過也不似我從前的經歷那般不尋常。太后到了西門，照例由太監和宮女迎接，但令她（也令我）奇怪的是，她那極其俊美的弟弟桂祥爵爺，官服齊整，跪在那裡等她回來。（一名侍從頭先去稟報我們回來了）老佛爺面帶驚奇。「你怎麼會出城來此？看似頗為激動，緩一緩。究竟出什麼事了？我猜你下午沒抽鴉片吧。」（他煙癮很大，實在可惜，以他六十六歲的年輕，相貌確實秀美。）

「不是，太后，（儘管是姊弟，他以禮節稱謂）不是為了此事，但求您恩准奴才私下為您詳述。但事關巴恪思，您可留下他聽。」

「你該不會告訴我老巴要謀反於我吧？說了我也不信。」

「不是，太后，但懇請您回到宮裡再問我詳情。」

我看得出太后已然戒備，神情頗為焦慮。似乎我的轎夫，和馬夫一樣暴躁易怒，和某位高官的扈從發生爭執。不過，桂爵爺和我陪老佛爺，她坐在轎中，爵爺依禮跪在我前面。

爵爺稟奏如下，基本是他的原話：

老佛爺，您對巴侯爺青眼有加，每以珍饈美味款待，燕菜，桂花翅子，還有諸如清蒸鴨子。我要冒死稟報老佛爺，近日御膳房新來一個廚子，名作趙仁齋，因廚藝了得，由醇親王福晉（榮祿之女）薦給皇帝，他得了個榮差，便是今夜為巴侯爺準備宵夜，據他說，他知道太后明日幹作情他（喜歡）。無人反對，但天公佑庇，趙喝醉了酒，旁人聽到他說醉話：「太后明日幹什麼？看他辦，就是啦。」此言忤逆，甚有可疑。兩個主廚被他的瘋話嚇住，便去拿他，趙爛醉如泥，沒費什麼力氣。太后，他們發現一包藥，御醫認得是砒霜，足夠致死好幾人。當時是凌晨一點鐘，兩名廚子想，李都總管不在，怕驚擾太后，最好速稟報於我，要我過來。我到了有一個多時辰，我職責所在，將趙仁齋用繩索縛了，嚴刑拷問。他還未完全醒酒，但熬不過供出來是福晉將毒藥交給他，要他按份放在巴侯的每一種菜肴中，但要謹防他人（尤其是太后）誤食。趙還說，這是皇帝的密謀。若果然不錯，太后知道怎麼處置他。句句為實，奴才冒死謹奏。

太后從頭到尾，冷靜如常。「為何那忘恩負義的賤人福晉要跟巴侯幹？她與他殆無一面之雅。她或許以為已經不需要將我放在眼裡。但我猜她係名門之後，對長輩總還有點孝心，她長輩對老巴評價甚高。速速回我。」

桂祥遲疑良久，似乎骨鯁在喉，難以言語。最後道：「太后，奴才言人所不敢言。外頭都傳，巴侯是太后寵臣，與您（恕奴才直言）祕密相交，可謂最親最篤者。難道太后想不到，這麼大量的砒霜，御醫說必能讓巴侯今夜斃命於宮內，近來多事之秋，這可不是令老佛爺尷尬嗎？巴侯在政府身居要職，會不會派使臣交涉？換言之，用意與那賊子岑春煊一樣，希望（再請恕罪）你二人撞在一塊兒。」

太后面色一變，在那片刻失去了一向的鎮定自若。「自打那賤骨頭載湉（這是我唯一一次聽到她直呼光緒之名諱）不理內政外務後，似乎我和巴侯就未曾太平過。傳李蓮英，你二人留下。」

我正跪得極不舒適，此刻起身，我不善跪拜，在歐洲除非宗教儀式才會下跪，不像清朝官員，生來便要學習。我叫李蓮英來，他顯然已經聽到整個對話。他進來後並未參拜（或許老佛爺特許加恩），直言道：「這些我都知道，老祖宗。全由喇叭事件而起。」（我迷惑不解，未知喇叭所指。李繼續講下去，我開始想起最近某次與老佛爺的交談，下文談到。）「太后您知，」李續道，「喇叭（顯然原名是拉布或賴布，但這也許並非此人之姓，拉布是俄語中『奴隸』之意，賴布我猜是德語中一個教名）離開頤和園後數小時便斃命，洋醫生診斷是砒霜中毒。據說當晚他和太后一起，（我注意到李由於身份特殊，與太后親近熟密，因此直言不諱，無需多餘客套）與老佛爺交歡。」

在此插敘。去年八月某日，承蒙老佛爺不棄，與我討論歐洲人陽具的「結構」與外觀——從審美或其他角度。她評論道，鄙人陽具賞心悅目，因為未割包皮。在中國，祇有伊斯蘭教徒和少數猶太教徒行割禮，滿人和漢人都認為沒有包皮不但看來憨蠢，且大大喪失交歡的趣味。她繼而便提到她最近某次「觀察」一名俄國「鬼子」的陽物，固然偉岸，卻少了最重要的包皮。我記得她提到他的名字，但未聽她說此人是怎麼死的，這事情也就忘記了。

太后並未否認與拉布（？）性交：「不錯，」她道，「他搞了我五六次，色非小。我知他離宮後死去，不過我們不必詳談。」李續道：「老祖宗知道波科蒂洛夫（Pokotiloff）和我相交甚密，我曾向您稟奏過，他直言道他是死於中毒而非縱欲過度（我不知醫生對外如何宣稱）。茶寮飯肆對此議論紛紛，臣為太后效犬馬之勞，定當告訴太后您，人們都猜您為滅口而毒死了他。不過請太后安心，波科蒂洛夫對您一片忠心，不會有任何質疑，無論如何，此事已過去很久，儘管有可能開棺驗屍，但也不相干，因為不會提到您，除非某些下賤奴才會議論。微雲不能蔽日：光芒須臾即重現。此太后之謂也。」

「好吧，」老佛爺道，「談論越少，越易補救。老巴，你今晚安安心心吃魚翅罷，不過你若疑心，我和你共進餐食。」

「太后聖明，您如天宇晨星，德被蔭庇，是大慈大悲觀世音下凡，您何出此言？奴才怎會對您的仁德有半點懷疑？臣跪求（磕頭直至可憐的前額出血）太后再勿起此念。奴才雖是洋人，卻非頑石草木：對太后感恩戴德，便如桂爵爺及李都總管無異。太后在上，奴才即便再生百次，也不能貢獻我對您赤膽忠心於萬一。」

「起來吧，」太后道，她拉我近前，吻我唇數次，實是榮耀。「桂祥，我不介意你看到，你不是外人，巴侯是我可心，我寧可自己服毒也不願他受到加害，誰也別傷他一根頭髮。」

「現今，」她續道，「將趙仁齋還綁著，早上載灃（醇親王）來軍機處時，我會與他對質，再去處置光緒。但我猜整個陰謀都是出自他歹毒妻子，梟鳥食母，不孝之至。此刻我要說的是，你可以退下但不要聲張，之前你做得很好。」（桂爵爺叩頭退下。）繼而對我道：「我准你跟你那心上人占寶臣尋歡，衹要你那話兒能夠，便幹一百次也由你。但我直言，我更願你要他從後面行事，等我召你時你還新鮮精神。蓮英告訴我你喜歡情人抽打你的光腚，到流血方止。好吧，你盡情享受你之癖好。而我會在晚膳之後再跟印祖武玩兒，我在公園已經跟他說了，午夜之前聽傳。你晚些時候來，之前先跟占鬧一鬧吧。」

「是，老佛爺，」李回答，「印祖武明白，深感太后恩典，聽候您吩咐。」

「很好，晚飯前我先休息。此刻你們退下吧。」

蓮英和親愛的寶臣和我共進美食。不用說，宴席豐盛，無半點砒霜，一頓芳香可口的完美盛宴。我們興致極高，開了老佛爺兩夸脫無與倫比的波馬利&格力諾酒莊（Pommery et Greno）的香檳酒，記得是「陽光法國」（Sunny France）的名貴牌子。蓮英頓時色欲亢奮，要我倆搔撓他的腚眼兒，甚至迫我們一遍遍吻他那部位及周圍。他施恩，沒叫我們**肏屁股**，因為老佛爺不許，且那樣的話占寶臣不等與我歡合便脫力了。我們二人都醺然薄醉，但並未打消他的鬥志，也未削弱我的蓬勃淫欲。我與男子交合所學得的所有動作姿勢，他都使了一番。我們吻遍了彼此全身能夠想得到的部位，他幹我至少三或四次，既有**騎小驢兒**，也有**爬山虎**。他寬厚巨大的陽具直頂到我直腸，就如從前的桂花一樣，給我無盡難忘的滿足。他也不忘在我臀上重抽幾下，痛得不輕。因此老佛爺稍後看到我皮開肉綻，愕然地道：「**真叫怪，你這個癖！未聞之有也**；在歐洲常見嗎？」

「不常，是特別但也不是絕無僅有。怪僻有詩情的暴君亨利三世，也有此好。」

「**取什麼樂？**」我無以答對，因我自己也不明。

寶臣確實打得又重又痛，我前所未歷。他以為我會喊停，嗚咽求饒，他承認確有虐待傾向，鞭笞令他淫心大動。最後棍子都斷折了，許多小刺嵌進我肉裡。寶臣也愛受虐，他要求我反來鞭打他，我於是也抽打了他一頓。他站著受打，冷靜得令我愛慕，他說下手的是我，他才喜歡，若換了別人誰碰了他的臀，他定會用刀將此人殺了。

這些記述從頭到尾都是實情（儘管毫無藝術美感），我必須承認，儘管老佛爺不許，我還是按我們習慣的方式跟占做了一次，他很滿意。蓮英帶了一大劑媚藥進來。告訴我說印祖武不負厚望，與老佛爺交了三次，一次從身後，另一次在口裡射精。我好奇今日下午在戲院他如何上臺，但蓮英告訴我，他送去了媚藥，老佛爺向來賞慣了，賜了他一千兩銀子，嘉許他的不俗表現。於是我無數次吻了親愛的寶臣的嘴唇、臀和尿孔，與他道別，去應老佛爺之召。我向她供認我違了她的令，但好在藥力高強，沒讓我空來一趟，不辱使命。相交短暫而愉悅，太后對我承認，她不得不殺喇叭滅口，因為她猜此人會向所有人散佈她之情事。沒有什麼祕密，正如太陽王曾質問聖西門，其兄是否參與毒死他深愛的情人（妻姊，事實上是冷水沐浴之後死於心力衰竭），聖西門遣奧爾良公爵的男僕前去對國王如此說。太后直言不諱令我崇拜，但我斗膽求她，一定要盡力遮掩此事，她答應了，為了「讓你高興」，實在榮幸。有時我詫異為何歐洲社會如此熟悉太后除掉舊愛的習慣。實際上，早在一八九〇年我便聽聞此事，當時我又怎會想到以後我會成為太后曇花一現，卻銘心刻骨的戀人。

那個倒楣的廚子趙仁齋，大概是被重金買通的，但最後功敗垂成，我吃的那碗芬芳可口，並無異味（我味覺靈敏），否則我不會全部吃下。我次日清晨很早離宮，軍機會議還在進行，但後來聽蓮英說，醇親王一口否認，聲稱毫不知情，但承認卻是他妻子向皇帝推薦這個大廚。於是，老佛爺下令在宮門外將趙立甃杖下，他首級懸在海甸示眾，罪名為「毒殺者」，確切說應為「謀毒殺犯」，因為並無人吃到他的砒霜。

還要加幾句，因為桂祥帶來的投毒謀殺的意外消息，老佛爺取消了當晚計畫的聽戲，但一個月之後，風光慶祝她的大壽。

1 愛麗娜拉・杜絲（Eleonora Duse, 1858-1924），義大利籍女演員，享有國際聲譽。是莎拉・貝恩哈特的競爭對手（無論生活中還是職業生涯）。

2 與瑪麗・安托瓦內特同台表演的是女王的大管家、薩伏伊（Savoy）的瑪麗・路易士（Marie Louise, 1749-1792），還有百利那公爵夫人勃利（Gabrielle de Polastron, 1749-1793），女王之寵歡。安圖瓦伯爵是女王之友，後來的法國國王查理十世（1757-1836）。

3 生孩子。

4 尼古拉斯・福凱（Nicolas Fouquet, 1616-1680），太陽王路易十四時期的法國財政大臣。他曾於一六六一年在其豪華寓所、沃子爵城堡中接待國王，炫耀財富，惹惱國王。後來被捕，被控貪污，終生囚禁。

5 康德皇帝指中國最後的皇帝溥儀，新京指傀儡政權滿洲國的都城長春。

6 這裡的盛會還是指以上提到的尼古拉斯・福凱的盛大接待會。妃子們是英格蘭的亨麗葉・安妮（Henrietta Anne, 1644-1670），路易十四的妻姊，據說是他的情人，瓦利葉（Louise de La Vallière, 1644-1712）是亨麗葉的侍女，據說是路易十四另一情人。

第十七章
他們殞命之時

老佛爺七十四歲大壽是中國農曆十月初十，西曆一九〇八年十一月三日[1]，當日清晨，我身著節慶官袍，戴琥珀頸鏈以及其他由宮女轉交給我的飾品，準備乘轎去頤和園參見太后陛下並恭祝長壽萬福。不料她此刻欲單獨召見我。滿朝文武及當時出訪北京的**達賴喇嘛**，都將候在**儀鸞殿**。我這「洋鬼子」本就招致叛臣**袁世凱**、**醇福晉**（**榮祿**之女，為人卑鄙，狼子野心）、總管內務府大臣**繼祿**以及其他人等嫉妒，包括所謂**君黨**，更別說此刻顯出曖昧。

不想**李蓮英**送來一張便條，行文向來隱晦：「太后今日傳召。不宜聲張。申時（三至五點）到。**知名不具**。」

我匆匆以毛筆在拜帖上草書：「**自當謹遵，以期不負雅囑**。」交給我熟悉的崔太監。

李蓮英命崔突傳急件，在此隆重日子，他本該為太后慶典鞍前馬後奔忙的，不知是何緣由。顯然有事發生。我一名貼身門客十分不安，焦急道：「**大人，您別去，狠危險**。」前途吉凶，**路人皆知**。尤其是在宮廷（畢竟，我們愚昧的西方也是如此）。我按太后之命，遣走轎夫，直到下午二點之前，在猜疑困惑中惴惴度過清晨。在過去的六年半中，我與太后建立一種不同尋常的親密（噫，曖昧但愉悅，真是極致），她也知我樂於效命，便如我某次曾告之於她，願伏拜於她腳下。她是我的神，我禱告的**菩薩**。她確實性格強硬，我們再也見不到像她這樣的人。這樣的魅力不會出現在希特勒、史達林或墨索里尼身上，更不必說英國「韋爾夫（Welf）王朝，無能的統治者和篡權者」[2]，儘管它賜予我的家族許多榮耀，我如此批評（雖然名副其實），顯得對這所謂「溫莎家族」、薩克森—科堡，頗為忘恩。

我考慮再三，傾聽了家奴的意見，他們大約十來人，都非常激動，請求我編造理由，便說時間不巧不能赴會：「主人，您不會活著回來的。到現在您還不明白老佛爺麼！必有禍端在前。若主人您**化為黃鶴**，我們怎生是好？」（侍從們的主觀臆測激發了我並未完全沉睡的品性，這可不是典型的英國性格）對他們的反對我答道：「太后對我聖恩浩蕩，我二人即使不算私密，至少也相當親近。我曾告訴**都總管**（李蓮英）我**命駕驅赴**，**恭請慈安**。怎麼能在最後當口編造不能獲信的理由？」管家（負責管理八名轎夫以及他們的薪金，根據朝中禮儀，在我需要敞篷馬車的時候，便由他們送我）同樣興奮，但意見完全相左，原因很明顯，太后壽辰意味著對於他及手下能得到至少一百兩銀子的厚賞。轎夫和家僕各持己見，爭吵不休，因此出門後我長出一口氣，我的門人送我出來哀歎擔憂——不知是真是假——心下已經不打算看到我活著回來。我頂戴三眼花翎，外套黃色騎服馬褂，內穿官袍。

到達中海宮殿的西苑門，照例文武滿朝，但我覺察出緊張氣氛。我進門沒花太多力氣，但門口的旗軍統領大聲道：「今天狠緊，應當查牌子。」我把御賜金牌給他看，他行禮放我走。

一個與我十分相熟，也是我所喜愛的太監（專門派來迎接我）告訴我，達賴喇嘛還在主持儀式，為太后祈福長壽，計畫在此之後唱戲，現在也還未開始。許多高官已經離開，但我注意到我熟悉的軍機大臣鐵良（字寶臣），叫他的轎子和扈從守在門裡。這太監和雲是李蓮英寵信，俊美非常，他告訴我李蓮英要我徑直到他房中，用些茶點，等太后傳召。雖我有諭令，可以在禁宮乘轎，但還是下來步行。李現正在侍候太后，但已為我備好精美宴席（他客氣地稱為「茶點」）。我所見到的每個人都顯得心不在焉，頗為不安。沒有人比我更傾慕中國人，但他們根深蒂固地渴望挖掘陰謀祕密的習性（可能來自骨子裡的忠心），令我十分不解。一旦他們選擇隱瞞，其莫測高深無人能比。就好像仁愛王子，那令人欽佩的天主教父曾背叛三位統治者，到死還被奉為聖人[3]。

大概四點鐘，李才過來，叫我到延慶樓一間側廳等老佛爺。十六年後，曹錕被段祺瑞和馮玉祥囚禁在此。我入內叩拜三次，忠心祝太后健康。她優雅擺手，讓我平身，走近前來，又摒退太監崔德隆。老佛爺在我看來康健矍鑠，衹除了左頰有些微扭曲，她本來語音清晰，此刻有點含糊，我猜大概是中風。她華服儼然，莊重高貴，佩戴珠寶，穿著那件著名的珍珠馬褂，豔光照人。

老佛爺就像太陽王和維多利亞女王，一生受老天眷顧：直到最後的一九〇八年，每年壽辰，都適逢北京秋高氣爽的日子。但這次整日多雲，我入宮時開始下雨。因此，我畢恭畢敬為太后祝禱，說道：「太后得天公眷顧，恰在此時普降甘霖，保一年五穀豐登，風調雨順。」

老佛爺面帶她特有的笑容，半是憐愛半是責備，道：「你總是善禱善頌。如果像往年我壽辰一樣天上無雲，你一定會說，『蒼天一碧，預示太后延壽萬年。』」

「自你上次被『召見』足有兩個月吧。我此時召你前來，因為我知你素來謹慎，外頭幾人（指除了貼身太監之外）也能守口如瓶。我甚至未囑咐你多加小心，因我識你已久。如果榮祿在此——」她沒有說完——「我叫你來是為一事。上月，我遭到一場伏擊，我真蠢，把醇親王（光緒帝之兄弟）選進軍機處，他、慶親王、世續和毓朗親王（乾隆第五代直系後人，是其長子定親王一脈，定親王為庶出，因此無權繼承王位）公然言道，是時候廢除攝政，還政於帝。載灃（醇親王）之妻仗其父（榮祿）蔭庇，向來反我，與其夫策劃一起政變，欲將我暗殺或趕到熱河。我不是那種不聞不問，任由叛臣沸反盈天的人。接著，李蓮英也得知陰謀，我認為我義不容辭，需處置皇帝，如此便能除了這群亂臣賊子的傀儡，他不過是木塑泥雕而已。之後我再一個個收拾。」太后陰沉堅定地說道。

「遠臣不才，請教太后，要處置皇帝，奴才如何能效力？太后知我願為聖駕效犬馬之勞，但我身為外國臣民，需服從歐洲法律……無論如何，臣弒其君，子弒其父……非一朝一夕之故。（《易經》）」

「不！我不是要你為不可為之事。我明白你不能參與。我想要你如此，聽到皇帝突然仙去，你需盡力令你國政府相信這是自然死亡。我不信任袁世凱，此人雖能幹，卻不擇手段。但我不得不利用他的親兄弟鐵良。皇帝薨後，我將立溥倫貝子登上龍座，由我攝政，年號亨慶或貞慶，意指他是其祖嘉慶帝一脈。此事一了，我便除掉現在的軍機大臣，我不殺他們，都流放了，但老張之洞除外。這樣便清淨了。你知道，今春白雲觀降神會上，相士告我，我的星相看來還有十年之壽，如我對你所說，我注定要比你們偉大的女王還要長壽，我記得她八十二歲壽終正寢？」

我答道：「臣一如既往受太后驅遣。我對愛德華七世政府殊無影響，但格雷爵士例外，我會依您之願告訴他，另在合適時間照您的說法通過媒體公告世界，人們讀了之後，便不會再對皇帝的自然駕崩多生疑問。」

「謝了，」老佛爺道，「此時我不能確定此事何時發生，但我會特遣奕劻（慶親王）視察我已經竣工的陵墓，大概在他缺席期間，你便會聽到不會令你驚奇的消息。那便是了。我不會忘記你的合作，新帝登基後，我保證他會特別眷顧於你。至於我的眷顧，我不提了，你已經享有，無需更多證明。」（老佛爺向我慈祥微笑，似乎想到從前的親密及以後無數的美好夜晚。不忘舊情。）

「能否請求太后，小心袁世凱和鐵良？他們豺狼之心，背信棄義。鐵良身為軍機大臣，掌管太后所有清兵。太后若將某名大將作為親信，以備突發之需，便如三十六年前你冊立皇帝一般，可好？」

「建議甚好。作為洋人，你對我們的陰謀密算瞭若指掌。或許我該啟用張勳，我喚他是我的

『巴狗兒』：他恨袁，對鐵也無好感。他和你有同好，或許你知道的，男人稱他『兔兒將軍』（男同性戀中的陰性）。」

「太后，我入禁宮時，鐵良的轎子還在等著，他與我相熟。我以為，令他得知，在這吉慶日子您特別召見我，殊為不智。」

「儘管放心，」太后道，「我會安排人，好叫他得知，你來是為了替我帶封親筆信給女王維多利亞，祝賀她下月的壽辰，我希望你直接交與她，勿通過外交部轉達。」（此信最後經西伯利亞，轉到亞歷山卓女王手中，正是十二月二日，她生日當天。）

接著太后開始閒聊。她問我關於愛德華七世與凱珀爾夫人（Keppel）的沸沸揚揚的關係，想知道亞歷山卓對此的反應如何，還有這位有趣的夫人會不會被納為妾。（確實，當尊貴的喬治•凱珀爾夫人一九一一年造訪北京，清朝宮廷本欲派一臺杏黃御轎去接她，並撥宮中一殿作為宿處。但這建議提出後，並未得到官方或使團的歡迎，當我告訴凱珀爾夫人時，她倒是一笑了之。她告訴我：「若我生在別的時代，憑我自己的魅力，也會成為公爵夫人，如查理斯二世統治下的科羅拉夫人 Mme. de Kéroualle。」）[4]

太后慷慨賜我一對帶蓋玉碗——這是我最後一次收到她的禮物——上書「福」、「壽」二字，出自她女性但特別的手筆。也許她知道，我再也不會跪伏她腳下。她拉著我兩手，使勁捏了捏，說道：「你的手柔軟小巧，像個女子。我願今晚我二人共度，但因壽慶不可得。等幾天事情辦妥。」她加了一句：「等我們**玉成其事**，我會在另一個年號下召見你，我們會更愉快。**雲破日出**。

現在，再見！」

「再見，太后。願大慈大悲的菩薩保佑您，您長命百歲，奴才也永保平安。」

我三叩，她命我退下，要我「離開前去見李蓮英，以待後信。」

李在前廳等著，裝作無半點好奇。不過我知道他一切瞭若指掌。「唔，」他道，「以後幾日有的忙了，這忙亂真叫我不適。太過興奮疲累對我不好，我這年紀，對老祖宗更不適宜。無論我的對頭怎麼說，我是討厭陰謀詭計的。開誠佈公是我所循。」

我得了命令，回到家中，我的家僕都鬆了口氣，說我是「死裡逃生」。自然，他們問我無數問題，我含糊其辭，他們不甚滿意。我擔心這是一國政治，否則就是另一種局面。如果凡人都能學會聽天由命，則他們會更合作，不會饒舌不休或者誇大其詞。

我感覺自己便似共謀犯。但我是「因忠誠而不忠，因誠實才撒謊」，正如但尼生在《君主牧歌》（*Idylls of the King*）中寫蘭斯洛特（Lancelot）。我怎麼能背叛老佛爺？其實即使我說出來，不過也是卡珊德拉（Cassandra）被阿瑞斯（Ares）詛咒的命運，沒有人會相信我[5]。可憐的皇帝在劫難逃。但我問自己，不知老佛爺此次能否畢其功於一役。

我個人以為然。我們不善預言，她對付的確是些大惡棍，**惡貫滿盈，神人共忿，天地不容**，因此她自己也反受其害。之後十日，我忐忑不安，每一分鐘都等著聽到不幸消息傳來。我的門人也淒淒惶惶，其實整個北京城的人都像坐在火山口一般。歐洲使團卻是一如既往對將要發生的事茫然無知，怡然自樂。有句波斯諺語說：「即便是青年人，也不會不犯錯誤。」可以改成：「即便是外交使團，也不是事事皆知。」聖人說得好：「知之為知之，不知為不知，是知也。」但這些人是事前迷茫，事後諸葛亮。

李蓮英於十月二十日（一九〇八年十一月十三日）週五下午到訪，奉太后手諭，以皇帝之名起草，言稱帝重病，召太醫來治。李道：「此為最後一步的開端。月圈主風，礎潤主雨。不會太久了。勿忘老祖宗之囑（我現在頭腦中充塞的都是此事，怎麼會忘！）明日我便能睡個安穩覺，因我猜太后也會安生了。我從未見過她如此焦慮，八年前你們鬼子攻進京城時也未如此。」

但令老佛爺煩惱的是，慶親王回到北京，儘管她很清楚，無論發生何時，他都會保持中立。與此同時，滿城風雨，都在傳說溥倫將被立為新帝，終於得到他早該坐上的龍位，依照長子繼承權（中國宮廷一貫規矩），他是道光皇帝直系一脈皇后嫡出（非貴妃庶出）的曾孫中最年長的，三十四年前慈禧及慈安立載湉為帝，攫取其繼位權，無視歷代傳下的皇規，即皇帝薨後同一代人不得繼任。

十一月十四日（農曆十月二十一）星期六早晨，北京全城都知道光緒已經「仙去」，但朝廷並未公佈悼詞。實情如此：前一晚大約十一時（子時），我友崔德隆，得寵的太監，從前做過男妓的，和另一名老一點的慈禧心腹，名喚毛克勤，穿過吊橋，來到皇帝的湖畔寢宮，各握一把手槍以防皇帝自己的親信反抗，但他們收到囑咐，萬不得已不要開槍。值勤崗哨都是鳳山將軍的侍衛，有人已經預先告知他們，太后又每人給了五十兩銀子。鳳山是我好友，都練大臣，掌管七萬人的衛隊。一九一一年十月，革命爆發後不久[6]，他以滿族將軍身份到達廣州，被刺殺。有一僕人帶著填塞了物事的枕頭和墊子隨後。崔帶了太后手諭：「茲著皇帝即時自裁，另有旨易大位，欽此。」光緒寢宮不過是一間面南小廳兒，在第三間宮殿東頭第二間，緊靠湖畔宅邸之後，後來改成飯店，實際便是瀛臺，如今（暖和時）垂釣和洗澡者出沒，冬天許多人溜冰。

皇帝斜靠在炕上讀《金瓶梅》（此書聲譽不甚好），但有漂亮的滿文譯本，由康熙哥哥裕親王翻譯。中南海早就裝了電燈。崔說道：「皇上，微臣向您道賀，太后懿旨到，跪下接旨。」光緒忠心的貼身侍臣太監朱維壽提出：「聖上怎可對一紙下跪，太后得便的時候親自來吧。」

崔回答：「臣有命在身不敢耽擱。你且退下，否則受死。」朱微移身子想保護皇帝，毛太監開槍殺了他。崗哨事先得了命不來干涉。崔宣讀了朱紅懿旨，又說道：「皇上最好上吊，我們有絲帛在此，會服侍您升天。」

「罷了，」光緒道；「我素知太后想要我的命。我名為國君，實則受長罪罷了。我祇想問誰繼我位。」

「倫貝子。」崔答道。

「你轉告太后，我最後遺願：『叫她處死袁世凱』。他背叛我，早晚會背叛下一個皇帝還有太后自己。」他虛畫一個圓（與「袁」同音）做了個向下的手勢代表砍頭。「其二，告訴太后勿將我的牌位從祖廟拿出，祇要將我的繼任溥倫與先帝穆宗並列即可（穆宗即同治，此事一個月後辦成）。」

繼而兩名凶手崔和毛，及另一名從犯（按吩咐下手），將皇帝拉下炕，他掙扎但虛弱無力——這是崔親口告訴我，與李蓮英之說法略有出入。先用繩結扼，再用枕頭慢慢悶死了他。

光緒剩下的侍臣膽戰心驚，不敢現身，似乎都躲在門旁的側屋。皇后嬪妃都在紫禁城。崔確信皇帝已死才滿意——他雙目突出，口中流涎，私處一塌糊塗，馬眼外滲（儘管人們都傳他那話兒無能），臉色發黑，兩人確信他沒命了，又將枕頭壓在他頭上。據說兩人離開後，皇帝的內侍試圖救他，未能成功。事不宜遲，太后在焦急等待消息，李蓮英過了吊橋去迎他們。

「怎麼花了這麼久，」李說道，「老祖宗不耐煩，要發怒了。」

「唔，」崔即便緊要關頭也頗具幽默，「反正這類事得容功夫，不是須臾之間所能成功，可是真正御龍上賓，換啦皇上罷了。」（我想到當梵蒂岡新換一位主教時，儀式上會說：「我喜悅湧動，我們有了主教。」）

李說道：「事情祇做了一半。立新帝的詔書還未公佈，老祖宗這一兩個鐘點裡有得忙亂了，我們必須將太后已經大致起草的悼書發佈出去，公告朝廷，宣佈舉行二十七個月的朝悼與國悼。」（實際上國悼為便宜起見，「易月為日」，朝廷悼念卻是行滿了日期。）李和崔接著匆匆告知太后事情辦成。她滿意而笑，興致勃勃。

她說道：「阿彌陀佛，我去一塊病，豈非本身之大幸……傳軍機處，還有鐵良與鳳山[7]，一切按部就班，適時宣佈新帝登基。」

慶親王儘管回到北京，像往常一樣，以為騎牆為上策，但醇親王、世續、毓朗、袁世凱，軍機大臣鐵良和都練大臣鳳山（特意被召來覲見）都來到儀鑾殿主議事廳。老佛爺穿了件紫貂袍，坐在龍座上，座有兩層，較低的是給皇帝。但溥倫沒到中南海，卻據說去了紫禁城，按朝廷禮節，新帝通常在那裡宣佈即位。太后道：「皇帝歸天。溥倫繼位。立即準備必要的詔書，不得有誤，以保國內太平。鐵良，你去看管，勿讓謠言散步。鳳山，你確保軍中秩序。」

醇親王一臉苦相，噤若寒蟬，半天才咕噥道：「然太后應允榮祿，若他女兒、我妻子生下男孩，將傳位於他的孫子。你怎能對一名忠心臣子言而無信？若他知道您食言，九泉下如何瞑目？」

「我為何不能？是你妻子對我不忠，逼我退位，對我輕慢。為與不為，都得由我。你最好謹言。」

袁世凱贊成溥倫繼位，其他官員不再說什麼，祇除了張之洞問，老佛爺將採取何種手段以防外國政府問出什麼難堪問題來。

「此節我已有計較，」太后道，「旁人不必操心。」

鳳山向我描述此事時，說太后警嚴強硬，令人欽佩：除去仇敵，令她精神煥發。太后宣佈，她將以太皇太后之名繼續攝政。軍機處退下，準備詔書，老祖宗也下去休息，此刻已是凌晨十二點四十五分。自然，這等微妙事體，文案中遣詞用句頗費功夫，應該是寅時（清晨四時），軍機處令李蓮英送訊來，請老佛爺升殿。卯時（五時），太后小睡起身，侍女如往常一樣在鳳床前伺候，扶她上了杏黃御轎，進入議事廳。鐵良和鳳山沒有位列軍機處，未被傳召，但在側廳聽命。根據歷代規矩，太監不得議政，不過李蓮英告訴我，有時他會站在簾後，觀察事態發展，我猜是隨時準備有變亂發生時保護主子，儘管他那體力不足以對抗任何刺客。李說，這次他從頭聽到結束，衹除了煙癮上來，退下幾分鐘去吃兩口煙，詳細內容我記述在後。大臣們將所擬詔書呈交太后過目。她如往常一般細細閱覽，改了幾句措辭，在悼詞中加了幾句稱頌自己的讚詞。接著說道：「就這麼著，把這些詔書都印下去，今天中午發佈出去。新帝明日去太和殿受百官參拜。袁世凱，你去告訴慶親王，在今晚之前通告各外國使團。辰時他要先到此處受命。」

鳳山和李蓮英分別告訴我，軍機處準備退下，醇親王憤怒失望交加，幾欲瘋狂。我並不是憑他二人的話猜出他及三名同黨：張之洞、毓朗和世續參與謀劃了接下來發生的事件。我自己猜測，醇親王有所密謀，正因為他牽連其中，因此有動機在數月之後欲殺袁世凱（後被英國大臣約翰·喬丹阻止，他的話也是完全無理據的，說奉大英政府之命，袁世凱一死，大英帝國——當時是世界強國（「世事是怎樣的變化！」[8]）——將以此為由發動戰爭[9]。）

袁世凱和鐵良求太后私下接見他二人，陳述他們對國事的微見。太后寬宏同意，他們跪在她面前。袁三叩，鐵依樣而行。「太后富貴延年。您應當在頤和園幽靜之所頤養天年，勿為政事叢脞。臣與鐵良（點頭同意）同請太后，再頒一詔，宣佈您決意退位，任我二人為太師，共同攝政，輔助新帝處理政務。」

老佛爺大發雷霆。她憤怒地叫道：「你這賊子，不，你們這兩個賊子。我待你們不薄，你們便如此報答？我這就罷免你二人，送到刑部去受審。你們千死萬死不足蔽辜。簡直惡貫滿盈。滾下去聽我吩咐。」

鳳山（字禹門）當時在側廳，鐵良跪在龍座前，二人都說，當時袁拔出一把六連發手槍，向太后連發三槍。他們都說他本想嚇她，逼她同意，而崔說他近距離向她平射，打中腹部（正如一五八九年八月雅克•克萊芒 Jacques Clément 在聖克盧 Saint Cloud 殺死亨利三世）[10]。她並沒有立時不治，而是喊道：「反賊！拿下袁世凱，殺了他。逆子，為什麼我饒他這麼久？」御醫、侍女、太監聽到槍聲，都衝了進來。李蓮英又悲又痛，不能自已，跪伏在地，號哭道：「老祖宗！您可要活著。」

血流不止，太醫束手無策。她想坐起身，卻又倒下，喃喃道：「這就到頭啦。榮祿呢？真是反了！我就真是這樣下場？雲遊道士，你騙我，說我有十年陽壽。菩薩罰你。將我以太后之禮下葬。聽我遺命。斬了袁世凱和鐵良。我是不成啦。」（同樣，阿拉貢的凱薩琳女王臨終前說：「將我以公主之禮安葬。我不行了。」）說完，她在太監的哀哭和滿屋人的呼聲中咽了氣。

老佛爺生前，以一人之筆勝過千人之劍，此刻，她的屍體被太監們抬進睡房上床。之前，按照滿人和漢人規矩，太監已經為她沐浴，換了嶄新的從未穿過的皇袍。她的嘴始終張著，眼睛也未閉上，臉孔痛苦地皺縮著。她駕崩了。一個偉大的人物，果然「降落在以色列」。人們聽到消息會怎麼樣，恐懼？欣慰？確實是前者。事實上，整個華北為之震撼，悲痛疑惑。

消息不是立刻傳出的，公眾斷斷續續聽說：星期日下午三時，官方在公報上宣佈，太后「重病」，是在宣佈光緒之死（週六晚）的次日，我聽到後一消息還是以太后名義發佈的。我得知她被刺的消息，但遵照我的承諾，以平靜的口氣寫下皇帝和太后的死訊，使其看似自然死亡，儘管與事實不符（關於太后的死我十分不情願如此寫）。事實上，英國政府聽到真相之後，幾乎是威脅我，勿將實情大白於天下，他們錯誤地信任叛賊袁世凱，此人為他們所喜，受他們庇佑，他們絕不願意他被看成刺殺者。而在京城，及至中國，真情逐漸分明，袁世凱被斥為史上第一的反賊，比曹操還壞，他活該如此。還有一件真事（儘管聽來不可能），一九一一年袁世凱再回到朝中[11]，他提出每年付我三千五百英鎊直到我死，衹要我能修訂《太后統治下的中國》，為他歌功頌德。

大約上午九時，軍機大臣會晤，篡改太后敕命，立醇親王幼子繼位。不幸的溥倫再次被剝奪王位。攝政王載灃記得其弟死前遺願，一意欲降袁世凱死罪，但終受到英國干涉。

生者何歡，死者何苦，榮華富貴，不過是春夢雲煙。任憑再唯我獨尊，不過是一束微光，怎麼成為每一個人的最終願望。對我，真如晴天霹靂，我多麼願意為她而死！

「沒有人是快樂的，」薩福克里斯在《國王奧狄帕斯》中說，「直到生命結束之時。」她被人卑鄙暗殺，三十四年來，我的憤怒，我的悲傷，即便在今日，也難以自禁，一如聽到這個悲痛消息的當天我就好像跌入地獄，我就好像為自己的母親痛哭。從那一刻起，我就注定目睹一個昔日的泱泱大國衰落下去，在版圖上萎縮，無人悼泣也無人稱頌。但這個悲劇沒有，遠遠沒有我的主人我的愛人的被殺令我動容，儘管我二人的階級和公眾影響力天差地別，還有種族差異，這在人類關係中被錯誤認為不可逾越的鴻溝。然而世界是被夢想統治，而不是被理智，現在是，也許從前也是，不是歷來如此嗎？在雅典、在羅馬、在耶路撒冷，啊，在長安或者大都？

投緣，最初才能相連；
無論生死，愛情重過江山。

「理解一切，才能寬恕一切」，不錯，所以伏爾泰寫出《憨第德》；我理解慈禧，正如她理解我。

「永遠安息」[12]，在她佛祖的天庭。

老佛爺的聖體那天深夜（十一月十五日）從中南海被移至紫禁城，略置幾天，她以坐姿被放在御轎中，像往常一樣被八名僕人抬著。他們抬至養性殿，我們曾在那裡共度多少自由交歡的金色時光，在那裡她曾有次因我公然犯了宮規半開玩笑地鞭打我。此時，她又被恭敬地換上御用壽衣，等待入殮，她心愛的飾物滿滿擺放在她身側，襯著她的華服，高貴動人。次日清晨，八名轎夫抬著梓木御棺，至她生平常去的**皇極殿**（**皇** huang 在此處是**乾隆**按滿文 amba 翻譯，指「大，全能的」，不是指天子），那裡停放著巨大莊嚴的石棺，被精美的簾子遮了，以布帛覆蓋，上寫藏文和梵文悼詞。每日清晨、中午和晚上唱經，保佑她靈魂安息。一兩週後我有幸參加了由活佛達賴喇嘛主持的特別唱經，我聽著那些西藏喇嘛的聲音，哀傷難忍，心痛如絞，彷彿他們的輓歌是唱給我被埋葬的歡悅，我們不會也不可能消失的愛戀，那便如崑崙山一樣恒遠，如艾達峰四季不斷的噴泉。

附言

有必要說明，光緒死時，我和資訊靈通的滿漢人一樣（那些日子叫滿漢，現在是漢滿！）以為他死於中毒。直到李蓮英和崔德隆分別向我講述事實，他們細節有差池但主旨相同，我才明白真情。一九二一年我讀了光緒的日記，就更加確信。

我的老友樂十是中國藥房老字號同仁堂（前門外）的掌櫃之一，一九一一年辛亥革命之後他告訴我，宮中太監（儘管紫禁城內備了大量毒藥）奉太后之命從他店裡買了四盎司砒霜，就在光緒三十四年十月十二日（一九〇五年十一月五日），淨價十六兩銀子。顯然最初計畫是將少量毒藥（不致命）逐日加入皇帝愛吃的發糕中慢慢毒死他[13]。但英國使團的醫生奉外交大臣愛德華・格雷爵士和部長喬丹爵士之命，要求來為光緒診治。老佛爺不能強硬拒絕，她明白毒性會在器官積聚，因此改變了下毒計畫，採用更簡單迅速的手段：勒死。據說這名醫生（並不合法）要求檢驗光緒屍體，但新的攝政王拒絕了，理由極有力，屍身已經腐爛。郵傳部的關醫生曾求學國外，他當了「財神」梁士貽之面告訴我，皇帝如李和崔所說，面容扭曲，陰莖在死後依然直挺，我猜是這樣，我知道，就如絞死的犯人一般。維多利亞時代的犯人普理查醫生（Pritchard）就在愛丁堡醫科大學展覽，一具欲望洋溢的屍體。

1 我沒有相應的中國日曆不能確定日期是否換算正確。

2 指韋爾夫家族，英國稱為「漢諾威」王朝。維多利亞女王是他們英國一脈的最後一位，她繼任者的統治便是薩克森—科堡家族，後來改為溫莎。

3 查理斯・莫里斯（Charles Maurice de Talleyrand-Périgord, 1754-1834），法國主教，成為史上最偉大的政客之一。從路易十六、法國大革命、拿破崙、路易十七到查理十世和路易士・菲力浦，他都成功地保持自己的權力。

4 愛麗絲・凱珀爾（Alice Keppel, 1868-1947）是愛德華七世最著名的情人之一。他們的關係從一八九八年直到一九一〇年國王去世。路易士・科羅拉（Louise de Kérouaille, 1649-1734）正如文中所暗示，是法國國王查理斯二世的著名情人。

5 希臘神話中卡珊德拉是個悲劇人物，被阿波羅詛咒（不是阿瑞斯，作者此處誤），她能預言未來，卻沒有人相信她的話。

6 作者註：我的敵人Daniel Varè，在他的著作《太后們最後的時光》中所述錯誤，基於大騙子莫里森的證明，他說，景善日記是我根據好友鳳山提供的材料偽造的。

7 作者註：鳳山前一晚剛從日本回來，是去參加秋季演習。

8 維吉爾，《埃涅伊德》二・二七四。

9 喬丹爵士自袁世凱主持外務事務之後，對他大有好感，二人詳細謀劃了鐵路和貨幣改革。光緒和慈禧死後，袁世凱被委任負責國葬典禮，並成為輔佐幼帝溥儀的第一要臣，但不久便於一九〇九年一月被解職。喬丹不顧禮儀不合，多次敦促中國政府復袁之職，又遊說其他外國部長發佈聯合聲明，如果袁被解職，「中國與外國關係則岌岌可危」。中國政府擔保袁的個人安全，但就他解職一事則態度強硬。

10 雅克・克萊芒（1567-1589），瘋狂的天主教徒，在聖克盧刺殺了寬容宗教信仰的法國國王亨利三世。

11 袁世凱一九一一年成為清朝的內閣總理大臣，次年清朝滅亡，他被選為中華民國第一任總統。他居留此任直到一九一六年一月，稱自己為帝，引發一致反對。他於一九一六年三月退位，之後不久死去。

12 摘自羅馬《彌撒書》。

13 編者註：《國家清史纂修工程重大學術問題研究專項課題》在二〇〇八年十一月十四日，光緒帝去世一百週年之際，公佈了《清光緒帝死因研究工作報告》。報告指出：「經科學測算，光緒的頭髮截段和衣物上含有劇毒的三氧化二砷即砒霜，而其腐敗屍體僅沾染在部分衣物和頭髮上的砒霜總量就已高達約二百零一毫克。」報告還指出：「根據相關研究，常人口服砒霜六十至二百毫克就會中毒身亡。光緒帝攝入體內的砒霜總量明顯大於致死量。」

第十八章

被玷污的陵墓

大約是一九二八年的七月十五日，樂叔和找到我。他是滿族鄭親王的叔叔、滿族朝廷委派的東陵管理人。他說自己一直在北平病休，剛接到消息，說孫殿英的軍匪在一個譚團長的帶領下，在陵墓周圍拉起警戒線，闖入這些貴人的「珠寶要塞」（皇家墓室），掠走了每個墓中所藏的大量的翡翠、黃金、織錦、珠寶、銅器和瓷器，皇族遺體被「令人髮指地糟蹋」。他和溥侗公爵（以前的溥論親王的兄弟。後來故去了）馬上要去東陵。他問我，要不要一起去？很明顯，這些搶劫犯已經帶著他們的戰利品回到了遵化。但是那裡離東陵不遠，樂叔和害怕他們會回來。我若同行，則與他們坐車前往，取道薊縣、石門？[1]，八十多英里的路程，天黑之前能到。晚上住在馬蘭峪，此處就在陵區東面入口之外。這裡曾經樹木繁茂，如今則已成焦土。（我想，日本人佔領之後，已經種了很多樹。）

雖然我對這個世界已經厭倦，但是想到墓地的景象，仍然畏懼之極。這些令人痛苦的念頭一定會日夜煩擾我，如同泉湧，無法遏制。儘管如此，出於對這些偉大逝者的尊敬，也出於我的複雜（或許是矛盾）的性格中主要是後天獲得的好奇心，我無法拒絕他們的邀請。老佛爺的神聖靈魂已經安眠於永恆的極樂，她不是特別指派我做為她的守陵人嗎？在她的不朽身影籠罩之下，我祇是凡人。但是，我們的靈魂不是時時共鳴嗎？如此，我不得不接受了欒叔和公爵的邀請。原來的皇室有一輛汽車，會準時到達他在西市的住所。

那裡一共十座陵墓。太宗的皇后、順治的母親、太皇太后的昭東陵（孝陵）未被侵擾。旁邊的小陵墓裡面是順治的皇后、康熙之母，後來的皇后，還有順治寵愛的董妃（她的去世是順治退位的原因之一）。這個墓被洗劫一空，其中的后妃遺骨消失無蹤。另外的陵墓屬於順治（然而，墓中並無棺木。這是因為順治的去世和亞歷山大一世一樣，其理由祇有官方說辭，其葬禮大典祇是虛假的儀式），康熙，乾隆，後者的太子，咸豐，他那兩個比他長壽的后妃（「東」太后和老佛爺），同治（惠陵）和他的尊稱為孝哲毅皇后的阿祿德。

在這些陵墓之中，順治墓室的石棺是空的。康熙的（景陵）遭到水淹，深達六英尺。梓木棺槨（梓宮）照理不應漏水，但是水仍然滲入，把康熙及其三個后妃的遺體浸成漿狀，四肢極易脫落。咸豐陵被炸藥炸開，墓中有三具屍體，是這些強盜們為了瓜分財寶而鬥毆至死。皇上和他的中妃（或稱正妃，在他即位前去世）躺在棺槨之中，身上的葬衣都已被扒去。同樣，同治陵亦被炸藥炸開。但是，眾所周知，太后認為，他雖是君主，卻毫不重要，沒必要浪費財寶去安慰他的靈魂。

接下來要說的是乾隆、老佛爺和太子榮親王的墓。前者稱為裕陵。我們穿過三重院落，到達寶城[2]，它已被炸開。棺槨被砍成碎片，乾隆及太后、九個妃子合葬於一個巨大的棺槨，現在他們都躺在小道之上，連內衣也被掠走，骨骸外露，蜷曲堆積，亂作一團。其中包括乾隆最喜歡的信仰回教的香妃，我曾在別的書中講述過她香消玉殞的悲劇[3]，偉大的義大利藝術家郎世寧曾為她作畫，畫中她扮作牧羊女或是許多其他的角色。她下葬時的穿戴不是滿族服裝，而是其出生地土耳其斯坦的服裝，現在出於某種原因，她的屍體雖然委棄於地，但是強盜們並未掠去她的衣服。偉大的乾隆皇帝，腦袋已被砍下，一節辮子扔在附近。他的身高比我想像中矮了許多，也許僅有五英尺四英寸。由於他去世時已經八十九歲，可能是因為高齡，身體有所萎縮。此情此景，極其恐怖。死亡之莊嚴已經蕩然無存。我們跪在他的遺體之前，祈求他的原諒。就像哈姆雷特和他的「唉！可憐的約力克」在掘墓者一幕之中，我萬分尊敬地捧起乾隆的頭骨，不禁想起博須埃在英格蘭皇后法國的海麗葉的葬禮上的致辭，對於土地之偉大，其感悟令人痛苦：「現在你們君王應當醒悟。你們世上的審判官該受管教。（聖歌二•一〇）。」

樂叔和的侍從幫助我們儘量修補破損的棺槨，將其妥為覆蓋，把屍骨——其實已成四散之碎片——放回。斷頭的皇帝在中間，皇后和妃子們零亂地安放在周圍。墓室完全被炸開，巨大的石門已成碎片。因此，花了許多天才把棺槨放回基座。但是這已屬無謂，因為這些強盜們洗劫得非常徹底，除了他們所忽略的一些小顆的珍珠，已經無物可拿。從墓中盜出的珍寶之中，有許多宋代的玉器。其中一些，變成了南京那位身在最高位的女士的財產。

接下來，我們去了**太子園寢**。其頂覆綠瓦，與其他覆御黃瓦的**陵寢**不同。這裡的巨大石門未被破壞，但墓頂被部分炸開。我們不得不蛇行於狹窄曲折的小徑，走近墓室天花板的水泥缺口。此處距離鋪磚的地面約十二英尺高，強盜們即是由此進入。一個高大的旗人侍從給我們帶路，毋寧說，在我們前面爬行。他非常靈活地彎曲身子，鑽進天花板的缺口，利用強盜們使用過的一個凳子，下到了地面。我們艱難地隨他落地，感覺屋頂上的小缺口絕對無法為我們放進足夠的空氣。棺槨已經從頂部打開，但是此外仍舊保持了原貌。似乎強盜們對這個可憐的人心存尊重。他的悲慘氣質我永遠不會忘記。我們面前躺著一個大約十四歲的漂亮男孩。令人奇怪的是，他似乎並未死去。其面色如象牙，兩眼圓睜，似乎在質問入侵者：「汝係何人，擾我清靜？」

優雅的**敏慧太子**榮親王（榮親王是高宗最喜歡的兒子，名叫**永璉**。有清一代，璉字需避諱，在官方文件和公開考試中都不能出現。其父乾隆對他特別重視，賜他複字「**端慧**」——通常，王子祇能用一個字。他的名字正式稱為、寫作**端慧**太子。在滿族朝廷之中，這是唯一一次如此命名一個過世的太子）[4]是其父的至愛。他似乎是乾隆最可愛最文雅的孩子，如果沒有意外，定會繼承皇位。這讓我想起「你將會是馬塞盧斯」[5]，想起如此多的高尚願望終究成空。強盜們並未撕扯他的朝服。馬褂正面仍然有乾隆漂亮的筆跡「**喪明之憂**」，這是父親的喪子之痛，令人傷感。空氣令人窒息，我們費了很大力氣，回到空地上。這個下午，其熱無比。我們還要去**東定陵**，即老佛爺的陵墓。

太后對自己陵墓的建設非常在意。事實上，因為風水的關係，她對最初的建築不滿意，用海軍軍費重建了一次。她並未僭越採用僅有天子才能使用的形制。我們進入寬敞的外庭，**朝房**（接待官員，供其等候的側室）即在此處。看守陵墓的是八旗兵。清廷被逐之後，有許多官員負責看守。他們聽命於一個總管，通常是皇家的公爵。我們登上一段階梯，進入大門。此門為皇帝或皇后專用，通常緊閉。為避免使用「皇道」，一般由邊門進出。第一個院落，即御廚房所在，一切如常。主禮堂後面，有臺高聳，可以俯瞰宏偉的寶城。走近禮堂，我們看到，烈日之下（「凱撒大帝，棄世而去，歸為塵土」），小路上有一具矮小的遺體，完全赤裸，扭曲變形，極其可怕，令人震驚詫異，以至於無辭以置之，無筆可描述之。我們匆忙向前，不敢相信自己的眼睛。躺在我們眼前的，是統治中國近五十年的偉大的女君主，我的高雅的女主人。她曾給予我無比的恩寵，埃塞克斯、波特金和費爾森都會羨慕。她烏黑閃亮的頭髮駭人地散亂著，面孔扭曲慘白，但是仍可辨認出熟悉的特徵，和我二十年之前最後一次見到她一樣，當時她穿著壽袍；她的嘴大張著，形成恐怖的笑容；眼睛半睜，蒙著淺黃的翳；胸口是無數可怕的黑點；身體扭曲；皮膚成了皮革或羊皮紙的顏色。左腹的顏色與身體其他部分不同，可能是受到袁的致命槍擊之後，內部出血。她曾經美麗的私處如此神聖，此刻卻蒙受大不敬，完全赤裸地暴露在我們面前。從前，她對我說「**托你塔**」，讚賞它是——慚愧——「**塊然大物**」（俚語中，**塔**即陰莖。在信仰佛教的地域，寶塔應該象徵生殖崇拜。此時當我跪下，向著無論什麼神靈祈禱，幾乎可以聽到她用假音說話的語聲），我就會（雙方皆感歡愉地）輕鬆愛撫這裡。她的陰毛仍舊繁密，也許表明臀部和大腿腐爛的程度較輕。和我記憶之中我們許多的「長夜之愛」的情形一樣，她的手腳細膩如象牙，招人喜愛。那是我至死都將縈繞腦海的一幕。即使身處黑暗，我也不會忘記。溥侗自然沒有這些情緒，但是他明顯是常見的急躁之性，此刻已經淚如泉湧。我們彼此之間並無示意或提議，卻齊齊跪下。院落中陽光如灼，我們不停地磕頭，懇請老佛爺的在天之靈原諒我們未能盡責，未能犧牲性命，以保護她逝去後留下的神聖遺體，避免如此聞所未聞之暴行，無可言喻之玷污。（因為所有的東西都已被劫掠）我們頗為費勁地找來一片蓆子，蓋住太后的私處，避免俗眾觀看。墓室裡洗劫一空。所有她所喜愛的古玩、擺設，包括她特別鍾愛的著名的翡翠白菜（現在屬於宋美齡[6]），無一倖免。「這是所有人心願的終結。」唉！我已經活著看到了這一天：「這是凡人的眼淚，凡人之事，大動於中（維吉爾，《埃涅伊德》一·四六二）。」

補記

這段悲傷的故事，即使是回憶起來，也令我戰慄恐懼。我必須加上以下內容，完成這個故事。我們找到了同治的遺體，支離破碎，頭骨分離。軀幹骨脆弱易碎，若是抬起他，整個遺體都會瓦解。胳膊、腿都已遺失。我想，強盜們發現墓室之中除了葬服之外，全無值錢之物，於是在他的遺體上報復，惡意劈砍。不過我並未看到尖銳器物留下的新痕跡。由於他死於梅毒晚期，可能此病也部分地導致他的骨骼脆弱。與慈禧共同攝政的東太后遺體完全變黑，同治的皇后遺體乾枯，像是開羅博物館中第二十王朝[7]的木乃伊。因為前者死於毒藥，（太后自己宣稱）**阿祿德**乃是吊死，我想可能毒藥導致了變色，而絞殺通常引致面部腫脹，面容變黑。**咸豐**皇帝的遺體頭部較小，四肢短小，骨骼脆弱，但是比其子情況略好。我並無解剖學知識，衹能記錄下外行所見，科學價值不大。

1 編者註：原文如此。
2 鑲有寶石的城堡；皇家陵墓。
3 與布蘭德合作的《京師宮廷：編年史與傳記》。
4 作者註：死後，他的正式稱呼是端慧。敏慧是生前其父對他的愛稱。他的陵墓叫做端慧太子園寢。
5「你將會是馬塞盧斯。」（維吉爾，《埃涅伊德》六・八八三）。這裡指的是埃涅阿斯與還未出生的馬塞盧斯在陰間相會。後者將是奧古斯都的外甥和儲君，二十多歲時去世。
6 宋美齡（1898-2003）是蔣介石委員長的妻子。此書寫作之時，後者是中國的總統。蔣氏夫婦及其政府在中國內戰中失敗，一九四九年逃往臺北。這裡提到的翡翠白菜現在是臺北故宮博物院最值錢的展品之一。
7 第二十王朝從西元前一一八八年到前一〇六九年統治埃及。

第十九章
追憶舊日榮光

我的少得可憐的本書的讀者們，全文至此，我的任務結束了。需要你們花費長長一天來讀。在我承受事實打擊，與命定的災難抗爭之同時，我希望能形象地展現一位謎一般的人物（對我則不然），以及她的主要追隨者李蓮英。那一段風起雲湧的歷史歲月，慈禧太后位於其核心。她在本書中無處不在，即使在寫男妓的第一章（顯然衹是片段傳言），她的影響也在，儘管那時她還不知道我的存在，不過一八九六年我曾協助救了孫文[1]，我本可以乘此之機贏得她的歡心，不過幾年後她頻繁加恩召見我。一九〇二年，我因一件舉手之勞——也許比較得體——贏得她的嘉許。我誠實地歸還了她珍愛的許多藏品和陶器，否則便會被「鬼子」——外國士兵、平民、傳教士、商人，甚至是英國大使本人和他的隨從——劫掠而去。

自我們第一次相見，我看出太后對我很著迷，我們（或許很愚蠢）稱之為魔力，其實太后她自己具有最巨大的魔力。一九〇二年五月第一次接見我，她不停問我許多問題，透露一種「性」趣。但是兩年多，榮祿死了之後（我猜其間他一直服侍太后）太后才召見我作進一步親密接近。儘管一九〇二年五月到一九〇四年八月之間，我與她見過幾次，但純粹是柏拉圖式（但卻有過「春日之約」，留待以後相見）。

我想，任何一位公平的讀者——如果拙作有讀者的話——都可得出結論：我，區區在下，得到太后數不清的性愛眷顧。歐洲人的性器官（她長長一生中有上千個親密情人，當然，不是我那物事在內容形狀上有何區別）似乎頗投她的意。我奇怪的取向讓她好笑。我的同性傾向是離經叛道的，與之相隨的種種行為，受虐症、虐待狂、口交、玩弄和親吻肛部、唇吻（如同司酒神或女祭司）[2]，一些人或曰必然不能欣賞；這些都對她的脾氣。還有李蓮英，我那一套「行當」他也十分喜歡，幾乎要參與進來。

她之魅力喚起我心中深愛，這種愛在我十分罕見，因我少有對女子鍾情。我想盡力展現她的高貴，儘管某些場合根本無需高貴。比如在她玩弄那些親王的性器，或者觀瞻孌童戲子們碩大的腚眼兒之時。她有種獨特的個人魔力，極具幽默，在她攝政五十年中，始終受到財神的慷慨眷顧，正如尤維納利斯在他著名的第十部諷刺作品最後，激昂陳詞道：「我們凡人應當感覺羞恥，因為我們奉財為神。」她的引力無疑人罕抵擋，我第一次見她時，憑她的臉（不是美得非凡，但眼光流轉，引人留戀）根本看不出她實際六十七歲的年紀，這與妝容無關。論到急智應對，她在我看來不遜於克麗奧佩特拉；請允許我引用阿米奧（Amyot）對普魯塔克（Plutarque）的美妙翻譯：

她並不是傾城絕色無人媲美，也不是豔光照人不可逼視，她不祇是美貌；一旦與她交談，是如此令人愉悅，無法不被吸引。有了她的美貌，她的言談顯得優雅，舉止顯得溫婉從容，令她一言一行增色，令匆忙的人也會受到約束。另，單單她的聲音，是如此怡人，她的舌頭便如各種樂器，洋洋灑灑，同時奏鳴。

（正是瑪麗·安托瓦內特動聽的聲音迷住了賀瑞斯·瓦爾波。）

普魯塔克還談到她非凡的才能。乾隆頗具語言天賦，埃及語、希臘語、拉丁文、阿拉伯語、希伯來語、米底語、帕提亞語和敘利亞語，但慈禧不會，祇能講幾個英文單詞。但老佛爺就像克麗奧佩特拉一樣，精通文學，飽讀詩書，儘管她常常為了某個目的，語言顯得異常粗俗，但必要時吐屬十分文雅，就如上次在西山她請玉帝降臨，最後以高明的手段逼得那瘋太監自殺。

她曾冷血殺害一些妄圖篡位之人，還有她當朝時所犯的罪過（她就像莎士比亞塑造的威嚴形象馬克白夫人，偉大而狠惡），如果說是權宜之計，也無可厚非，但對此我不想為她辯白。「權宜」二字聽來是逃避，對於犯下十惡不赦之罪的人，是危險的包庇，我不想「文過飾非」。她殺死珍妃或可理解，畢竟那愚蠢女子不分場合，挑撥頂撞。同樣，她因深愛的安德海被殺而報復她的同僚。但殘暴毒死同治年輕的妻子，這不可原諒，還有勒死光緒，榮祿在九泉之下，如果能夠得知，也必會求情。但值得欣賞的是她從不掩飾對生命的輕蔑——事實上，除了她與榮祿的曖昧關係她連我都未透露之外，她總是坦言相對，從不想法遮掩她所犯的重重罪過。

如果真如她一直深信的那樣，她能高壽至八十歲，我有自信她也不會厭煩我的陪伴。我的談話從不刻意旁徵博引或者故意炫耀，但無疑令她愉快滿意。若有讀者仔細看過我的文章——與有榮焉——會注意到我與太后的對話中絕無諛辭，反倒是她常常不吝誇讚，她極富幽默，總是虛情假意大聲說些陳詞濫調，彷彿嘲笑自己言不由衷。

她喜歡我服侍，對此我不懷疑。各式各樣的挑逗激發了她好色的想像，當她要我從後與其行事時，發現這樣美妙的交合妙不可言，實在是「陽春白雪」。我多情多慾的品性正合她意，她喜歡用她異乎尋常的長而直立的陰蒂與我肛交，另些時候會將她長指甲的食指插入我那地方。其他鬼子或許不甚樂意，即使是對慈禧，但，即使他們喜歡她古怪多樣的行徑，思維也不夠機敏，不如我這般（感謝菩薩）天賜睿智（或者說曾經），應對她從不疲倦的頭腦。若我未能向讀者部分展現這位風光人物的典雅與迷人，真是我的失敗，儘管我已經盡力。她生氣勃勃，情欲洋溢，年僅三十的女人也會妒忌，因無法匹敵。

我們知道帕斯卡說過一番有深意的話：「如果克麗奧佩特拉的鼻子短一點，她會改變整個世界的面貌。」[3] 這張面孔激起朱利斯•凱撒的愛（甚至超過他對將軍馬穆拉的感情），並不因為長了一隻羅斯丹（Rostand）戲劇中西哈諾•德•貝熱拉克（Cyrano de Bergerac）那樣的鼻子而減退。而就慈禧而言，她對某些人手段狠毒，並不能抹殺（某種程度上奇怪地增漲了）她對權位永無停息的熱愛，並且導致她隨時為自己也許過於氾濫的錯誤行為尋找藉口，當然這是她無瑕聲譽中的一個污點。儘管對比毫無意義，但我覺得有責任為她辯白，我斗膽斷言，若論草菅人命，老佛爺絕不如呂后那般嗜血成性——漢初**劉邦**死後呂后篡權，還有個偉人，或許在某方面超越慈禧，那便是**唐朝武則天**，歷史對其褒貶不一。

讀者會想到奧古斯都・凱撒的一句俏皮話，那年輕人冷酷、精明、體格健美、口吃、膽小、殘忍，毫無人性，一隻狡猾的狐狸，富有耐性和雄心，使得他挺過多舛的命運，最終擊敗安東尼，在他身後建立整個羅馬帝國——除了崩潰的義大利！安東尼死後，他（屋大維）說道：「如果我那話兒勃起的時候能再長一寸，內戰就不會爆發了。」即便這樣，或許，以小見大，我高潮的性技術（事過多年，已成回憶，就像石頭縫隙長滿美好（！）苔蘚）也必然會令我博得老佛爺的歡心。而倘有另一名洋鬼子，有同樣才華，又天賦更長更孔武有力的器物，他可能會代替我在鳳床之位。誰可得知？無論怎樣，既無這樣「迷人的東西」[4]，她對我始終坦誠相待。還能要求一個女子怎樣呢，「女人薄情」[5]，尤其是一個以優雅外表出現，遊走在無數陰莖之間的皇后！

老佛爺是亞洲人，但畢竟也是女王。她行事有乖常理，也絕不採用中庸之道。但她也絕不是普羅佩提烏斯（Propertius）所稱的「妓女王后」或「蕩婦王后」。最終她被復仇女神——希臘人將其推崇在宙斯之上——納米西斯（Nemesis）所懲罰。必然之神驅趕我們向前，諸神都在其後。她超凡的氣運最終出賣了她，她之辭世，或許對她反是幸事，在她眼睛還未乾枯，豐潤的身體還未喪失情欲之前。難道我們不能說，她「在死亡中得到快樂」[6]，那雲遊道士幸玄送我的關於未來的警句「幸運，不幸，幸運」，作為最後寫照，不也適用於偉大君主老佛爺嗎？

無論其個人魅力多麼無與倫比，倘若她沒有出眾的治國之道，完美的才華，善御外物為己所用，也絕難成功。她內心率直，厭恨虛飾作假，那於她天性不合。深為自信（我在郵傳部尚書岑春煊謀反一章中試圖體現出來），這信心也滲透至其他方面，相當樂觀，能製造快樂，令人忘卻危險，頓增勇氣。她可愛而難以動搖的幽默是純亞洲式的，而她隨和謙遜，令人欽佩，又是極少歐洲君主能夠媲美（如果拿破崙願意，或許可以）的。不過，馬克•安東尼以其崇尚亞洲的華麗風格聞名，打扮成一名溫柔慈善的印度酒神，酷愛面具與東方式聚會，身邊鶯鶯燕燕都是扮成酒神，妖嬈演奏鳴管和長笛的女子。老佛爺也愛扮成觀音菩薩，聆聽眾生祈願，正如她有一幅出名的照片，坐在慈航之上，忠心的李蓮英扮天神，嬪妃各自裝扮，飾演天國各等級之神。

她熱愛華麗的祭祀，迷戀克麗奧佩特拉式的肉體歡愉，壯麗、芬芳、詩意，這種奇怪的欲求，這種理想化，是我們這些平庸功利的歐洲人不為所知的。她最後的結局是，牌位製好後又等了許久，她的肉體才下葬，進入祖陵。滿族人的風俗與克麗奧佩特拉死的時候大為不同。羅馬人對這位托里米亞女王又恨又怕，他們的恐懼一直持續到光榮的亞克興（Actium）之役，賀瑞斯和普羅佩提烏斯都有記錄。因此，當她自盡之後——她死得像個皇室（她的祖先有那麼多高貴的國王，這樣辭世某種程度上符合她公主身份[7]），身著女王長袍而不是女神裝扮，靜靜沉睡在黃金鑄就的床上——這個不朽的城市洋溢著歡呼：「是舉杯歡慶的時候了！」但在北京，在那悲慟的時刻，天昏地暗，就好像各各他（Golgotha）那個日子，教堂的帷幕被從頭到尾劈成兩半，據說一位疑慮重重的老人站在藍洞卡普里島（Câpres of the Blue Grotto）的皇家庭院前[8]，在猶太人行刑的同時看到義大利南部天空出現凶兆，不由戰慄，在他的占卜和語言中，試圖向他闡釋這些死亡預兆的意義。深受愛戴的政客查理斯・詹姆斯・福克斯逝世之時，華茲華斯寫下：「他必須離開，他們的榮耀已不再。」人們（必要的改變業已做出）都深以為然。現在，是這個身材小巧的婦人（身高和英國女王維多利亞相仿），愛戴她的清人（貴族或下人）深信（看起來確如此）她會不朽，就如太陽王（根據聖西門記載）在彌留之際對侍從說：「先生們，所以你們會相信我長生不死！永別了先生們，希望你們偶爾想起我。」我很希望在我所描寫的中國的塞米勒米斯（Semiramis）——更確切說是「尼羅河畔的傳說」[9]——能夠部分展現她天性的高雅迷人，則與有榮焉。

與眾不同的性欲（尤其如我這般），儘管不同於希臘人所說的「理智與靈魂的和諧」，固然瘋狂，也有清醒的瞬間，就好像痛苦因迸發的力量和深沉的憂鬱而昇華。在某些方面老佛爺是薩德的信徒，儘管在其他時候她心地善良而有同情心。我本人的性格，或者確切說是癡狂，從沒表現為殘忍，除了喜歡以鞭笞回報鞭笞（巴黎人稱之為英國教育），好像沒有宗教因素時，亨利三世對他的寵臣一樣。大主教阿道非・鄧奎利在其偉大著作《精神生活，神祕與唯美主義神學的特點》中，在〈論禁欲〉一章中建議，為了令我們的身體更順從，我們應當任由另一人在我們赤裸的身體（大概是屁股）上用力棒打多次，「祇要不引起眾人注意」。「讓我們割破肌膚，流淌出大量鮮血，我們一定會感覺快樂。」這真是令人欽佩的精神愉悅方式，但我之喜歡以鞭笞得到快感，純粹是肉欲，並無任何「緩和肉體需求」之意。實際上與好心神父的勸誡正相反。中世紀修道士或者宗教朝聖時，會互相鞭笞直至流血，這在十三或十四世紀十分流行，但我與其無任何關係。奧布里・比亞茲萊（Aubrey Beardsley）曾作過一幅巧妙漫畫，是一名男子出於色欲鞭打另一人的屁股，但此畫被查禁而後毀掉了。[10]

當然我有不少同好，如果我們相信盧梭《懺悔錄》所說的話。有趣的是，許多**閹人**——有時稱為「**豎**」，也稱作「**寺**」，因為他們像和尚一樣必須單身——和我趣味相投，是馬索克和薩德的忠實寫照，相比前者而言更像後者。我也描述過不少滿族貴族頗愛此道。

至於總管太監李蓮英，我認為他心地友善，對友忠誠，寬宏大量，體恤下人，儘管有時懲罰頑劣年輕太監也不容情，是個言而有信的人，你可以堅信，他會對人堅定不移。我認為我對他十分瞭解，可以說判斷很準。我不否認他愛財，因此他索要報酬外快，積蓄豐厚。但有時候他會莫名其妙顯得俠義，將他理應受得的分散給他人。和歷史上臭名昭彰的大太監相比，如**劉瑾**或本書中提到的**魏忠賢**，他算是出淤泥而不染了。他言談機智新奇，妙語連珠，細細體味，頗具幽默詼諧。他對主子忠心不二，那麼多年的風雲變幻始終陪侍左右，實在可欽可敬。我喜歡聽他和慈禧二人打趣，毫無身份地位之區別，是**莫逆之交**。見到他的人都能像我這樣看得出，他對老佛爺的愛戴絕不是出於阿諛奉承。一九〇九年十一月某個寒冷之日，這個可憐的人拖著疲憊的步子護送老佛爺的石棺，三年前道士便在寺廟以神祕的水晶球向太后預示了「長長的行進隊伍」[11]，逶迤走向東陵。他從高位跌下來，一朝失勢，風光權力不再，被全世界摒棄，現今無人再給他一絲尊重。他從未將我當洋人，對我異於常人的品味好意支持，太后駕崩後兩年多，他煢煢孑立，一直是我的密友，辛亥革命開始時死去。在經歷了絢爛的功名浮華之後，那都是平淡無奇的日子。一九〇八年之後，他和我常常坐在他陽光明媚的起居室中，那裡放滿了太后賞賜的遺物：金質佛像、觀音、玉碗、無數權杖、畫、掛毯、陶瓷、銅器等等。我們談論過去的歲月，常常熱淚盈眶，哽咽難言。

我想蓮英比我更多愁善感，此刻他一定是發乎真心。自然，他總想取悅他人，言語得體，讓他的客人們滿意而歸。我猜他投在當鋪和地產上的錢財，可達約四千萬兩白銀（當時約合六百萬英鎊），但其實相比歷史上某些著名（或不著名）的太監所巧取豪奪積累的金錢，這還不算一個非常大的數目。

一九〇八年十二月初，老佛爺被暗殺大約三週之後，蓮英來到我處。他看上去老了二十歲，眼中籠罩著痛苦的陰雲，我們談起喪主之痛，熱淚橫流。他帶來一只匣子，裝著他的日記，從光緒五年（一八七九）他剛入宮，不厭其煩一直寫到慈禧之死，最後就像絕筆一般。他求我保管，大約有三十到三十五大本，就像帳房先生通常用的賬本。

「老佛爺升天之後我前途未卜，」他說道，「新攝政王對我殊無好感。我希望他能將反賊袁世凱斬首，他在世一日，我便朝不保夕。衹有我和崔總管確鑿知道他殺了老佛爺。有勞你幫我保存這記錄，但我死後（大概）十年內不要看，因為我坦白直書，或許有些你發現是錯的。你信我，自二十八年（一九〇二年）我與你相交之後，我便當你是至交好友！我死後，這些日記便是你私人物品，因為我之後人衹會當它們毫無用處。他們不知我之所見，不過是對牛彈琴。」

最後一句話讓我清楚地想起曼特農夫人（Mme. De Maintenon）一封著名的信，寫於一七一五年九月一日太陽王死後，她在聖希爾（Saint-Cyr）隱居[12]；信落款日期是當年九月十五日，在感謝對方的問候和弔唁之後（夫人，感謝你好心，在這大事剛剛發生後便想到我）：「我目睹國王仙逝，他是一個聖人，一位英雄……夫人，我終其一生，欠你之情……」（她所曾看到的是歐洲三十五年的歷史！）

自然，我無法拒絕如此迫切的要求，儘管我知道我好奇心濃厚，這會使得我心情如同「拉伯雷的一刻鐘」[13]，我自然是渴望仔細看那日記的，可今後數年卻是禁果！此處我想提到，一九一一年上半年李死去之後，我當然參加了他的葬禮，還按照風俗出了份子，紀念逝去的摯友。銀兩和禮物都是必須的，前者各人差異很大。在我看來，既然我保留了他的日記，給他後人送銀兩二千作為禮物為好，儘管相當於帶了木炭到紐卡斯爾或者將豬送到遼東（產豬之地）。

我信守承諾，直到一九二一年帶至倫敦後才翻看，一直保留在那裡（倘若不是被「萬能的大德意志」之鷹轟炸的話）[14]。李沒讀過什麼書，全無文采，但的確幽默。不時冒出些冷字（像許多大文豪一樣），比如以「扣」代「叩」字，「瘦」代「庾」字，後者意思是「死於獄中」。在某一段，他提到老佛爺一個對頭「瘦死」，實際意思為「庾死」。不過這是小瑕疵，衹有學究以為大不雅。我要說的是，手稿中許多內容不能出版，因披露的全是老佛爺之色情歷程。我估計大約總字數有一百五十萬字，因此頂多衹能在仔細刪選翻譯之後才能得見天日。整個不經刪節的原版能否在中國出版，我不得而知，但我懷疑到今日是否還有人感興趣，因為從慈禧死後，早已時過境遷。

此日記聽來真實。都是以實事求是的筆調寫就，並無添加想像——這可能是很明智的。他對敬愛的主人的忠心在字裡行間都看得出，他不厭辛苦按日期寫，其中最好的一點便是，他將老佛爺常講的話都逐字記述。許多人名都隱去，尤其是後面幾年；但慈禧曾有過的情人卻描寫詳盡。關於榮祿的內容許多，但衹有一段，一九〇三年四月（光緒二九年）記於保定府，透露了老佛爺得知她愛人的厄耗時的真情，文字如下：「**榮相惡耗至此，〇〇〇**（李在老佛爺尊名之前總用三個圈）**老佛不言，衹念舊情，痛哭不已。我甚難受：失此偉人，復有何言？痛哉，痛哉！**」「舊情」二字暗含情欲在，堪比瑪麗・安托瓦內特（存於瑞典的安克賽爾・費森檔案中發現的一封信）描寫她的「情人」：「最可愛最心愛之人。」此人名字被錯誤拼寫為「埃蒙特」（Aimant）。

一九〇〇年拳亂期間，李蓮英依然堅持每日寫日記，除了朝廷兵敗，倉皇逃離（如《左傳》說，「**天子蒙塵在外**」），一路艱辛困苦的那段時間，我猜當時他衹顧聽老佛爺大聲抱怨目今的異常局面（她是造成這局面的原因），正如曼圖亞的預言家所說[15]，「罪惡的源泉」，則他不會有心情記錄這樣的悲哀。

他關於使館被圍期間所作之記述，儘管全面，並不比景善更多，而一些惡意的評論家很質疑其真實性，更不消說那些對中國一無所知，卻嫉妒對手之人，如大話王莫里森博士。他們在任何情況下都不會相信，除非由他們的對頭——我出版。要不是已經腐朽潰爛，莫里森如今一定會在地獄的永恆之火中嚎叫起來，同樣，我猜，他也會指出蓮英長篇累牘的一百五十萬字，不過是筆者在閒暇時炮製出來的。正如莎士比亞所說，「這些凡人多麼愚蠢！」即便不是莎士比亞，也能明白此節了[16]。

蓮英儘管對老佛爺一片忠心，並不否認（事實上是確切地說）她衹消一句話就能夠制止反洋運動。確實太后許多場合下都說到此事，不過，無疑她深信洋鬼子要求她退位，因此在盛怒之下，於光緒二十六年六月二十四日（一九〇〇年六月二十日）發佈一封決定命運的詔書，對列強宣戰。因此她的行為可以理解，不過不符合她一向的大智慧。蓮英敘述中最有趣的部分，寫的是在聖傑曼（**Saint-Germain**）朝廷流亡期間的單調生活，他暗示道，老佛爺顏面盡掃，情緒低落，逐漸恢復，但她坦然承認過去所犯之錯，從而又再收復北方（如果不算南方）臣民之心，也得到列強之原宥。

當蓮英於一九〇八年十二月造訪我處時，我二人都一身喪服，身著傳統的白色羊皮反穿袍，因為不斷哭泣雙眼紅腫，頭髮蓬亂，鬍子拉碴，一副漠不關心、悲痛欲絕的可憐相。

日記中還有多處提到我，大都是稱讚的，但他總以「**焦猴兒**」指代我，因為**百家姓**中，我的「**巴**」姓是在「**烏焦巴弓**」一句中，「焦」是「巴」相鄰的姓。他還稱我為「**巨臀**」，有時候是「**大眼兒**」，這對我的異常性癖是莫大褒獎**！**他引用老佛爺誇讚我的「聰明迷人」（原文），還說：「**十男供不足他的淫慼！**」

他描寫我喜歡太監，還謬讚我陰莖「巨大」，儘管事實上恭親王、親愛的寶臣，更不消說我最心愛的桂花，沒有理由妒忌我的飽滿情欲，他們（三人）能與我匹敵。他說得不錯，他的媚藥為我那話兒出力不少，服下之後，變得「**硬如鋼鐵**」，深得老佛爺喜歡。他記錄了所有我欲記述之事，不過既少於細節，又無哀哀作態，那不合他如實白描的風格。至於那些「情人的命運」，他較少提及，但最後一句話是：「**雖安然而歸，危乎殆哉，天乎天乎！**」真是意在言外。他寫了水晶球占卜的降神會，提到那喚起舊日回憶的各種鏡像，但關於未來之預言，他言語謹慎，祇說那道士給了幾條危險的預言，令老佛爺驚駭。至於他的親戚，那發了瘋的太監，他敘述詳細，不過對我當時所冒之風險卻言之甚為不詳，但誇讚老佛爺和我的**泰然自若**。

關於慈禧之死和皇帝被害，他的描述與我如出一轍，本來我就是聽他轉述！但他沒有直接提到袁世凱和鐵良，顯然是為了保護自己：前者他稱為「圓廿凡」，「**圓**」與「**袁**」同音，「**廿**」是「**世**」的簡寫，「**凡**」少一點就是「**凱**」的簡寫。稱後者則為「側點兒」，呼「**鐵**」為「**側**」，以「**良**」為「**點兒**」。

以他說法，誇我是他所見過之第一淫人，「色欲磅礴，便如大海浩瀚難填」，其實，我二人彼此彼此，能博他誇讚很有價值。令我想起西塞羅在《論神性》中引用前人加圖（Cato）的格言：「如果預言家遇到預言家」，此言摘自他對預言家的評論，他說，一看到他們就想笑。換言之，同一行業的二人，對同一種把戲太瞭解，就不會為對方的表現驚奇。可能蓮英是對的。總之，我過去太荒淫無度，今天受到懲罰，上天知道我罪有應得，我的罪，就如奧賽羅的經典語句：「愛得不明智，卻是如此深。」

在日記中述完「兩宮」（對老佛爺和皇帝的通稱）之薨後，蓮英在結尾「為自己的一生辯白」[17]。他說道，無人會將他與歷代大太監相比，因為清朝宮廷始終禁止閹人參與朝政。他的任務祇是全心全意伺候老佛爺。歷史是否能如他期望一樣給予他這樣的評價，克里奧（Clio）和繆斯女神是否會以她們從不會犯錯的筆為他寫下其他評論，我不得而知，但他的觀點很有趣，把自己想像為歷盡政治風雲變幻，始終不參與任何陰謀的形象，祇是慈禧的一名忠誠不二的僕人，就好似法蘭西斯一世有名的弄臣，或亨利三世之寵，蠢人西科特（Chicot），甚至說是維多利亞心愛的約翰·布朗！他認為自己心腸軟，不能與嗜血的劉瑾或魏忠賢相比，更不用說再遠時代那些臭名昭彰的太監，比如秦朝那名指鹿為馬的太監。

關於珍妃，我問蓮英為什麼（既然他心腸軟）不試著阻止慈禧取那可憐女子的性命。他答道，當時太后怒不可遏，根本無法勸動。如果在那性命攸關的時候榮祿在場，他可能（依他之見）能夠挽回天命，因為珍妃認定他是老佛爺的情人，如果他本人不介意受其侮辱，太后也許會饒了她欺君犯上之罪，祇當是一個瘋婦的囈語。

在他一九一一年辭世之前，我所聽到這位一度權傾朝野的總管太監所講的最後一句話（很簡短），是引自白居易（樂天）《長恨歌》的結尾：「天長地久有時盡，此恨綿綿無絕期。」我們在此與他道別，還有什麼更好的選擇？畢竟（用曼圖亞先知的話說——他們總是能用簡單的語言閃現智慧之光），淚水是灑給偉大的命運，不朽的人！事業挫敗，英雄潦倒之時，總還有忠心不渝，無論是伊馬提亞征服者[18]還是朱利斯・凱撒，無論是拿破崙還是你和我所知道的慈禧太后。

英雄末路，千古同歎。

致敬，並永別[19]。

1 孫文一八九五年參與策劃政變失敗。一八九六年被拘留在倫敦中國使館，中國政府準備處死他。經過緊張的外交談判，孫被釋放，很快成為國際人物。

2 在狂飲的宴會上的男性和女性參與者。

3 作者此處引文與原文略有出入。

4 作者註：《哈姆萊特》。

5 引自維爾第《弄臣》中的詠歎調《無常的女人》。

6 塔西佗（Tacitus），《阿古利可拉》（*Agricola*），四五。

7 莎士比亞《安東尼和克麗奧佩特拉》，五・二。

8 指提比略皇帝（Emperor Tiberius）（西元前四二—西元三一年），耶穌受難時住在卡普里島。

9 尼羅河畔的傳說，指克麗奧佩特拉。塞米勒米斯是富有傳奇色彩的亞述女王，以美貌狡黠出名。

10 奧布里・比亞茲萊（1872-1898），富有爭議的藝術家、作家，簽約於《黃面志》（*Yellow Book*）雜誌。巴恪思稱他與這位藝術家有交往，確實，有證據說明他和《黃面志》有聯繫。

11 但尼生（Tennyson）。

12 法蘭西斯・德奧比涅（Françoise d'Aubigné, 1635-1719），即曼特農夫人，是太陽王路易十四的第二任妻子。

13 意思是在飯店裡等待帳單的焦慮時刻，來自法國作家法蘭西斯・拉伯雷（François Rabelais）的小說（一五五三年逝世）。

14 根據為巴恪思寫傳記的休・特雷佛・羅珀（Hugh Trevor-Roper）所說，除了巴恪思的私人信件，沒有找到任何記錄能證明日記在倫敦或其他地方，他的信裡寫，這些日記不是在倫敦就是在北京。

15 不清楚作者此處的預言家所指何人，很有可能是維吉爾，他來自曼圖亞，被很多人認為是魔術師和預言家。但維吉爾從未說過此話，不知道出自何處。另一可能是曼托（Manto），提瑞西阿斯（Tiresias）之女，是富有傳奇色彩的預言家，傳說是曼圖亞的創始人，但因為原文用的是陽性，所以也不可能是她。

16 很顯然巴恪思對他的前雇主，《泰晤士報》記者莫里森博士（G. E. Morrison, 1862-1920）毫無好感，因為是他第一個公然質疑《太后統治下的中國》中景善日記的真實性。無論莫里森質疑的動機是否處於個人目的，此日記後來確實被一位傑出的漢學家杜威達克證明是偽造的。不知道是由誰假造。

17 撒母耳・泰勒・柯爾雷基（Samuel Taylor Coleridge）一首詩的題目。

18 作者註：彌爾頓（Milton），十四行詩：《偉大的伊馬提亞征服者》（亞歷山大大帝）。

19 卡特路斯（Catullus），一〇一。

賀普利一九四六年編後記

賀普利（R. Hoeppli）

一九四三年的上半年，埃蒙德‧特拉內‧巴恪思爵士在他七十一歲時，完成了兩部著作，即《往日已逝》和《太后與我》。因為書中內容多有不同尋常之處，兩本書都完全不宜以常規方式出版。作者曾在北京居住多年，太平洋戰爭爆發時，他住在英國使館區之中，離群索居。戰爭對他略有影響，但是基本沒有改變他的平靜生活。因為年事已高，身體不好，他未和其他盟國公民一樣被關進山東濰縣的平民集中營。一九四三年初夏，他進入法國聖邁克醫院，在那裡終老，於一九四四年一月八日去世。

筆者在一九三〇年到一九四一年間是北平協和醫學院的職員，在戰前從未見過埃蒙德爵士。太平洋戰爭期間，筆者成為瑞士榮譽領事，負責美國、英國和荷蘭在北平的事務。得此身份之便，與埃蒙德爵士相識，經常拜訪後者——在許多個月中，幾乎每天一次——直到爵士去世。

《往日已逝》和《太后與我》的讀者可以首先瞭解到作者不幸的童年、在歐洲生活的日子，接著是他在中國的生活，以慈禧太后去世為界。閱讀之後，讀者自有觀感。不過，編者在此根據個人經歷與觀察補充一些關於作者及其作品的資訊，讀者總會歡迎。

關於作者：根據伯克氏貴族系譜（一九三八年，第九十六版）和《名人錄》（一九三七年版），埃蒙德爵士生於一八七三年十月二十日。他所用的最後一本護照上，起初寫的即是這一年。後來，很明顯，根據他的要求，改成了一八七二年。他告訴筆者，最後改定的這個年代是正確的。但是他並未解釋清楚，為什麼伯克的系譜、《名人錄》以及他的第一本護照上寫的都是一八七三。

作為（與布蘭德合作的）《太后統治下的中國》（一九一〇）和《北京宮廷回憶錄》（一九一三）的共同作者，他略有名氣。但是相對而言，畢竟很少有人，尤其是外國人，認識他本人。他曾經（與希里爾、巴頓合作）出版過一本英漢詞典，這同樣是眾所周知。他做為「隱士」的名聲在外，尤其不喜接觸外國人。據說，他在此方面的習慣相當怪異，在城中行走時，看到外國人走來，他會轉身避讓。坐人力車時，經過外國人身邊，他會以手帕掩面。傳言或許誇張，卻能顯示出其對於外國人的厭惡，以及他的思想之古怪。

通常，當一個人離群索居，尤其當其習慣怪異時，就會有謠言產生——大多不是好話。埃蒙德爵士是著名的同性戀。另外一個負面傳言是，他的一個中國僕役就在他家中被謀殺。

據傳，在北平時，他一度為蘇聯大使館翻譯文件。一九二七年襲擊使館的事件發生後，日本人發現他的所為，後來，他被迫成為日本人的翻譯。

有一則特別醜陋的傳聞，若為事實，足以令他斯文掃地。太后死後，宮中的一些太監偷出她的一件馬褂，飾有漂亮的珍珠，非常昂貴。埃蒙德爵士與他一起，想要欺騙外國銀行的一個職員，出售此物。該職員按照約定價格，先行付了一大筆款。但是，他們精心設計了一場戲，此人終未得到馬褂。這個一心成交的人非常惱怒，埃蒙德爵士或其家人最後不得不給他退款。

在此值得一提的是，筆者的人力車夫是一個滿族人。太平洋戰爭爆發之後，他第一次見到埃蒙德爵士時隨口說道，據說這個老人過去曾是太后的情人。說此話的時間，遠早於《太后與我》之成書。

我在此提到這種種傳說，無論其真偽，衹是想說明，作者的人格極其複雜。

筆者第一次見到埃蒙德爵士，感覺他雖然年事已高，卻是外表出眾、頗具學者風度的紳士。他的黑色套裝破舊卻相當正式。其人魅力不容置疑，言談舉止高雅，禮數略顯老式。白色長鬚，神色莊嚴。步履緩慢，有點蹣跚，讓人害怕他會倒下。他的手白皙而形態優美，有點女性化，常常不安地揮動或顫抖。筆者拜訪時注意到，他的眼神會在短時間內變化莫測，令人印象深刻。忽而是安靜的年長學者，與他的鬍子、服裝和細緻的禮節非常協調。忽而是正處於宗教狂熱的僧人，忽而又是年老而好色的浪蕩子。這時，他的表情非常機智、狡猾，與佛羅倫斯皮蒂宮中提香所繪的阿爾蒂諾非常相似。正是他的眼睛說明一項事實：他給人的第一印象——老學究——衹是他個性的一個方面。與他密切接觸之後，會逐漸瞭解他個性之中完全不同的方面：儘管年老多病，他依然性欲強盛。在克服了一些客觀限制之後，他會展現出個性之中好色的一面，樂在其中。在這樣的時刻，他時常沉浸於歡愉的回憶之中，完全是一個年邁的好色之徒。

他喜歡穿深色的中式長袍。如此，他便超越了時間，似乎生活在羅馬帝國的晚期，或是文藝復興時期或康熙朝代某個耶穌會神父的書房之中。他總是戴著一頂黑色的中式帽子，帽前以老派中國款式鑲嵌一大塊薔薇石，坐在英國使館區裡面他的住處的陽臺之上。

他是一個美食家，時常小小地奢侈享受一下，比如不當季的草莓和蘆筍，比較昂貴。以他非常有限的收入，幾乎無法負擔。他也喜歡好酒，尤其是紅色的波爾多葡萄酒和勃根地葡萄酒。筆者可以確定，他從不吸食鴉片。但是他每天服用很多結晶狀的咖啡因。晚年還大量使用安眠藥粉和藥片。

他的話題廣闊，總是很有趣味。最喜歡的內容是歷史事件、文學和情色主題。他是藏書家，擁有眾多中文、滿文的書籍、手稿，已經捐獻給牛津大學圖書館。

他的記憶力驚人，語言天賦卓越。擁有如此多的語言知識，倘若犯錯，相當正常。但是略微使人吃驚的是，他時常對於此事反應過度。他的中文會話能力和書法都非常不錯，但是無可避免，寫中國字之時，有時會有小錯。如果筆者的中文祕書為他糾錯，他會或多或少感覺這是對他個人的侮辱。他有能力在交談中使用不同的語言，加之自信與表現的願望，使他用英語講話時會夾雜其他語言，尤其是法語的辭彙。聽他講述過去，相當使人陶醉。他會用許多細節再現過往的場景。冬日的下午，坐在扶手椅上，在半明半暗之中，他說到久已逝去的人物。似乎他有魔力，讓他們起死回生，如實展現他們的祕密，無論是迷人的、令人反感的甚至是恐怖的。

毫無疑問，埃蒙德爵士很有天賦，既有傑出的記憶力，也有非凡的想像力。後者使得他的故事分外鮮活迷人，但是很明顯，這在某種程度上會危害其真實性。

埃蒙德爵士一八九八年首次來到京師。此後這些年來，他行蹤如何？問題簡單，回答起來卻不容易。有一段時間他是京師大學堂的教習，後來似乎一直與英國大使館某個半官方的人物有聯繫。許多證據表明，他屬於英國情報機構。

例如，他對於顯然與他完全無關者的瞭解通常相當地深入。有一次，他與筆者述及京師某件著名的凶殺案，很明顯，案件仍未解決，埃蒙德爵士不但以細節說明此案是錯判，還點出罪犯姓名、後來的命運、死於何因，他的資訊來源、當時的起訴被迫停止之原因。

很可能埃蒙德爵士從小就顯露出與家庭其他成員不同的氣質，有可能經常受到父母的不公正對待（原文是：illtreatment），這歸結於父母與兒子之間不合而產生潛意識的對抗。因此他在〈糾纏〉[1]一章中痛苦地抱怨。同時，他小時候在兄弟們眼中也很怪異。有一次他與一個兄弟交談，得到這樣的回答：「你妄想，埃蒙。」

顯然埃蒙德爵士覺得自己是家庭的另類，與同時代的英國貴族也格格不入，那些人很可能發現這一點，並不能欣賞他的特立獨行，反而討厭他。他希望離開自己無法適應的英國，這可能是他來到中國的原因，他發現這裡有他尋找的氣氛，與他的興趣嗜好正相宜。他承認自己不喜歡英國社會，在中國慢慢演變成不喜歡所有外國人，這在之前提到過。

太平洋戰爭期間，埃蒙德爵士對大英帝國、英國政府及整個國民性大作評論，我從未從其他任何英國人，尤其是受過良好教育，社會地位相當高的人中聽到如此說法。另一方面，在北京的英國人中，也從來沒有如此褒獎德國和日本的。有趣的是，埃蒙德爵士本人總是不遺餘力批評英國人，但他聽不得別人攻擊他們，對此話題非常敏感。顯然他很喜歡德國，尤其是過去的文明，因他的先輩與其有關聯。對於日本人，他欣賞他們的禮儀，敬佩他們在戰爭中的勇氣。在戰爭第一階段，他看來很為日本的勝利而鼓舞，就好像一個日本人一樣，對聯軍尤其是英國在不同地方的失敗，他都帶著虐待的快樂記錄下來。這種奇怪的態度究竟代表了他的真實感受，還是出自他持續而潛在的恐懼，懼怕日本帶來的切實或想像中的危險，這成為不得而知的疑問。至於法國和法國人，他從頭至尾都表現出好感，總是愉快地談到法國歷史上有意思的時期，以及法國文化成就；可以想到，最後一位的瓦盧瓦王室[2]是他最喜歡的人物之一。同樣對俄國他讚許有加，但必須指出，說到俄國，他指的是舊的沙皇俄國。

埃蒙德爵士終身未婚，一九四二年成為天主教徒，此後簽名常寫為：「保羅・巴恪思」。他顯然很早就考慮進入他所說的「聖教堂」，但可能整個政治局勢在他行動之前發生了變化。他感到孤單，有點失落，尋求庇護。華麗的宗教儀式震撼和吸引了他，就好像吸引其他人那樣。另外還有可能，他希望皈依天主教之後，教堂不僅能夠提供他一直需要的金錢資助，最終還能給他安靜的住所，僻靜而安全，就好像帶舊式花園的修道院一樣，讓他坐在那裡冥思，遠離塵囂，一片安寧。他多次表達了這個願望，還提到巴勒莫附近的皇室山，那美麗的舊式花園，精緻的建築，就是他夢想中的樣子，一個安靜的地方讓他終老。

在這一點上他是受騙了。教堂不僅不提供金錢，而且他夢想在修道院的花園中安然遁世也是永不可能實現的。天主教堂在日本佔領期間的確享受一定優待，但總是處於嚴密監視中，所有與「敵國」的接觸都必須謹慎。埃蒙德有一次抱怨道，「閣下總說：主會賜予」。他說的是有次北京的主教來訪時，他近前去要求領錢。主並沒有賜予，因此備受批評的英國政府最終不得不繼續為他提供援助資金。

埃蒙德爵士的告解神父是愛爾蘭人，沒有受過太高的教育，用埃蒙德自己的話說，這位神父「最好是給做苦力的人說教，而不是我這樣的」，他和他的許多同胞一樣憎恨大不列顛。很可能他和埃蒙德爵士因為對英國共同的批判和對德國共同的喜愛而達成共識。神父送給埃蒙德一些小卡片，都是著名的宗教圖片，在天主教國家中深受下等人歡迎，通常都放在宗教書中。埃蒙德爵士將其在自己的桌上擺放數月，同時，寫下《太后與我》中最為淫蕩的章節。

在他生命中的最後幾個月，他在某種程度上似乎失去了對天主教的崇拜，尤其是沒有從前那樣尊重牧師。「他們不斷騷擾我，問我一些粗魯無禮的問題，我希望他們讓我清淨一下」，他多次說道。無論如何，他是在平靜中離去，他所在的教堂為他舉行聖禮，對此禮數，他生前評價道：「不會有益，但至少不會有害。」

從他以上說法可以得出結論，就天主教信仰而言，他是十足的葉公好龍，對他毫無作用（原文是 unjustice）。他對天主教無疑有種忠誠的愛，但他天性如此，會加以嘲笑，半信半疑；性格中懷疑的因素占了上風。

對於埃蒙德爵士而言，放棄自身所擁有的一切進入修道院並非難事，因為他幾乎已經身無長物。他年輕時顯然是個貴公子，臨終時卻如一個乞丐，他在中國的一切財產都已失去。這位贈送了牛津大學圖書館大約三萬本圖書和手稿的學者，離開人世之時，卻祇留下少得可憐的私人物品：幾件舊的中國和外國衣服——其中一件皮袍是唯一值點錢的——維多利亞時期的一隻舊旅行鐘錶，少量書籍，除了一兩本之外，都是廉價版本，無任何價值。他幾乎沒有任何絲織品，沒有手錶，沒有襯衫搭扣，除了他前面提到的一頂中國帽子上嵌的紅寶石，沒有任何珠寶。有一隻紅色皮箱，內裝他繼任從男爵職位的記錄文件，與其他幾件遺物格格不入。

他的財產中最重要的是他的藏書，失去它們令他常自哀悼。他在許多時候還經常說到一隻金錶和幾本極有價值的手稿，比如一封瑪麗安托瓦內特的親筆書信。他怎麼會失去這些物品，有可能損失遠不止此？他對此的回答總是：「拜不忠的家僕和背叛我的朋友所賜」。但為什麼他從沒有試過找回哪怕一部分財產，尤其是他顯然知道是誰搶走的？

祇能推測大致是這樣：一九三九年日本在北京策劃反英反美計畫，但據筆者所知，並未造成劫掠，更沒有發生針對公民的襲擊，但不知為什麼埃蒙德爵士突然很恐慌，於是離開西苑的寓所，祇隨身攜帶少許行李，來到使館區原澳大利亞領館內的一所德國公寓避難。單此舉動已經十分奇怪，更奇怪的是，之後顯然他再也沒有回到自己從前的寓所，將所有個人物品棄之不顧——

這全都發生在太平洋戰爭爆發前兩年！

根據他自傳中的記述，早在他故世前的許多年，已將一些物品交由倫敦的勞埃德銀行（Lloyds Bank）保管。其中應該能找到太后著名的總管太監李蓮英的日記。根據埃蒙德爵士所說，該日記記錄著他在紫禁城的經歷，因此，就能夠證實和確認《太后與我》一書最有意義的部分：作者與慈禧的親密關係。

自太平洋爆發到他去世，他的社會生活乏善可陳。戰時，他住在英國領事館區一所設施簡單的單人房裡，這些房子是英國人租的。有一名傭人，他待其十分寬容，其人卻常頤指氣使。儘管埃蒙德爵士已到了這個年紀，依然是謠言的主角，這也很容易理解，尤其是平——埃蒙德一直叫他「侍從」——既好鴉片又嗜酒，卻始終沒有被解雇。但必須指出，儘管平有種種缺點，他十分瞭解埃蒙德的怪癖（原文為：peculartities）和喜好，總體來說，盡心盡力——祇要沒喝醉——服侍他。雖然他對主人多有粗暴之舉，但還是愛他的，儘管跟隨他時間並不久。埃蒙德去世及葬禮上，他顯得悲傷難抑，真情流露。

埃蒙德因高血壓、暈眩、前列腺增生併發泌尿系統疾病，於一九四三年四月六日入住法國人開辦的聖邁克醫院，一直到去世。住在東側一樓（原文為：groundfloor）一間小病房。醫院由天主教修女所管理，牧師每天來探望病人，某種程度上很像埃蒙德爵士一直想謀求庇護的修道院。

一九四三年秋，筆者與其他人一樣，注意到他行為略有異常，他變得易怒，向來彬彬有禮的風度也常常消失不見。他總是情緒低落，說自己時日無多。他最後一個生日時，我送他幾瓶酒，他回我一張感謝卡，上寫：「十分感謝您的慷慨禮物及您對我的好意。今日是我最後一個生日。」一九四三年聖誕，他突然不省人事，暈倒。搶救過來之後，嘴顯得傾斜，講話困難。這些症狀好轉後，他的腿上又出現青紫，顯示血液迴流不正常。在他去世前兩天，體溫驟然升高，一九四四年一月八日早晨七點鐘，埃蒙德爵士毫無痛苦地去世，直到最後幾乎沒有清醒過來。醫學鑑定最後的死因為「大腦軟化」。

在聖約瑟夫教堂——東堂——辦了儀式之後，他於一九四四年一月十日安葬於平澤門外的查拉天主教墓地，康熙時期一些著名的耶穌教會的牧師都葬在此處。

他死後幾小時，一位年輕的中國人來到瑞士領事館，詢問是否知道埃蒙德爵士臨終遺囑的內容，埃蒙德爵士幾週前在法國醫院與他初次見面，答應在遺囑中寫明會留給他一顆漂亮的大鑽石。沒有必要補充：他的遺囑裡根本沒有提到這鑽石，或類似鑽石，或任何同類遺產。他將一切財產都留交英國的家人，除了三樣不太貴重的東西，交給他的三個僕人，平是其中之一。

在筆者看來，埃蒙德爵士的個性具有典型的同性戀特質，他在最後的日子中遇到的人，說明這不正常的性衝動不過是其特點——通常他們都具有女子一般的感性。半是由於環境，半是自身性格，他們缺乏直白，總傾向於閃爍神祕，最差情況下便可能導致不忠誠和撒謊。

這種性格的人在表達時會十分禮貌，有時顯得誇張，但這種表達方式多用來有意地與他人保持距離。之前提到過埃蒙德爵士略嫌老式但十分精緻的禮儀。這甚至擴展到日常交往中無關重要的小事，筆者接到的信件及便條中，無一不是以「尊駕」，「親愛而尊敬的」或者「親愛而崇敬的」開頭。

同樣也能發現他行止古怪。一方面嚴格地保持著尊貴身份和社會標準，對上流人士態度倨傲，另一方面卻能夠迅速地與下等人打成一片——而不總是為了性目的。因其同性戀傾向，他總是對僕人尤其是男性很和善，將自己的態度表露得十分明顯。人人都擁有想像，都能發揮想像，更何況是埃蒙德爵士這樣富有天賦的人，大概涉及到性之領域，並不總能達到巔峰，因此必須用美好的想像來代替，就像其他方面一樣。埃蒙德爵士的想像力令人驚歎，他經常運用，就好像這個大鑽石遺產的故事，有時候不為什麼，衹是空想罷了，沒有任何目的——另一個特徵是恐懼，在埃蒙德爵士身上體現得很明顯，儘管可能別人並不總是需要逼他進行同性戀性交。

經驗表明，有天賦的智者，同時具有比常人更強的性欲；埃蒙德是極好的例子，說明這一規律同樣適用於同性戀。

最後，還有重要的一點需要提及，他們常常都是友好和善的。這乍看很矛盾：擁有如此並不十分討人喜歡的性格的人，本質上卻心地善良，但根據筆者多次觀察，確實如此。埃蒙德爵士的善良正是他最大的魅力。不僅許多下層人士會立刻被他吸引，他的同儕也不例外，可能會在無意識中忽略他的缺點，而如果這缺點在別人身上，他們絕不會容忍。

如埃蒙德爵士這般複雜的人物，在高度複雜的環境中選擇與眾不同的生活方式，在評論家的眼中是離經叛道的。筆者不做置評，衹想說，能與埃蒙德爵士交往實屬榮幸，多年來，他徜徉在一個曾經擁有繁榮藝術和燦爛文學、現在業已消失的王朝，在一個非比尋常的宮廷中出入，與他交談之間，他所遇的那些生動多彩、如今已經屬於歷史的人物都回來了，在他的言語中栩栩如生。儘管他在回憶中常常穿插想像，但這個曾與伏爾泰、馬拉美、比亞茲萊、佩特、王爾德，更不用說慈禧及其官員有私交的學者，言談精闢，令這些人物各具特色、性格分明。對於馬拉美，他曾有一次評論道，此人有些許「名利心」，評價很可能是真的，符合一個年輕富有的青年貴族，遇到教師馬拉美時會產生的印象。

埃蒙德爵士儘管有種種缺點，但依然出眾，可能從未將個性完全展露過。經過數月幾乎是日夕相處之後，筆者在最後一次在棺木中見他時更確認這一點。願他安息！

關於著作：埃蒙德爵士生前的文學著述包括為倫敦外交部和北京的英國領館翻譯的官方文件，大多數人不感興趣，因此鮮為人知。除此之外，他為《倫敦時代》、《威斯明斯特公報》、《佩爾·摩爾公報》、《大西洋月刊》撰寫了許多不同主題的文章，還為中國雜誌寫稿。他還搜集了大量資料，編寫一本漢英詞典，但卻未能出版。

曾提到過，他參與編寫了一部卓越的英漢詞典，還與人合著了《太后統治下的中國》和《北京宮廷回憶錄》。那兩部書從嚴格的學術意義上說，不是歷史書，也沒有打算寫成歷史書。但即使承認如此，有些事實也不令人愉快：《太后統治下的中國》總體上根據一本日記（據說是一名高官景善所著）編寫，而據萊頓大學的杜文達科（J. J. L. Duyvendak）教授最近的研究，此日記純係偽造。埃蒙德爵士聲稱是他發現並翻譯的。必須承認「景善日記」可能是存在的，可能也被使用過。但根據杜文達科的研究，《太后統治下的中國》一書中的日記卻肯定是假的，所以自然會懷疑埃蒙德爵士，要麼編造了日記，要麼就是明知是假，還是按真的資料來翻譯。埃蒙德爵士生性敏感，這話題也相當敏感，筆者在很難得的機會下，請他解釋究竟。結果他始終堅持說他找到了這本日記，照實翻譯出來。問他根據最近的研究，他是否還認為這是真的，他含糊其辭說「我沒有偽造」之類的話，始終不承認。依筆者之見——衹是個人觀點——埃蒙德爵士本人並不承認造假。和他交談之後也不能判斷他是否懷疑過，或是否知道是假。如果他真是同謀，如果要辯白的話，他是為了他所崇拜珍惜的兩個人才會這樣做：榮祿大學士和慈禧太后。

與本書相比，《太后統治下的中國》除日記之外，還有一個值得質疑的部分，即關於光緒和慈禧死因的報告。兩人的結局按書上所說都是自然死亡，描寫十分詳細。通過這些細節，普通讀者不會懷疑真相——根據本書——其實絕非如此。長久以來流傳著關於二人死亡巧合的謠言，人們懷疑並議論內有陰謀。本書讀者會發現，這質疑被完全證實，據本書所說，光緒和慈禧都是被謀殺的。皇帝據說是被勒死而非毒死。從前有謠傳說光緒是吃了有毒的餅之後死去，當筆者提及此說法，埃蒙德爵士稱，是曾試圖毒死他，但最後失敗了。有一位得以看到英國外交部檔案的學者很容易地證實了埃蒙德在此書中的說法，他本人曾告訴筆者，當時他詳細上報了英國政府。現在留下的疑問是：為什麼他要刻意歪曲事實。答案很簡單：由於種種原因，埃蒙德還想繼續在中國生活，而將光緒和慈禧的死亡真相公告於眾，他留在中國的願望就不可能實現。「北京值得忍受混亂」。[3]

《北京宮廷回憶錄》與我們所談的埃蒙德的最後兩部著作無甚關係，因此無需探討。

筆者意識到有責任將《往日已逝》和《太后與我》出版。兩本書都完整地收錄了埃蒙德爵士在太平洋戰爭第一年頻繁拜訪我時講述的諸多經歷。無論這些故事的歷史價值如何，任其遺失都是非常遺憾的，為了保存這些資料，同時也為了有個好理由為他提供私人資助，筆者建議埃蒙德將他經歷中最有趣的寫下來，像職業作家一樣將手稿賣給我。

埃蒙德爵士寫作極有天分，手稿一頁頁迅速傳給筆者，字跡瘦弱，看似戰戰兢兢，很難辨認。這樣又有了一個沒有預料到的益處：他以此打發漫漫長日，寫作對他而言輕而易舉，然令他再次重溫過去生活中光彩的一幕幕，使他欣慰歡喜。無疑這工作對他大有裨益，他的身體進步明顯，許多訪客都注意到了。

《太后與我》寫作於一九四二年十二月至一九四三年五月之間，緊接著寫《往日已逝》，六月底完稿。他不可能參閱書籍，也沒有文字助手，完全依靠自己的記憶，不得不承認，這兩部書——尤其是在短短六個月多一點的時間內——對於一個七十歲的人，的確是非常了不起的成就。

《往日已逝》中除了〈糾纏〉一文——總體上說是自傳——收集了單獨成篇的關於伏爾泰、馬拉美、比亞茲萊和佩特的散文，提供了大量自傳資料。最動情的一篇是關於伏爾泰的一章，據埃蒙德所說，他在埃斯科（Ascot）的聖喬治學院就讀時伏爾泰曾任一學期的法語教師。他對比亞茲萊的作品很欣賞，強調他藝術的深刻，說明埃蒙德雖然很少談到純粹的繪畫問題，但對線條的美感和繪畫的實質有一種不凡的領悟力。筆者認為關於佩特的一章是寫得最好的，顯然和作者與佩特長久以來的深入交往有關，這是其他章節都沒有的特點。

《太后與我》收錄了二十章內容[4]，描寫清朝宮廷的見聞以及與此直接或間接相關的人物。慈禧太后是關注焦點。作者在大多數場景都親臨其中，但祇有極少數有其他人證明。整本書出色地刻畫了一個行將就木的王朝。從歷史學家的觀點看，最重要的一節莫過於已經提到的皇帝和太后之死。

整部書最吸引人的部分是關於作者與慈禧親密關係的描寫。那些讀過謝閣蘭（Segalen）的《勒內・萊斯》（*René Leys*）一書的人，看過這樣的描寫也會將這本法國作家的書拋諸腦後。但即便是《勒內・萊斯》，據說也不完全是虛構的。如果能夠證明埃蒙德和太后的密切關係是真實的，那麼我們就得到一個怪異的事實：一個基本上是同性戀的男子，在數年中，不但成為一位滿清老婦的情人——我們承認此人便是大權獨攬的太后——而且在李蓮英「媚藥」的刺激和支持下，他令這個顯然經驗豐富選擇又多的女子享受到肉體的滿足。

依筆者之見，可以解釋為太后與這樣一個聰明、機智、有趣的外國人一起很愉悅，他對她恭敬謹慎，單從生理器官而言，大概正是因為他與眾不同的性取向，同時技巧高明，即使慈禧這樣性欲充沛的老婦，也深感滿意。埃蒙德多次告訴筆者，他得寵主要是因為自己的談吐，這很有可能也是事實。

關於《往日已逝》和《太后與我》，最基本的問題立刻顯現出來。這兩本書到底有多大的真實度；是否有某種程度的歷史價值，還是不過出於作者豐富的想像力？

單憑偽「景善日記」的出版，不能將埃蒙德爵士定位為一個學者。但即使知道這一點，筆者依然深信，埃蒙德在寫《往日已逝》和《太后與我》時，他陳述的是事實。

他顯然知道自己在描寫一個多麼不尋常的角色，他在文中多處一次次地發誓，他所寫的為事實之全部。他是否在潛意識地欺騙自己，那衹有靠以後的研究調查才能揭示。

埃蒙德爵士雖然記憶力超凡，但畢竟像其他人一樣無法臻於完美。是年老導致衰退，還是他同樣超凡的想像力占了上風，我們無從知道。無論如何，顯然在一些能夠被驗證的例子中，他的記憶是錯的。

書中引用了一個例子（〈術士之能〉），提到——歷史上很出名——卡里奧斯特在一間陰暗的房間，通過一只水晶球向瑪麗•安托瓦內特展示斷頭臺以及她身首異處的情形。這並不是真事，顯然是與大仲馬的一部小說《大野心家》（*Joseph Balsamo*）混淆了。卡里奧斯特在 Baron de Taverney 的鄉村房屋的密室中，通過一個裝滿水的球形水瓶，讓她看到自己斷頭臺下的身體，首級掉進籃中。正如埃蒙德在書中所說，嚇得瑪麗驚叫一聲昏厥過去。

很有可能埃蒙德的記憶將他曾經讀過的書中情節和他親眼所見的混在一起。這樣的混淆要尤其當心，因為埃蒙德爵士可謂博覽群書。還有個例子，他描述曾和前俄國皇室成員談話。他曾面見沙皇、太后和謝爾蓋公爵夫人，這無可置疑。但這些身居高位的皇室貴族向一位第一次見面的外國年輕人敞開心扉，大談家庭不快和不吉利的預言，即便他是英國大使推薦來的，也不太可能。較有可能的是，當時埃蒙德爵士要麼是根據他對皇室成員的瞭解，猜想他們可能會對一個更熟悉的朋友所說的話，要麼是被自己的記憶所欺騙，把很久之前或許在回憶錄中看到的對話，當成自己親耳所聞。

有的地方明顯看得出，埃蒙德爵士所描述的事件，未必和事實完全相符，即使給出了所有細節。在本書（〈術士之能〉）中，太后在冗長的降神會上從水晶球中看到她過去所發生的一切重要事件。這位老年君主在急切希望看到未來之前，竟然會容忍——更不用說喜歡——回想她印象深刻很大程度上是不愉快的事件。更不可能的是她大聲說了出來，還對自己的所作所為略加解釋，並且當著身份複雜的多個隨從之面。

在本書〈愛侶之厄〉一章中，埃蒙德爵士起初描寫那一對不幸情人被雷電擊中，被大火吞噬，成為一小堆白灰。筆者指出，通常房內起火，人被燒後是完全不同的情況，他於是就更改了最初的描述，使其更符合實情。

由於缺乏根據以證明本書的真實性，因此讀過《往日已逝》和《太后與我》的讀者都會認為這兩本書出自天馬行空、略有點病態的想像。暫且說，以後能夠證明此觀點為正確，則《往日已逝》就會失去大部分價值，但《太后與我》即便是一部想像的作品，其中將慈禧宮廷的恢弘氣勢和異國風情描寫得如此美侖美奐，依然是值得一讀的。某種意義上，如果這豐富多彩、引人入勝的故事出自作者的想像，那麼他的成就更是不凡，尤其是作為一位七十高齡，又沒有得到任何文字或其他方面輔助的人。

太后與俄國的凱薩琳二世、「北方的塞米勒米斯」十分相像，不同的是，在北京，不幸的寵臣在身退之後，面臨的是死亡而不是流放至西伯利亞。還有，慈禧除了性欲蓬勃、異於常人之外，在個人危難之際的勇氣和決斷也令人敬仰。她極有野心，享受權力，這是眾所周知的，也很明顯。如果不涉及她的個人利益，她相當仁善，反之，諸人的性命對她而言如同草芥，她在言談之間就能判處一個人死刑。很容易理解，她身邊的許多臣子都是整日提心吊膽，稍有差池就會丟了性命。就好像前朝的君主一樣，她也有幾個忠誠的朋友，在所有朋友之中，李蓮英最為忠心耿耿，對主人絕無二心。

筆者認為，《往日已逝》和《太后與我》並非純屬想像，而是基本上建立在事實基礎上。這些事實在多大程度上因記憶混淆而歪曲，在多大程度上加入了想像成分，衹能留待以後判斷，在研究完所有的資料之後再作評論。關於《往日已逝》，要查證伏爾泰究竟是否在埃斯科的聖喬治學院任教過，是有可能的，他的一生都有據可查，但即便如此，仍有一些沒有記錄的時間段，尤其是他逗留英國期間。

埃蒙德爵士被伏爾泰的人格和作品深深吸引，經常談到他，以至於到了被自己的想像所誤導的階段，認為自己在校時曾以伏爾泰為法文教師。這聽來不可思議，卻也不是不可能。如果他是刻意編造這個故事，有意撒謊，那就不值一提了。如果今後的研究能夠證實伏爾泰從未在埃斯科任教過[5]，我們就面對一個奇怪的事實，但對於精神病醫生卻是十分常見，即人們不但會真心地相信從未發生的事情是真的，甚至還能給出大量詳實的細節。

感謝駐北京的法國使館顧問馬格禮先生（M. R. de Margerie），他告知一個類似案例，關於夏多布里昂（Chateaubriand），此作家可以被看做是努力寫實的。然而約瑟夫·貝迪耶（Joseph Bédier）在他的《評論研究》中卻披露道，夏多布里昂在《墓畔回憶錄》中，儘管真誠發誓是親眼目睹，但寫的卻是他不可能在場的事件。因此類似埃蒙德爵士的情況也是無獨有偶。

關於伏爾泰是否在埃斯科的聖喬治學院任教，筆者之所以會略感懷疑，是因為當埃蒙德第一次談到他與伏爾泰的關係時，同時提到，他隨其出訪巴黎期間在 Rue de Rome 馬拉美的居所遇到韓波（Rimbaud）。要知道，埃蒙德當時祇是個學生，可能會注意到韓波外表一些特殊和怪異（原文是 pecularities），但顯然無法領會他的天分，對於這個他偶然見過一次的並不相識的陌生人，基本上也沒有理由記住其中細節。然而，他卻詳盡地描述了他的臉，甚至記得他眼睛的顏色，還提到他走路略顯蹣跚。

由於這許多疑問，筆者多少可以判斷，這次見面不可能是真實發生的。埃蒙德意識到自己在手稿中記錄了這次根本不可能的相見，但數日之後，又加了幾句話，寫的是他還見到伏爾泰的另一個朋友，皮匠「雷波」。我與他交談中，他承認可能在某處回憶中，將此皮匠與著名的韓波混為一談，但他告訴本人，未將此節收入他關於伏爾泰的文章中。

因此，很容易理解為什麼本人雖然非常尊敬埃蒙德爵士，但有點質疑他的故事在多大程度上展示了事實，因為他有著過人的本領，能根據需要即興增加新的人物，還能在上次的論述被證偽之後再改變說法。

至於本書，鑑於英國外交部檔案中的資料允許部分使用，就有可能驗證埃蒙德關於光緒和太后的死因報告是否屬實。同樣，作者與慈禧的親密關係也有可能查明。埃蒙德爵士提到愛德華•格雷爵士曾來信談到他與一位不便講明的人的關係。找到此信的影本以及關於此事的其他文件，可用以最終判斷埃蒙德爵士陳述的正確性。

除了潛在的歷史價值，《往日已逝》和《太后與我》同樣是研究性倒錯的珍貴資料。關於此節，應該指出，埃蒙德爵士不但在本質上屬於同性戀，而且根據本書所說，顯然喜歡靠鞭打激起主動和被動的性欲。就此他多次提到法國亨利三世的「男寵」，他對其十分喜愛。

這兩本著作為研究作者的複雜的個性和心理進一步提供了大量資料。顯然要正常出版這兩部書是不可能的。如果將來有機會，筆者希望能個人將其付梓，祇印刷少量版本，分發到幾個國家最好的博物館中，用以做最終研究。

目前，筆者將每部手稿印製了四份列印稿，預備在本人身故之後，轉給倫敦的英國博物院圖書館、牛津大學博多萊安（Bodleian）圖書館、巴黎國立圖書館、美國麻塞諸塞州劍橋城的哈佛學院圖書館，每所圖書館獲贈兩部書的副本各一本。而每本書的手稿和留有作者更改手跡的第一本副本，則送給牛津大學博多萊安圖書館。這樣一來，筆者希望對那些真正想研究此書的作者有所幫助，同時也避免被他人不合法使用。

一九四六年二月於北京

1 他另一本自傳《往日已逝》中的一章。

2 指法國國王亨利三世（1551-1589），被認為是同性戀者，巴恪思也多次提到，酷愛鞭笞。

3 此言是套用一句法語，原文大意是「巴黎值得忍受混亂」。出自亨利四世，意思是「為了一個重要的優點，值得付出小小的犧牲」。

4 編者註：賀普利將〈致桂花吾卿〉、〈作者誓言〉以及〈題記〉一起計為「第一章」，與本中文版有所不同。

5 研究確實證實如此。

INK PUBLISHING

從前 21 太后與我

作者 埃蒙德・巴恪思 爵士
譯者 王笑歌
總編輯 初安民
責任編輯 施淑清
美術編輯 黃昶憲 林麗華

發行人 張書銘
出版 INK印刻文學生活雜誌出版有限公司
新北市中和區中正路800號13樓之3
電話：02-22281626
傳真：02-22281598
e-mail:ink.book@msa.hinet.net
網址 舒讀網http://www.sudu.cc

法律顧問 漢廷法律事務所
劉大正律師
總經銷 成陽出版股份有限公司
電話：03-2717085（代表號）
傳真：03-3556521
郵政劃撥 19000691 成陽出版股份有限公司
印刷 海王印刷事業股份有限公司

出版日期 2011年 7 月 初版
2014年 1 月24日 初版五刷
ISBN 978-986-6135-40-8（平裝）
定價 499元

Published by **INK** Literary Monthly Publishing Co., Ltd.

Photos courtesy of the Bodleian Library, University of Oxford: Cover portrait of Edmund Backhouse (MS. Eng. misc. d. 1226, fol. ii), image of Edmund Backhouse on his deathbed (MS. Eng. misc. d. 1225, fol. 237), image of Edmund Backhouse in the early nineteen-forties courtesy of Tom Cohen.
All other photos courtesy of New Century Media & Consulting of Hong Kong

Printed in Taiwan

國家圖書館出版品預行編目資料

太后與我／
埃蒙德，巴恪思（Edmund Trelawny Backhouse）著；王笑歌譯.
－－初版.－－新北市中和區：INK印刻文學,
2011.07 面； 公分.--（從前；21）
譯自：Décadence Mandchoue : the China memoirs of
Sir Edmund Trelawny Backhouse
ISBN 978-986-6135-40-8（平裝）
1.巴恪思（Backhouse, E.（Edmund）, Sir, 1873-1944）
2.傳記 3.晚清史
784.18 100011866